·教育家成长丛书·

杨屹
与情趣教育

YANGYI YU QINGQU JIAOYU

中国教育报刊社·人民教育家研究院 组编
杨 屹 著

北京师范大学出版集团
BEIJING NORMAL UNIVERSITY PUBLISHING GROUP
北京师范大学出版社

图书在版编目（CIP）数据

杨屹与情趣教育/杨屹著；中国教育报刊社人民教育家研
究院组编. —北京：北京师范大学出版社，2015.10（2015.12重印）
（教育家成长丛书）
ISBN 978-7-303-19135-2

Ⅰ.①杨…　Ⅱ.①杨…②中…　Ⅲ.①小学语文课-教学研究
Ⅳ.①G623.202

中国版本图书馆 CIP 数据核字（2015）第 134580 号

营 销 中 心 电 话　　010-58802181　58802123
北师大出版社高等教育分社网　http://gaojiao.bnup.com
电 子 信 箱　　gaojiao@bnupg.com

出版发行：北京师范大学出版社　www.bnupg.com
　　　　　北京市海淀区新街口外大街 19 号
　　　　　邮政编码：100875
印　　刷：三河市兴达印务有限公司
经　　销：全国新华书店
开　　本：787 mm×1092 mm　1/16
印　　张：16.5
字　　数：280 千字
版　　次：2015 年 10 月第 1 版
印　　次：2015 年 12 月第 2 次印刷
定　　价：35.00 元

策划编辑：倪　花　　　　责任编辑：王　强　郭　瑜
美术编辑：焦　丽　　　　装帧设计：焦　丽
责任校对：陈　民　　　　责任印制：陈　涛

教育家成长丛书

编 委 会

总　序

　　教育是国家发展的基石，教师是基石的奠基者。古人云："国将兴，必贵师重傅。"兴国必先强教，强教必先重师。党中央、国务院高度重视教师队伍建设。2013年教师节，习近平总书记在给全国广大教师的慰问信中指出："百年大计，教育为本。教师是立教之本、兴教之源，承担着让每个孩子健康成长、办好人民满意教育的重任。"2014年，在第30个教师节前夕，习总书记到北京师范大学视察并发表重要讲话，指出："一个人遇到好老师是人生的幸运，一个学校拥有好老师是学校的光荣，一个民族源源不断涌现出一批又一批好老师则是民族的希望。"《国家中长期教育改革和发展规划纲要（2010－2020年）》也明确提出，"有好的教师，才有好的教育"，要"努力造就一支师德高尚、业务精湛、结构合理、充满活力的高素质专业化教师队伍"。"倡导教育家办学"，要创造有利条件，鼓励教师和校长在实践中大胆探索，创新教育思想、教育模式和教育方法，形成教学特色和办学风格，造就一批教育家。"两个一百年"奋斗目标的实现、中华民族伟大复兴中国梦的实现，归根到底靠人才、靠教育，而支撑起教育光荣梦想的，是千百万的教师。

　　时代呼唤好老师。有一流的教师，才有一流的教育；有一流的教育，才有一流的国家。出名师、育英才、成伟业，是时代赋予我们教育战线的神圣使命。"大学者，非有大楼之谓也，有大师之谓也。"好学校、好教育的最重要标准，就是要有好老师。一所学校、一个地区乃至一个国家，如果教师有理想、有爱心、有学识、有高超的教育艺术，那么硬件设施即使有些简陋，家长、学生也会心向往之。教师是中国梦的奠基者。教师的重要使命，就是为每个孩子播种梦想、点燃梦想，并帮助他们实现梦想。每一间平凡的教室，每一节朴实的课堂，都不仅是知识的传递，更是人类文明精神的接续、人生梦想的起航。正是有亿万个孩子梦想的放飞、绽放，中国梦才更加光彩夺目。如果说中国梦最坚实的土壤是在学校，那么教师就是最伟大的"筑梦师"，他们用默默无闻、孜孜不倦的智慧劳动，让每一颗年轻的心灵都与中国梦激情相拥。

倡导教育家办学，造就一批好老师，首先要尊重、珍惜我们的本土智慧、本土创造。教育家不是凭空产生的，而是扎根于自己的民族文化土壤，同时吸收一切人类文明成果，从而创造出独特而生动的教育实践、教育智慧和教育文明。五千年源远流长的中华文明，不但形成了有我们民族特色的教育理论话语体系，而且涌现出了千千万万优秀的教育家，有被推崇为"大成至圣先师""万世师表"的孔子，有"匹夫而为百世师，一言而为天下法"的韩愈，有"捧着一颗心来，不带半根草去"的人民教育家陶行知，等等。改革开放30多年来，随着教育改革的不断深入，教育战线涌现出了一大批杰出教师。他们痴情教育事业，坚守理想信念和教育良知，在三尺讲台上默默耕耘、刻苦钻研，同时以敢为天下先的精神大胆创新，不断进取、不断超越，形成了各具特色的教育思想和教学风格。正是他们的成功探索和实践，创造了具有中国风格的教育经验，丰富了具有中国特色的教育理论宝库。原由教育部师范教育司组织编写，现由中国教育报刊社人民教育家研究院具体组织编写的《教育家成长丛书》，就是要向这些可贵的本土创造性的教育经验致敬。

当前，教育领域综合改革正在深入推进，考试招生制度改革的大幕已经拉开，立德树人、培育和践行社会主义核心价值观成为大中小学教育的头等任务。可以预见，中国教育将发生深刻的变革，将从"中国制造"向"中国创造"转变。"没有革命的理论，就没有革命的运动。"没有适合中国土壤、具有中国智慧的教育理论，就不可能为未来的中国教育改革提供有效的指导。我们的教育要向"中国创造"飞跃，必然要首先创造属于我们自己的教育理论，而不是"言必称希腊"或者老是贩卖欧美的教育理论。170多年前，美国思想家、诗人爱默生发表了著名演说《美国学者》，号召美国知识界："我们依赖旁人的日子，我们师从他国的长期学徒期时代即将结束。在我们周围，有成百上千万的青年正在走向生活，他们不能老是依赖外国学识的残余来获得营养。"由此，美国迈入精神立国阶段。

如今，我们也面临与爱默生同样的情形。随着我国GDP已从世界第二向第一迈进，我们的经济崛起已成为事实，但在道德文明、文化精神等方面，我们还需急起直追。没有文明的崛起，经济崛起就难以持续。当务之急，是我们需要化解内心深处的文化自卑情结、摆脱对他国文明的精神依附，自觉养成强烈的"中国意识"、独立的中国文化品格，并由此去俯视世界，去改造本土实践，去创造属于我们自己的精神养料——这在教育界显得尤为紧迫。《教育家成长丛书》，就旨在把我们本土教育实践中蕴含的中国智慧提炼出来，从而形成具有时代意义的中国特色的教育话语体系，再以此去关照、引领、改造中国的教育实践，为伟大的教育改革提供经验、理论支持，也为未来的教育家提供丰富、可资借鉴的精神养料。

让我们为中国教育的伟大未来一起努力吧！

2015年3月9日

前 言

　　见证着中国基础教育半个世纪的春华秋实，代表着中国基础教育教学成果最高成就的"首届基础教育国家级教学成果奖"中，闪耀着李吉林、窦桂梅、吴正宪、张思明、洪宗礼、唐江澎、邱学华、于永正、孙双金、薄俊生、龚春燕等一大批优秀教师的名字，而上述这些中小学教师的杰出代表恰恰都是《人民教育》"名师人生"栏目中最受读者喜爱的名师，都是《教育家成长丛书》的作者。

　　《教育家成长丛书》（以下简称《丛书》），是在第 20 个教师节前夕，"为了研究、总结、宣传和推广我国众多优秀中小学教师的先进教育思想和鲜活的宝贵的教育教学经验，培养造就一大批德才兼备的优秀教师和杰出的教育家，促进教师队伍整体素质的提高，根据教育部党组安排，由师范教育司组织编写"的一套凝聚着一大批教育家成长智慧的大型教育丛书。

　　《丛书》自 2006 年问世以来，不但得到国务院和教育部领导同志的高度重视，而且先后印刷多次尚不能满足广大读者的需求。这其中的奥秘何在？

　　当你翻开《丛书》，每一部著作都讲述着一位教育家成长的故事。这些著作主要从"成长历程""思想概述""课堂实录"和"社会反响"等方面全景式反映其教育思想、教育智慧、专业精神和专业人格的形成过程和教学实践过程，这是教育家成长的基本素质所在。

　　当你沿着教育家成长的足迹走近他们的时候，你会融进这些带有"草根色彩",扎根中华教育实践大地,充满田野芳香的真实感人的教育故事中。

当你从《丛书》中,这些当年和自己一样的普通教师,成长为今天受人尊敬的教育家的成长过程中受到启迪,当你触摸着自己的爱心,把学生的成长和祖国的未来紧紧连在一起的时候,你会真切地感受到教育家离我们并不遥远。

当你用整个身心蘸着自己的生活积累去品味《丛书》中的每一部著作的"成长历程"时,在其浓缩着一位位名师在不断学习、不断超越自我、不断超越学科教学的求索足迹中,你会读懂"教育是事业,其意义在于奉献"的丰富内涵。

当你研读《丛书》中的每一部著作的"思想概述",和每一位名师展开心灵对话的时候,都会深深地感受到,一个教师对教育独立的理解与执著的追求有多么重要。从思想成就一位普通的教师成长为受人尊敬的教育家的过程中,你会读懂"教育是科学,其价值在于求真"的深刻含义。透过《丛书》,你会看到一代代教师用爱与智慧塑造民族未来的教育理想。

随着我们从"知识核心时代"走向"核心素养时代",教师教育教学活动的视野已拓展到人的生存与发展的方方面面。作为一名教师,要结合自己的教学实践去感悟"教育理念是指导教育行为的思想观念和精神追求",应该把爱化为自己的教育行为,让爱充盈课堂、触摸到一个个灵动的生命,让爱产生智慧,让爱与智慧在学生心中留下岁月抹不去的美好回忆,让教育者和受教育者都感受到教育的幸福,这是《丛书》给我们的启示,也应是每位教师应有的胸怀和视野。

时代呼唤教育家。为了进一步把我们本土教育实践中蕴含的中国智慧提炼出来,从而形成具有时代意义的中国特色的教育话语体系,以此去关照、引领、创新中国的教育实践并在更大范围加以推广,《教育家成长丛书》将由中国教育报刊社人民教育家研究院继续组织编写,希望能够在更广大教师的心田中播种教育家成长的智慧,从而出更多的名师、育更多的英才、成就中华民族复兴的伟业,这是时代赋予广大教育工作者的神圣使命。如果广大教师能在每位教育家成长、探索教育智慧的过程中受到启迪,形成自己的教育智慧,则是我们编辑这套丛书的初衷。

《教育家成长丛书》
编 委 会
2015 年 3 月

目 录
CONTENTS

杨屹与情趣教育

[一路走来]

[教育的温度]

品味情趣

[热眼旁观]

一路走来

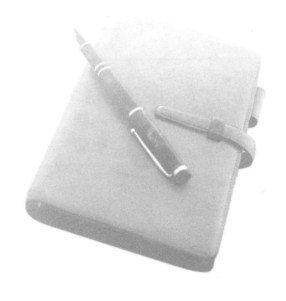

有位教育家说，童年是一段旅程而不是赛跑。仔细想想，人生又何尝不是如此呢？每个人的生命都是一段旅程，我们手里握着自己选择的单程票，寻找一条属于自己的路。对我而言，教育之路既是最好的，也是最合适的。

一、小时候总是在做梦

很早就看过《窗边的小豆豆》了，并已把它推荐给很多人。前天去书店，看到黑柳彻子的另两本书（《小时候就在想的事》《小豆豆频道》），忍不住买了下来。忙里偷闲，读这样的书是种享受——与其说我喜欢看小豆豆，不如说我在触摸自己童年的影子——每个人的心里，都有一个"小豆豆"。还记得当看到小豆豆因为售票员手里握着花花绿绿的车票时，便打定主意长大要当售票员的时候，我那种发自内心的感同身受：孩子的心思，好像啊。在我们对这个世界充满好奇的时候，那些曾引发我们想象的人和事，几乎无一例外地勾起我们探寻、模仿的决心。哪怕它的存在只是倏忽而过的瞬间，但那瞬间被梦想充塞的狂喜，足以在未来的某个日子里，引领我们走上一条相伴一生的道路。

小豆豆没有做成售票员，可她做了主持人、演员，在舞台上演绎着形形色色的人生，就像自己生命的一段光阴真的那样度过一般。

我的梦想种子的发育结果是，成了一名小学教师。经常有人问我，当年为什么会选择教师这个职业。答案很简单：喜欢。真的要谢谢我的母亲，她干了一辈子幼儿教师，这使得我有数不清的机会直面形形色色的幼儿老师。当其他小朋友还在用充满崇拜、羡慕的眼神注视着那些在他们小小的生命里似乎拥有至高无上"控制权"的老师们的时候，我已经被她们中的一个又一个牵着手唱歌跳舞，或是在她们美丽的裙裾边看着她们说说笑笑了。那真是童年一种特别美好的体验。美丽、温和，还能被那么多小朋友崇拜，这便是我当年心目中"老师"的含义。正因如此，我从小便对教师有种特殊的好感。说来有意思，在那么多美丽的老师当中，真正引我走上教育之路的，却是母亲单位一位记不得名字的、看人时总眯着眼睛的女老师。那时，老师眯着的眼睛对我而言极具魅力。我喜欢她眯着眼看我，那眼神十分亲切、和善。以至于有段时间我一直都在偷偷地模仿她。童年的崇拜会有一种说不清道不明的巨大引力，让你毫无防备地爱上某件事情。

我就在老师眯着的眼睛里爱上了教育。虽然长大后我才知道，当时那位老师之所以眯着眼，是因为眼睛近视看不清东西。可我也由此知道，在孩子眼里，那眯着的眼睛、亲切温和的眼神就是爱。

想想真是幸运，在这个选择多到令人眼花缭乱的世界，能有几个人可以开开心心地把从小就在做的梦一直延续下去呢？每想到这个问题我就觉得自己真的算是命运的宠儿了。小豆豆可以在舞台上一次又一次把曾经梦想的人生变成现实中的体验；而我，可以带着许许多多的孩子，去播种属于他们，也属于我的梦的种子。

二、在师范的日子里

我们这一代人，接触教育还真是早。十五六岁，自己还是个孩子的时候，就要开始学习怎样去教孩子了。随着年龄增长人渐渐学会了反思，可不管怎样反思，我都觉得那种经历无论对我们还是对教育而言，都未尝不是件好事。真的，和现在进入小学的那些本科生，甚至研究生相比，我们那时的知识结构实在粗浅，更谈不上见识与阅历。但事实上，这个世界上几乎所有的事情都是一把"双刃剑"，只看你如何去看待它。那时的我们的确还很稚嫩，可那正意味着，在还相信理想的年纪，我们真诚而自觉地选择了教育。

选择师范学校对我们而言，单纯到没有任何附加值；毕业后分到小学做老师，

　　成为不折不扣的"孩子王"，也是我们从一进校就被设定好的道路。就像是站在起点的运动员，仰起头就能眺望自己的未来。写好结局的路，注定不会有传奇；但同样的路不一样的人，还是走出了不一样的风景。

　　那时的我一门心思就想当个好老师。入学第一天，我便将父亲刚劲有力的临行赠言放入铅笔盒中，为的是让"宝剑锋从磨砺出，梅花香自苦寒来"的话语能时时激励自己。每晚宿舍熄灯后我总要打着手电在被窝里再复习会儿功课，最傲人的一次年度成绩是进入级部前三名。母亲当了一辈子幼儿教师，从她那里我知道了要做一名好老师，除了具备相应的知识，还应该懂得教育学、心理学。因此，除了中师应有的知识储备，我有意识地给自己加了点儿功课：多看一点儿有关心理学、教学法的书。毕竟还只是中学生的年纪，接触理论性强的东西难免有抵触，可一想到将来我的学生可能会因此而对我心生崇拜，那些多少有些枯燥的课程我也硬着头皮啃下来了。

　　和忙碌着准备高考的同龄人相比，中师生活是惬意和多彩的。我们的老师有的学识渊博，有的丰富幽默，有些还是名校毕业的高材生。课堂上他们常常妙语连珠、旁征博引，课余时间则带着我们这些远离父母的学生们打球、联欢、开展社团活动。从那时起，我又重拾了从小就喜爱的绘画，从参加美术兴趣小组的那一天开始，我的生命中又增添了充满色彩的一笔。我把大量的课余时间都投入在了美术兴趣小组的活动中，并乐在其中。大家的绘画起点并不一样，在美术老师的点拨下，能否画得更好或提高得更快更多在于自己的努力。我不服输的个性在那个时候暴露无遗。为了得到美术老师赞赏的目光和周围同学的佩服，每次小组活动我都最后一个离开画室，甚至连周末回家都忍不住要画上几笔。为了老师说的："多临摹速写可以抓形准"，我甚至练了整整一个暑假，几十天的时间几乎足不出户，画了整整几大本。说那是上进心也好，说是年轻的虚荣也罢，总之从师范毕业的时候，绘画居然成了和学业同样令我骄傲的"资本"。

正因如此，作为应届优秀毕业生，我走进了青岛江苏路小学，成了一名老师。直到今天我仍然认为，自己能在情趣教育的世界里一展身手，中师三年的储备，功不可没。

三、情趣道路上的风景

直到今天我还清清楚楚地记得 20 多年前的那个早晨：那一天，18 岁的我，走出了师范校门，走进了青岛江苏路小学这座百年老校。18 岁，正是做梦的年纪，怀揣着绚丽多彩的梦，我一路欢歌，一路笑语，蹦蹦跳跳地开始了自己的教师生涯。抚摸着校园中央那棵历经百年沧桑却又生机勃勃的老榉树，环视这个文化底蕴丰厚却又风华正茂，哺育了一代又一代、一代胜过一代的人才的摇篮，我在心里告诉自己：杨屹，你的教学生涯开始了。就在那天，很少写日记的我在精心挑选的本子上写下了这样几行字："……我要用真情为所有的学生打点好人生旅程的行装，让他们从这里挺胸昂头地踏上征程，扬帆远航……"这算是年轻的誓言吧。虽然那时的我并不知道，未来的自己究竟会走出一条怎样的路。

人们都说，万事开头难。对于要强的我而言，教育之路的"开头"格外难。尽管在实习时也带过学生、讲过课，可那时毕竟有实习老师带着，出了问题总有人"打补丁"。可现在不一样了，我成了几十个孩子眼中不折不扣的"孩子王"，无论课上课下，学生的所有问题我都要独立解决，真是有点应接不暇。学生管理对我而言尚不是太大的问题，自己也是个孩子嘛，知道他们想什么，上起课来就没那么轻松了。刚工作那会儿我教低年级语文课。课间和我一起跳皮筋、打毛尾、亲得不得了的孩子，上课时却在玩橡皮、尺子；当音乐、美术老师与我换课时，学生们居然欢呼雀跃，如同放大假似的。是什么地方出问题了呢？为什么我认认真真备的课，辛辛苦苦讲的课还不如橡皮有意思？为什么他们不喜欢一个像朋友一样的老师给他们上语文课？

　　那段时间我真的很苦恼，甚至有些怀疑自己做教师的能力。真的，我多么希望自己的学生会期待我的每一堂课，期待我走上讲台的那一刻，多么希望我的课能像磁石一样吸引着学生！谁也没想到，事情的转机，居然来源于一次不大不小的失误。那天，由于课间跟一个学生谈心，我几乎是踩着铃声进的教室。开始上课我才发现自己因为匆忙而忘记带教学挂图了。回办公室拿是来不及了，看书上的图吧，本来学生注意力就不集中，再图文一对照，岂不更乱了套。不得已，我抓起彩色粉笔，凭借着自己的美术功底，将文中所描绘的粉红的桃花，低垂的柳枝，归来的燕子，睡醒的青蛙……一一画在了黑板上。放下粉笔时，我突然意识到，平日在我转身写字时总忍不住窃窃私语的几个"小淘气"，今天居然一点声音都没有。回过头来继续讲课，小家伙们的精力空前集中，图文对照理解课文内容，孩子们都很开心。我如获至宝：想不到几笔简笔画，就能吸引住学生的目光！以后的日子里，我逢课必画，节节不落，但好景不长，没多久学生对我的简笔画就不以为然了。为了吸引学生像之前一样学得开心、投入，我又拾起了心理学，并从中找到了答案。心理学家认为儿童是用形象、色彩、声音思维。于是我想到了将现画简笔画与粘贴事先画好的色彩艳丽的图片相结合的方式，不是一股脑地贴出来，而是随讲课内容的深入，逐步呈现在学生面前，文到画到，文到图到，不断地吸引学生的注意力。课文插图中有的我有，课文插图中没有的我也有。在我的努力下，学生学习课文如同在阅读趣味盎然的连环画，果然兴致很高。而且，为了避免学生再次对我的法宝产生"审美疲劳"，还未等学生厌倦，我就开始了更深入的思考：小学生平时喜欢连环画，似乎更钟情于动画片，活动的画面应当更易于激发学生学习的兴趣。基于这样的考虑我又试着将课文中一幅幅精美的插图制作成动态的画面，小白兔能挎起篮子，迈开大步往家跑；懒狮子听了小树的话慢慢直起身子，睁开眼睛；骆驼低下头，跪下前腿往门里钻。渐渐地，当我带着一堆堆教具走进教室里，学生们喜笑颜开。他们甚至跑上讲台，偷偷地掀开教具的一角，只为满足一下小小的好奇心。看着学生们很开心，我暗暗给自己鼓劲儿：为了上好每节课，为了让孩子们学得更有兴趣，就是花费再多的时间，也值得！

　　直到现在，一提起《狼和小羊》，当年的同事还免不了一番打趣。的确，从教多年，这篇文章讲了多遍，可当时制作教具的情形却始终清晰如昨天。那天下午，我在办公室里制作《狼和小羊》一课的教具，为了将小羊的模样由原先狼说它弄脏了溪水吃惊的样子，眼睁得圆溜溜的，嘴张得大大的，而变换成多次反驳不成后一副无辜可怜的模样，我一次次修改，一遍遍返工，总难达到预想的效果。一开始，请办公室老师帮我参谋，大家还都围过来指指点点；随着时间的推移，当我不厌其烦地修改着，一次次变换着小羊的表情，并询问他们小羊的表情可不可怜时，老师们只是抬头瞟一眼，无奈地摇摇头说："不可怜。"最后，当我把折腾了近两个小时的小羊再次举起来，对大家说："嗨，再帮着看看，现在变可怜了吗？"同级部的老师看着我说："小羊不可怜，你很可怜。"

　　就这样，在短短几年的时间里，我先后制作了近百个精美的教具。在实践中，我深深地体会到："情趣是学生学习最好的老师"，它能让孩子产生自主学习的内驱力。随着思考的深入，我将激发学生学习兴趣、诱导学生情感体验的手段不断拓展。以读悟情、以说激趣、以画引趣、以演动情。一开始，多种手段的运用还更多地停留在活跃课堂气氛上面，停留在花样的不断翻新上，但再具新意的教学手段都应该为达到教学目的而服务，为力图摆脱形式上的热闹。针对每一篇课文的特点，我总是要求自己多设计几套方案，从中选择最恰当的方式来突破难点、突出重点，真正让学生在情境交融的读、说、画、演中，在民主和谐的学习氛围中获取知识，发展智力，培养能力。

《回声》一课中青蛙妈妈投石击水，借水波讲清回声的原理是课文的重点及难点，而学生只有确切理解了水波荡去又荡回的现象，才会经想象、思考准确地理解回声。可对于水波荡漾的样子，学生平时虽不难看到，却未必仔细观察过。如何帮助学生直观、形象地理解，我考虑了三种方案：一是画简笔画，这种办法简单快捷；二是把水波荡漾的样子摄录下来，于是那个周日，我一个人扛着摄像机来到公园湖边，捡起石头扔进水里，再把水波荡漾的样子拍摄下来；三是将当时还是新生事物的信息技术引入课堂，采用课件的形式展示出来。

当然三种方案只能选择一种。最终我还是觉得摄像机录下来的更真切，更容易与学生的日常生活经验建立联系。为制作课件而付出的两个晚上算是白白丢掉了，可我却像科研人员攻克了难题一样兴奋——能找到最合适的方法，再付出几个晚上又何妨？

不得不承认，任何事情做久了，都会变成一种习惯。对我而言，在日常工作中，精心地准备每一节课已经成了习惯。从整体的宏观把握，到细微之处的深入思考，从背景资料的广泛了解到重难点突破的多项选择，充分的备课让我得以像一个称职的导航者，对行驶在辽阔大海中的船只给予正确的导航，面对任何风云变幻都从容不迫，应付自如。

在多年的摸索与探究中，我逐渐认识到任何优秀的教育教学经验都必须有坚实的理论基础，因为只有在先进的教育理念的指导下，教师选择教学策略，才是遵循学生身心发展规律和语文学习规律的。于是我加大了教育理论的学习，在理论与实践的不断结合中，建立在非智力因素理论和发展心理学关于儿童学习动机理论基础上的"情趣教学法"逐渐形成。运用"情趣教学法"教语文，一个个拼音字母，一段段文字，甚至一个个标点符号，都是具有灵性的、鲜活的，是神采飞扬、景象万千的。它将学生引入了语文学习的艺术殿堂。这里面倾注着我的真情，播撒着我"润物细无声"的人文关怀，而充满激情的读，思维敏捷的说，形象生动的画，动之以情的演，则让学生迈入真情充盈的"大语文"平台，自由自在地发展着……在我提供给学生的这个"大语文"平台上，学生有了充足的时间、宽阔的空间、充分的发展自由。假期里，已经上大学的学生们约我聚会，席间谈起他们自编、自导、自

演古装课本剧《三国演义》中的《舌战群儒》和《空城计》的情境时，还是那样的兴味盎然。

那是 2000 年山东省语文教学年会，我校负责提供语文综合实践活动现场。作为语文教师的我承担了相关实践活动展示的任务。经过周密考虑，我决定把这一难得的机会交给学生。

那天，我把情况向全班学生做了说明，并告诉他们："我们有好多条路可以选择，比如准备个背诵诗文、阅览图书、读书笔记展览、现场快速作文之类的也能说得过去，也费不了多少事，但我总感觉这不是我们班的风格。我们'六一班'学生真正的才华怎样才能得到全面展示呢？如何做，老师还没想好，同学们讨论决定吧。有一点我敢肯定，不管做什么，你们都能够做得很出色！"

我短短的几句话，孩子们却吵吵嚷嚷地争论了好几天，直到有一天他们郑重向我宣布，将全员参与表演古装课本剧。天哪，这谈何容易，他们该不会是把这当成二年级排演的《小猫钓鱼》之类的童话剧了吧。尽管我捏着一把冷汗，担心得要命，但有言在先，决定权在他们手里。

学生们干得有滋有味。先是采用公开竞争的方式，确定了两个剧组的总导演、总策划，然后由两个剧组分头行动。当天，总导演、总策划身边就围上了一群总编剧、总制片、副总导演、副总策划等，似乎真没我什么事了。可好景不长，第二天中午，《舌战群儒》剧组副总策划刘宇从教室外进来趴下就哭，说什么"这活没法干了，我中午不顾吃饭拉这个参加，拉那个参加，都不听我的，全跑操场玩去了"。

现在轮到我出场了。"哭有什么用，要做成一件事，困难总是有的，这只是刚刚开始，遇到困难最好的办法不是哭，而是想主意去克服、去解决。"这番话虽然对刘宇没有什么作用，但《空城计》剧组却心领神会，下午他们组就张贴了招聘启事，招聘人员从主要演员诸葛亮、司马懿到报马、书童，从服装、道具到化妆、音响、场记。每个人物旁边还注明了应聘条件要求，例如，书童：个头矮小，身体瘦弱的女生两名；士兵：身体高大魁梧，男女不限。启示一贴，擅长弹奏古筝的李漠同学就一副舍我其谁的姿态夺得《空城计》中"诸葛亮"这一角色。招聘启事前聚着人，报名处围着人，我也有幸接到了该剧组总策划冉辰同学为我签发的总顾问的聘书。我晃着手里的聘书，拍着刘宇的肩膀说："怎么样，受到启发了吧！"在整个活动中，我更多地担当了协调者、合作者、引导者的角色。

在我的启发下，编剧找来《三国演义》原著，借来《三国演义》电视剧录像带，甚至还拿来了京剧录音带，他们仿照课本中《奴隶英雄》写出了颇具文言味儿的剧本，并由专人打印出来。剧本、演员确定后，两个剧组开始比着排练。他们一字一句，一招一式，练得有板有眼。排练期间还闹出不少笑话。一天，张鼎新同学的妈妈找到我说："杨老师，鼎新在学校没出什么问题吧，我觉得有点不大对劲。"我问："怎么啦？"她说："这些天晚上，他不好好睡觉，盖着被子扇扇子，嘴里还嘟嘟哝哝念念有词，问他也不理我。"我急忙找来张鼎新一问，才知道他是在拿蒲扇当羽扇，抓紧每一刻时间揣摩《舌战群儒》中诸葛亮这个人物呢。

与此同时两个剧组的服装、道具人员也忙开了。去剧团拜访艺术家、去图书馆查阅资料，考证三国时期的服装、头饰、兵器，能借的借，不能借的边学边制作。在一次彩排的时候，扮演士兵的孙梦渝没穿演出服反而在替别人化妆，一问才知道她把这次上台的机会让给了后台剧组人员，她在日记中写道："在班级这个大花园里，我当个绿叶，陪衬台上的红花同样感到高兴，感到自己的重要。"抓住这个机会，我随即召开了"绿叶精神"主题班会。从此以后，学生们在排练中，更多想到的是他人和集体。每次彩排，服装组的同学总是要拿几张大纸壳，以防哪位同学的头饰坏了或忘带了，现场制作。两个剧组中两个诸葛亮，也由比着排练变为了互相切磋。

经过一个月的演练，这个课本剧在省"青语会"年会上的演出取得了巨大成功，引起了强烈反响。演出结束了，可这堂"语文课"却远没"下课"。学生们又开设了"名著演出自由论坛"，演讲、辩论、质疑、探讨……看似仅仅是一次课本剧的演出，但在整个排演过程中，学生搜集信息、处理信息、阅读、表达、组织、合作、交往等能力都得到全面发展和提高。在《舌战群儒》剧组身兼两职的张鼎新同学还介绍了他在课堂上根本体验不到的独特经历：那天青岛市的市长看完孩子们的演出后，幽默地问他："诸葛亮，你能背诵你的《出师表》吗？"没想到张鼎新从容地说："当然能！当年就是我吟诵给刘后主听的呢。"当他声情并茂地背出《出师表》时，市长高兴得夸他是个"真诸葛亮"……

张鼎新同学给市长背《出师表》时，我也在现场。看着如此自信的学生，作为启蒙老师的我，怎能不在心底为之喝彩，并深深感到欣慰呢！

四、恋家的女人

将这段有温度的文字献给我的父母、丈夫和儿子，以表达我对他们的深深爱意。

其实，我从小就是个恋家的女孩。上幼儿园了，虽然那也是妈妈上班的地方，但总是哭着、闹着要回家。师范三年，每天会数着指头盼周六，因为想家。甚至于要毕业的时候，好多同学已经适应了住校生活，可以连续一个月不回去。我可不行，周周回家，从未间断过。

家对于我而言是温暖、是温情、是呵护、是疼爱。在那个年代，家是一个不大的地方，生活和许多家庭一样并不富裕。但儿时的记忆总像冬日里一盏橘色的灯暖暖地萦绕着我。

记得小时候的每个周日，都是在阵阵饭食的香气中醒来的，爸爸妈妈有时会在烙糖饼、有时会在烙葱油饼。迷迷糊糊中总看到他们说说笑笑地忙碌着，一个在面板上做，一个守着锅在烙，我和妹妹此时便会从被窝里伸出小脑袋，趴在床边等。我们知道，当冒着热气、两面焦黄的饼出锅的时候，爸妈就会招呼我俩起床了。

物资匮乏时代的孩子，好像对吃特别情有独钟。爸妈总是把仅有的一点东西变着花样做出来，什么琥珀花生米、茄子素"鸡腿"，直到让我现在还没弄明白的是：爸爸是怎样把一团面用水浸泡后，炸出一个个面泡泡来，好吃又好玩。我现在还钟

爱着的咸鸭蛋，在当时是要一个切成四瓣，全家分吃的。每次爸爸好像都切不准，总是两块蛋黄多，两块蛋黄少，多的两块必定会放在我们姐妹面前。吃起来爸妈和我们也不一样，我们是先从流油的咸蛋黄开吃，他们却从蛋清开始，绕着吃，最后把蛋壳中间剩下的小半个蛋黄又推到我们姐妹面前。夏天出去玩，全家每人都会买一支冰棍儿，我和妹妹吃完自己的那份后都会接到他们递过来的另外半根，每次吃好东西爸妈似乎都比我俩慢。所以，现在我最喜欢做的一件事就是带着父母出去吃东西，只要我吃过的，必定要让他们尝尝。每当看着霜染鬓发的他们在细细品尝时，都会勾起我儿时的回忆。

那时，我和妹妹是邻里间穿衣服最漂亮的孩子，因为工休时的妈妈不是端着毛衣针，就是趴在缝纫机上。毛衣今天加点红线织成条纹的，明天拆了加点黄线织成梅花图案的；衣服上今天绣个长颈鹿，明天扎个小花边。记得有一次在马路上，妈妈跟着一个小姑娘走了好远，因为她的花裙子式样很别致，几天后，我就穿上了妈妈做出的同样款式的裙子。

我和妹妹童年的业余生活更是丰富多彩。爸爸是当时并不多见的 20 世纪 50 年代大学生，他会变着法儿地逗我们玩，节假日或赶海捉螃蟹，或书店淘书，或公园野餐，或开家庭故事会。每年暑假的夜晚是最令我们期待的，晚饭后，爸爸会将一张大凉席铺在屋顶的平台上，妈妈会拿来几个热腾腾的苞米，我和妹妹则倚靠在爸妈的身边，边吃边听爸爸讲星星的故事。爸爸本身就是学气象出身的，又在部队气象台工作多年，看星象、观云图、讲传说，常常会让我们如痴如醉。

恋家的小女孩长大了，到了谈婚论嫁的年龄，幸运的是，找到了一个文质彬彬、儒雅帅气的研究生。我要和我所爱的人用爱去营造一个心中的家园。

爱是细节，因为爱所以用心经营。

愿意老公每天推开家门的那一刻，呈现在他面前的永远是一个宁静、温馨的画面，因而喜欢花时间去布置自己的家。虽然刚结婚时是仅有四十平方米的小家。我会今天把衣柜拖到这儿，过不了几天又把书桌挪到那儿，每次进行乾坤大挪移时，都是自己偷偷完成，为的是给回家的老公一个惊喜。有一次他调侃说："你只要不把煤气灶搬到卫生间，我就没什么可惊讶的！"现在搬到新家，我的花样更是层出不穷。窗帘、桌布、坐垫都随季节变化而变换。如果一束鲜花中的一朵落在了桌子上，请千万别帮忙插回花瓶里，那是我按照静物摆放的方法，特意让它随意散落的。努力让自己的家在任何一个取景框里都呈现出别样的景致。这样的家，老公喜欢、儿子喜欢，我就开心。

此外，总是熨烫整齐的衬衣，出差行李里悄悄放进去的润喉糖、早餐桌上的温情提示条，会让家成为老公倾心依恋的心灵栖息地。

　　爱是责任，因为爱所以不断求索。

　　喜欢舒婷的诗《致橡树》。面对在事业上卓有建树的老公，我绝不会停歇自己事业追求的脚步。曾把这首诗读给老公听："……我必须是你近旁的一株木棉，作为树的形象和你站在一起。根，紧握在地下，叶，相触在云里……我们分担寒潮，风雷，霹雳，我们共享雾霭，流岚，虹霓，仿佛永远分离，却又终生相依。爱——不仅爱你伟岸的身躯，也爱你坚持的位置，足下的土地。"我说："我要做那株木棉，好吗？"先生笑着说："当然，比翼齐飞、相依相伴。"

　　我经常对儿子说："爸爸努力工作，不让全家人操心；妈妈努力工作，不让全家人操心；你要好好学习，也不让我们操心。大家都承担起做爸爸、妈妈和儿子的责任，好吗？"儿子懂事地点点头，从小到大，直至作为保送生进入清华大学后，他的学习都是名列前茅，真得没让我们操过心。

　　爱是付出，因为爱所以无怨无悔。

　　随着老公学术水平的不断提高，他在所研究领域已成为国际上颇具影响力的科学家，工作也随之越来越忙。我尽力给予他生活上无微不至的照顾，并打点好家里方方面面的事情，不让他分心。

　　倾注心血更多些的，当然是在宝贝儿子身上。不管多忙多累，我坚持自己带他。一天下班后，暴雨还在不停地下着。托人从幼儿园接来的儿子在办公室里等我到天黑。离开学校的时候，马路上几乎不见行人的踪迹，过往的车辆开着闪亮的车灯从我们身边疾驰而过，透过雨幕，看不到一辆空出租车。瓢泼般的雨仿佛可以穿透那把小小的雨伞，没多久，我和儿子就被淋湿了。就这样等下去，还不知要到什么时候，从身边居民楼透出的灯光中，似乎让人看到热腾腾的饭菜，孩子一定饿了。"儿子，我们来当红军战士，今天像红军那样来个两万五千里长征，怎么样？"儿子黯淡的眼睛闪亮起来，连连点头。当时，电视台正在热播《长征》，儿子是忠实的观众，每集的主题歌，他都是和剧中主唱合唱的。"走啊！过草地了！"儿子挽起我的胳臂，迈着大步往前走。风夹杂着雨点肆虐地砸在我们的脸上，但儿子更沉醉于与恶劣环境的搏斗中。"注意，前面有沼泽！"我大声提醒着，雨水和积水在我们面前形成一个大大的水坑。"不怕，我们能过去！"四岁的儿子像个小红军一样坚定地说。我们把脚勇敢地踩向水洼，积水没过我的脚背，几乎没过儿子的小腿，我们并未退缩，一步一步往前蹚，还大声唱起了《长征》中的片头曲，"红军不怕远征难，万水千山只等闲……"不知走了多久，终于到家了，当落汤鸡一样的我们踏进家门的时候，两位"战士"紧紧握手，欢庆胜利。

平日里，"情趣教学"所倡导的灵活多样的学习方法，常常会不经意间用在儿子身上。那天晚上，已近8点，儿子突然说，明天学校进行识字考级，今天老师模拟测查，他还有将近20个字不认识。儿子总是8点半睡觉，如何要让一个一年级的孩子在半个小时内牢固识记20个生字，这可得好好考虑考虑。对了，儿子愿意打扑克，今晚我就陪他玩一把识字扑克。我迅速找来硬纸片，在一面写上1、2、3等扑克的编号，一面将要认的字一一写上，并调动所有的创造力设计出扑克牌的玩法：一次出一张，第一步先读准生字字音，第二步将扑克翻过来比大小。一听打扑克，小家伙来了劲头，开始，字的读音还要我提醒，到后来，字音都可以读准了。睡觉的时间到了，他还意犹未尽，一遍一遍地说："妈妈，再打一把，再打一把。"不用

说，第二天，儿子的生字测查当然顺利过关。每天上下学的道路，已被我们划分为"计算路""观察院""认字空间"，我们经常是边走边看，边走边记，边走边玩。

有时在想：辛劳付出的本身是沉甸甸的，可"爱"却把它变成了甜蜜的负担。

对深爱的父母，我要做一个能为他们分忧、令他们自豪的女儿；对深爱的丈夫，我要做一个温柔体贴、通情达理的妻子；对深爱的儿子，我要做一个朋友般知心、导师般引导人生路的母亲。

记得有一个周末，我像往常一样带着孩子住在婆婆家。晚上11点多钟原说加班的先生打回电话说，今夜不回家了，领人通宵赶课题，明天一早去北京答辩。我放心不下他的身体，就煮了牛奶麦片粥，带上一本书去了他单位。那天，先生加了一夜班，我就坐在他的办公室里陪了他一夜。陪伴我的，是一本《教育心理学》。陪读之后送先生去了飞机场，我又匆匆赶到婆婆家找儿子，因为我答应过，我的星期天属于儿子，上午要陪他看电影，下午要陪他游泳。看完电影、游完泳，我几乎睁不开眼了。看着我疲惫的样子，儿子懂事地说："妈妈，我在您心中第一重要，我真幸

福!"我想,小家伙说得对极了,我就是要让爱人因在我心中重要而幸福,而建树事业;让儿子因在我心中重要而幸福,而懂事明理。

爱是沉醉,因为爱所以神采飞扬。

最陶醉于这样的家庭场景,我在厨房里忙碌着,老公和儿子靠在沙发上看着球赛。丰盛的晚饭摆上餐桌,我招呼正看得入迷的爷俩吃饭,全家人其乐融融地围坐一起,我边吃边享受着他们对我厨艺的赞美,欣赏着他们大快朵颐的模样。

我还心醉于这样的时刻:

散步的时候,老公轻轻地牵起我的手。我相信"执子之手,与子偕老"的约定。

从超市出来的时候,儿子拿起最重的购物袋。我知道儿子心里也在牵挂着妈妈。

出去旅游,两位高高大大的"帅哥",每人都背着重重的旅行包,夹在中间的我,耳边挂着随身听,只需一左一右地挽起他们的胳膊。

让我来做裁判,评断一下这爷俩谁的笑话可以让我笑得更甜。

只要老公在身边,不论我在做家务、品咖啡,还是在挑选衣服,我总会感到他那双欣赏、爱恋的目光跟随我的左右。

只要儿子在身边,这个已一米八三的阳光大男孩儿总会"老妈""老妈"地叫着,有一搭没一搭地跟你说这说那。

和儿子朋友般的交谈、与老公说不完的悄悄话……

所有这一切一切,这些属于家庭的温馨舒适,属于我的宁静惬意都令我沉醉,使我神往。

五、迟到的作业

　　有年轻老师问我：怎样才能和学生建立深厚的感情？

　　我说：让你的每个学生都认为，他是你最喜欢的孩子。

　　爱不是说出来的，是做出来的。

　　那年春天，我们班转来一个叫季伟的男同学，这是一个在人们眼里很特殊的孩子。一个阳光很好的早晨，我在给学生们朗读一篇精心挑选的散文，别的孩子听得入了迷，季伟坐在后排，先是不以为然，后来干脆吹起了口哨。这个不和谐的音符引得其他学生有的怒目，有的嬉笑，有的交头接耳，原本秩序井然的教室很快就乱了套。考虑到季伟刚转来，我对他的情况没有过多过细的了解，就没有批评他，而是笑着对同学们说：这本来就是一篇美不胜收的散文，又加上配音，简直成了配乐朗诵，显得更美了。事实是季伟根本不买我的账，依然坐在后面把头摇来晃去，一副不屑的表情。这以后我留意观察才发现，这个孩子的问题的确很多：上课时，甭说手里有东西，就是没有东西，10个指头就能玩半天；做作业丢三落四，掐头去尾；上课铃响他回位的时候，不是把这个同学撞个趔趄，就是拧那个同学一把，告状的同学时时有。有一次，他妈妈气愤地告诉我，他家的表老是不准，原来他为了减少学习时间，偷偷往后拨表，且乐此不疲。要不就回家把课堂上老师布置的作业撕掉，自己编点极简单的作业装模作样地用很短的时间完成。看着季伟的表现，我既着急又心疼：季伟呀季伟，你一个虎头虎脑、壮壮实实的男孩儿，怎么会成今天这个样子呢！

　　不管他有多少问题，我还是要尽我所能帮帮他。一天中午，我发现季伟一个人在校园里闲逛，就把他叫到办公室里。我指指办公桌上的生字本说："季伟，老师太忙了，这些生字本下午要发下去，可到现在老师也没有批改完，你能帮帮我吗？"他看了看我，勉强答应了。我说："我们俩合作，你只批对错，等级由我来写。"因为我要最后把他批改的再检查一遍。就这样我们一直批改到上课。上课铃响了，我让季伟抱着生字本走在前面，我跟在后面。进了教室，我搂着季伟的肩膀对全班同学说："你们知道吗？今天中午，季伟同学牺牲了休息时间，和老师一起给大家批改了生字本。"在同学们的掌声中，季伟脸红了，这次回位的途中没有再推搡同学。我看在眼里喜在心上。讲完课布置好作业，我慢慢地踱到季伟的身边，对连作业本也没拿出来的季伟说："你今天表现很好，老师同学们都感谢你。你能把今天的作业认真写完那就更好了。"谁知季伟并不领情，白了我一眼说："不写。"我说："你不写作业，以后老师就不能请你帮我批作业了。""不帮就不帮。"这次他连瞧都不瞧我，把头扭在一边，不再理我。当时我窘极了，简直下不了台。可转念一想：也许，是我自己太性急了。的确，当一个孩子用这种我行我素的"逆反"行为为自己塑成坚硬的"外壳"，想方设法引起老师、同学的注意，找回一点点可怜的自尊，他曾经受过的该是怎样的一种伤害和痛苦。想用一次表扬就改变一个学生怎么可能啊！最让我犯愁的是，季伟的家长也失去了信心。季伟转来后的第一次家长会，他的父母都来了。会前有位家长和他们交谈，当知道他们的身份后，竟惊讶地大声说："原来你们就是那个季伟的家长呀！"事后，季伟父母表示不再来开家长会，他的妈妈对我说："杨老师，我们丢不起这个人。"那一刻，我的心特别沉重。从那时起，季伟成了我日夜的牵挂。

一个周末，我发现季伟非常想看一套在班内流行的图书《哈利·波特》，跟几位同学借都没有借到，一副很无奈的样子。我心里有了主意。课间，我悄悄塞给他一张纸条："星期一老师送你一套《哈利·波特》"。他看了一眼，没有什么反应。那恰恰就是我陪爱人熬了一通宵，第二天又陪儿子看电影、游泳，几乎累得睁不开眼的那个周末。可也就是儿子那句"妈妈，我在您心中这么重要，我真幸福呀！"提醒了我：为什么我不能让季伟因为在我心中重要而幸福，而转化呢？我强打精神，领着儿子绕道去书城买了一套《哈利·波特》。星期一课间，当我把崭新的《哈利·波特》送给季伟的时候，他捧着书吃惊地望了我很久。当天的语文课，季伟虽然还是没有认真听讲，但也没有扰乱别人，只是一直低头端详着他心仪已久的《哈利·波特》。

季伟的情况刚刚有了一点转机，我却接到了作为国家级骨干教师去华东师范大学进修的通知。临行前我对接替我的同事交代最多的就是季伟。我不厌其烦地嘱咐同事，对待季伟一定要耐心再耐心，在他身上要等一等再等一等……在华东师大的几个月里，学习特别紧张，我却一连给季伟写了 3 封信，只是为了告诉他我对他的惦念和期盼。既然和季伟面对面很难交流、沟通，那利用写信倒也不失为一个办法。话虽这样说，季伟的沉默还是让我感到很不安——他一直没给我回信。临近结业了，导师们一直夸我学习成绩优异，尤其对后进生心理疏导校正有独到见解，可喜可贺。

面对导师们的赞美，我却高兴不起来，一直都在扪心自问：在季伟的问题上，我真的合格了吗？直到离校的前几天，我终于盼来了季伟的信，这可是一封千呼万唤始出来的信啊！这个不愿意说话的孩子在信里说了很多。他说，这期间他虽然处在不愿回家、不愿见老师同学的尴尬"困境"，却仍坚持背着书包上学，为的就是当着全班同学的面收到我的信，看一看他在我心中是否重要，我心里是不是真有他。当一连收到3封信时，他偷偷地哭了。在信中，他终于说出了："老师，我在您心中这样重要，我真幸福！"随信寄来的，还有一份虽然还有错但书写很认真的作业，让我批改。拿着季伟的作业本，我激动地在校园里走了很久，几次想叩开导师的家门，对导师说："老师，我真的合格了！"

六、宝贝，一路走好

从华东师大回归学校，正值我从一年级带到六年级这个班要毕业离校。那段日子，心里说不出是什么滋味。这样六十几个孩子，我眼看着他们从一群围在老师身边奶声奶气说话的小不点儿到如今或亭亭玉立或高大挺拔的少年；我也从弯下腰跟他们说话，变成了在有些时候不得不仰着脖子看他们。六年，两千多个日日夜夜都在和这班孩子们朝夕相处，在每个清晨看到他们都已经成了习惯，突然分开，我怎么舍得！

好在当时紧张的毕业考试或多或少地分散了我的注意力。复习的沉默似乎也因为即将到来的分别而显得有了一些特别的意味。孩子们的毕业成绩十分令人满意，这是意料之中的，我也长舒了一口气：毕竟，我希望他们能用自己的努力，为六年的学习生涯交上一份满意的答卷。

分别的时刻终于到了。告别的聚会是孩子们自己组织的，我不是不想参与，而是不敢参与。平生第一次，我多么希望自己躲在角落里，做这个集体的旁观者，而不是主角，这样便体会不到分别时最深切的伤感。一个多小时的时间里，我一直坐在教室的一角，不敢抬头，不敢说话，生怕控制不住自己的情感，心里是一个个熟悉到不能够再熟悉的名字；耳边是学生们一遍又一遍哼唱的《在老师的身边》："自从踏进学校的门槛，我们就生活在老师身边，从一个爱哭的孩子，成长为一个有知识的少年……"

　　孩子们哽咽得唱不下去了，只是一个劲儿地喊："杨老师，我们永远想念您！杨老师，我们永远爱您！"我那脆弱的不堪一击的坚强，也在孩子们的喊声中彻底没了痕迹。我被孩子们簇拥到了讲台，我这个在他们面前"喋喋不休"地讲了六年的老师却失语了。孩子们一定让我说几句话。可是我说什么呢，除了泪水，还有什么更能表达我此刻的感受。天知道这泪水里究竟交织了多么复杂的情感，我感受到了自己语言的苍白与无力。从教多年，我有了那么多荣誉，那么多桂冠，所有这些我都看得很平淡，唯有用真情给我所有教过的学生打点好人生旅途的行装，让他们从容自信地远航，才是我引以为荣、感到最自豪、最骄傲的事情！

　　那一天，我有太多想说的话，却不知该说什么。留在我和孩子们记忆中的，只是我那一刻最想说的：孩子们，老师要说的就是，我向你们深深地道一声祝福，人生征程千万里，你们一路走好，一路走好，直挂云帆济沧海！

七、十字路口的选择

　　2001 年，正当我在小学语文教学的天地里如鱼得水的时候，一纸任命让我从一名普通教师变成了校长助理。事情来得突然，让我多少有些措手不及，局领导找我谈话的时候，我内心里或多或少地还在质疑这件事发生的可能性——不是不相信自己会走上领导岗位，而是……说白了，是舍不得。舍不得自己叱咤风云的讲台。

其实，早几年就有人不断在我耳边提醒：趁年轻，趁自己在教学上取得了一些成绩，赶紧为自己的"前途"好好考虑一下。说这话的人当然是好意，我发自心底地感激他们；他们所说的"前途"，我也不是不明白——曾经一起走上教学岗位的同学、同事，如今已有许多人担任了学校的中层领导。年轻的教学新秀不断涌现，也的确让人感到一种无形的压力。用不了多久，我们这些人，就要和那些自己一手带起来的"新兵"在同一个舞台上竞技了。

一面是和大多数同龄人一样的道路，平稳而踏实，也并不缺少专业的认可与同行的尊敬；另一面是安心做一个老师，一个在专业上有更高追求的好老师，这需要付出更多的心血和汗水，随之而来的或许还有不愿面对的失败，以及功亏一篑的可能——毕竟，在迈向专家型教师的道路上，究竟能走多远，对我自己而言是个未知数，情趣教学究竟能被多大范围的人认可，也还是个未知数。是否要因为前途的未知而放弃还没有尽到的努力，我暗问自己：杨屹，你是这样的人吗？我给不了自己肯定的答案。因为那时在我心目中放弃努力对我和我执着追求的情趣教学而言，都意味着背叛。

对许多人善意的提示我只是笑笑，因为不知该如何回答。直到有一天，一位私交很好的教研员很认真地跟我提起这件事。面对着这个像自己姐姐一样的前辈，我的回答让自己都愣了一下：因为我几乎是脱口而出："我要做一个好老师。"那一刻不假思索的回答让我知道了，在自己心中什么才是更重要的。那之后，心似乎更静了，一门心思想在语文教学的天地里遨游。

一晃几年。当时的回答犹在耳边，对语文教学的热爱有增无减。今天，我怎么办？我选择了接受。原因说来很简单，只因为从教近二十年的经历让我对所身处的学校充满了感激，对身边的教师有着深厚的兄弟姊妹情谊，我希望自己有能力为他们做一点事情。如今，情趣教学已经延伸扩展成了情趣教育，孩子们可以开心地享受他们的少年时光。情趣文化及情趣管理，让年复一年校园里辛苦而执着守望着的老师们也可以享受到属于他们的幸福人生。

至今引以为自豪的是在我做校长助理、副校长，甚至做校长之后，依然没有离开我深爱的语文教学。前段时间，在一次观摩课后的交流中，与会代表普遍反映：杨屹的课更成熟、更自然，也更大气了。我当然清楚，这正得益于担任学校管理者之后所经历的磨砺。得到大家的认可我当然高兴，可最令我开心的却是一位老朋友短短的一句话——那是一个见证了我多年专业成长的老朋友，她曾经非常担心做了校长的我会专心于学校的管理而荒废语文教学——她说："终于放心了，那个教语文的杨屹，还在！"

八、情趣进行时

情趣教学被越来越多的人认可，情趣管理在老师们的微笑中生长，那些相伴情趣的孩子，也已经长大，一如当年站在他们面前的我。

于我而言，情趣的梦想在教育的世界里延展，情趣的人生，却是在平常的日子里，一天一天走出来的。

感谢教育。它既接纳了我的"无心插柳"，也包容了我的"歪打正着"。

二十年前那个忘记带挂图就走上讲台的小姑娘是无论如何也无法想到自己会一步步走到今天的。我常说，我的发展已经超过了自己的预期。这绝不是谦虚，而是内心对自己的一种善意的提醒：生活给了我超乎自己想象的幸福，理应懂得珍惜，懂得感恩。

其实，成就也好光环也罢，我只安心地走好自己的路，做好自己的事，承担起自己该承担的责任。母亲从小教育我：人过留名，雁过留声。在这一点上，我很听话。路一步一步地走，日子一天一天地过，心情一点一点地累积。

喜欢听好朋友亲切地叫一声"杨杨"；喜欢挽着老公的胳膊逛街、喝咖啡；会为儿子的一点点"小成绩"得意；会为老师们工作中的一个个亮点在同行面前口若悬河；容易被感动……这才是我，一个真实的杨屹，几十年一步步走来，回头看看，晴天多于雨季，微笑多于泪水。所以幸福，所以知足。

　　在教育的路上我不孤独，有深爱着的亲人、朋友给我支撑，我和他们牵手看一路风景。走过了，看过了，想过了，我们的微笑和沉思，也都点缀成教育路上一处处特别的景致。

　　一路走来，不时地提醒自己：慢慢走，欣赏呵。

教育的温度

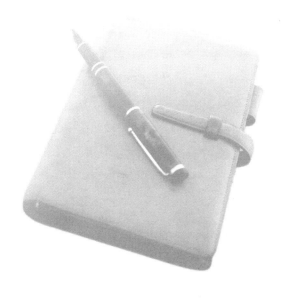

一、透视情趣

水的容纳与浸润，冰的冷静与纯粹。

作为教育者，当然要追求课堂上的激情与活跃，热闹与张扬。但不能沉溺于中，毕竟，那不是事业的全部。关起门来，或许有些寂寞，但寂寞中的思考，却足以让我们良久沉醉。但喧嚣与浮华散去，倒是那些沉甸甸的思想，忠实地默念着我们的名字。

做不了思想家，我可以做一个思想者。

情趣是一种生活态度，用饱含情趣的眼光观物，用浸润情趣的心情生活，"我"便可与生活臻达"我醉君复乐，陶然共忘机"的境界。

情趣教学为师生的成长构筑了一个富有人情味的平台。情趣教学初始于对语文教育理念的本真认识。任何一种成熟的教育都是充满人性、人情、人道的，在"人"的基点上，语文教育力求引导我们过上心灵所需要的那种快乐、幸福的生活。情趣教学以情感为依托，以体验为途径，让学习过程进入认知与情意和谐统一的轨道。充满情趣的课堂为学生提供了一个温馨、和谐的人文环境，让他们在自由、真实、情味盎然、趣味十足的课堂中享受求知的快乐，在灵动的、富有生命气息的文字符号中涵养自己深厚的精神世界，并轻轻唤醒自己独特的生命情趣。正如朱小蔓在《情感教育论纲》中写的："一方面，快乐的激励使人勇于承受生活的负担和压力，提高克服痛苦的能力；另一方面，快乐的激励使人心胸开阔，对未来充满信心，鼓舞人运用智慧，调动潜能并享受成功的欢愉。"语文课堂的情趣就在于让快乐伴随学生的成长，用情趣铺就学生的人生历程。

（一）语文课堂情趣智慧的生成

清代作家史震林说："诗文之道有四：理、事、情、景而已。理有理趣，事有事趣，情有情趣，景有景趣。趣者，生气与灵机也。"扼杀情趣的诗文便失去了生气与灵机，而以诗文为主要文本的语文教学如果远离了情趣，那么我们将无法想象此种教育下走出的生命会是多么的枯燥与乏味！在近二十年的教育探索中，我依据儿童心理发展特点及母语学习特点，逐步形成了独具特色的小学语文"情趣"教学理论。情趣教学主张让情感的血液在知识这个活的机体中欢腾流动，使学生在语文学习中感受人性的温度和人格的高度，触摸精神的硬度和情感的细腻，聆听历史的脚步和心灵的呼唤。在此，主要就情趣的来源、情趣的内驱力以及超越课堂的情趣智慧几方面对情趣教学理论稍作探讨。

1. 探求情趣的来源

按照《现代汉语词典》的解释，情趣指：①性情志趣；②情调趣味。在"情趣"教学中，情趣除了上述义项外，还包含情境。从字源分析来看，"情趣"之"情"有情境、感情、情调之义；"情趣"之"趣"有趣味、兴趣、志趣之义。情趣教学追求创设一个愉快宽松、和谐互动的教学环境，但并不是追求简单的形式上的快乐效果，而是着眼于教学内容情趣因素的发掘，着眼于教师教学语言情趣的发挥，着眼于对认知过程内在逻辑趣味的呈现。只有有机地整合情趣源，学生才会对学习材料本身产生直接兴趣，在学习过程中获得认知趣味和成功体验。这样，他们就能够以书为乐，乐而忘返。

第一，课文文本中所提供的故事情节、人物性格、知识道理是情趣教学的客观基础。情趣教学并不是把情趣的标签生硬地贴在教学上，而是从知识的内部呼唤出真实存在的、丰富多彩的生命情趣，把它们融入教学生命活动的过程中去，为教学情趣的激发和飞扬涂上一层深深的底色。在充满情趣的课堂上，一个个拼音字母，一段段语言文字，甚至一个个标点符号，都是鲜活而神采飞扬的，它们将学生引入语文学习的艺术殿堂。或是"舟行碧波上，人在画中游"的诗情画意的自然美；或是五彩斑斓、多姿多彩的生活美；或是跨越国界、穿越历史的社会美，作为"案头之山水"的文章，无不蕴含着作者的感情，表达着生活中的喜、怒、哀、乐。情趣课堂凭借作者渗透在字里行间的真挚情感，在"润物细无声"的熏陶感染中，使学生的心灵受到震撼，在学语文的同时形成正确的价值观、积极的人生态度、高尚的道德情操及健康的审美情趣。

第二，语文教师教学语言的情趣、教学组织的节奏、师生互动的性质与水平是情趣教学的条件。"隔岸观火"是语文学习的一大弊端，学生融不到学习情境中去，语文课程丰富的人文内涵便不会对学生的精神领域产生深远的影响。教学的最佳状态应是在教学双向互动中教师情感、文本情感及学生情感达到"情感共鸣"。要做到这一点，教师应首先进入角色，充分挖掘课文中所蕴含的真挚感情，将作者之情化为自己之情，用自己之情感染学生之情，并将三者有机地融合在一起。在这样民主、和谐、情趣横生的氛围中，学生的思维始终处于兴奋状态，便能积极地去思、去做，并不断迸发出智慧的火花和创造的热情。华中师范大学著名教授杨再隋在《小学语文教学》撰文，是这样评价情趣课堂的："语文课上的清新、活泼、自然、流畅……阻塞处疏导之，分岔处拨正之，徘徊处诱导之。思维训练、语言发展、情感调动交融一起，互相促进，互相提高。"学生积极地参与教学的全过程，在有情、有趣、有智的课堂氛围中自然历练了自己的情智态度与情趣境界。

第三，特定教学情境中的问题因素、情感因素、认知建构水平是情趣教学的内在决定因素。立足于学生的全面发展，探究语文教学的内在结构，使文本意义的呈现与学生主体经验的建构成为互动的过程，将学生在学习过程中全身心投入的深度、广度和有效度作为情趣教学的根本所在。情境的创设召唤了学生的生命体验，体验的过程即意义的生成过程，体验的性质决定着意义的性质。情趣教学是以情趣为引线，以个人理趣、志趣的生成为目标。在语文课堂中，教学情境的有效设置拉近了学生与文本的心理距离，当学生化身为文本中的形象或角色时，在心理换位中，学生便能真切体味文本要言说的意义，同时及时调整自己的价值取向与人格走向。所以，成功的教学情境一定是关乎人的自我建构的，其间的各个环节或直接或间接地指向了一个人健全人格的发展，而这种健全的人格必然会以强大的作用力助益课堂情趣的生成。

2. 激发情趣的内驱力

内驱力是心理学上的一个动机理论，指有机体的内部驱动力。内驱力激起有机体的行为。同生物性需要状态相伴随，并与有机体的生存有密切联系的被称为原始性内驱力，而继发性内驱力是指情境（或环境中的其他刺激）而言，这种情境伴随着原始性内驱力的降低，结果就成了一种内驱力。情趣教学在强化这种继发性内驱力的基础上，使语文课堂形成了一个具有巨大潜能的动力场。

（1）探微兴趣的隐秘。

圣人孔子微言大义："知之者不如好之者，好之者不如乐之者"，短短两句话便精确阐释了求知的三种境界：知之、好之、乐之。三个不断超越的求知境界隐约为我们透露了这样一个心理隐秘：兴趣。唯有浓厚的探索兴趣，才能引领我们抵达物我相融、乐此不疲的境界。兴趣是一个内心尺度，它在孩子们单纯的眼中带有极强的情绪色彩。作为一名小学语文教师，应依据小学生的心理特征和思维特点，精心设置各种丰富多彩的教学方式，引领学生走向自己的兴趣之门。

我们都知道，小学生的形象思维比较发达，他们是用形象、色彩、声音来思考的。适应小学生的这一认识规律，为追求"情趣"的境界，在教学实践中可运用以下激发兴趣的教学策略。

第一，以读悟情。诵读是语文教学中经常运用的教学策略，怎样引导学生读得投入、读出情感、读出韵味是我们应该思考的问题。教学中找准文章语言感受生发点，指导学生有重点地读、有层次地读、有个性地读，并随时注重方法的引导。通过有效运用读的手段，激发学生情趣，让学生在阅读中产生独特体验，使课堂充满生命的活力。

《多彩的夏天》一课中有这样一句话："夏天是炎热的。火辣辣的太阳高高地挂在空中，把热尽情地洒向大地。"教学中，层层递进式设计了四遍读书活动：第一遍读：结合骄阳似火的画面，让学生说说夏天热的感受，借助自身感受读。第二遍读：将课件出示句子中的"火辣辣"一词变为两根辣椒的图像，强化超辣的感觉，借助文字的变化体会读。第三遍读：先启发学生想象这时候的人们会在哪里，随着学生的叙述，课件中太阳射出的光芒越来越强烈，最终火红的颜色充斥着整个画面，这遍读是借助画面体会热的无处不在。第四遍读：让学生聚焦"炎热"一词，说说"炎"字的记法。即：一把火还不够，上面一把火，下面再来一把火，确实够热的，借助字理强化读。四遍读抓住关键词句，层层深入，逐步推进，读出自我体验与文中韵味。

第二，以说激趣。要想在课堂上产生一种生动和谐的氛围，使学生学得兴趣盎然，必须满足学生心理需要，把更多的时间让给学生。课件要创设情境，引发想说的欲望；创设和谐氛围，激发敢说的勇气；预设有价值的问题，激发学生情感；读说有机结合，体会文本情感；把握课堂生成因素，表达内心情感。教学中，面向全体学生，要给每一个学生说话表现的机会，使他们积极参与到教学中来。

苏霍姆林斯基在《兴趣的秘密何在》一文中是这样写的："兴趣的源泉藏在深处，你应当努力使学生自己去发现兴趣的源泉，让他们在这个发现过程中体验到自己的劳动和成就，这件事本身就是兴趣的最重要的源泉之一。"因此，教师应特别关注学生质疑探究能力的培养，引导学生进行探究性阅读，鼓励学生自己提出问题、分析问题、解决问题，积极发表独特的感受、体验和理解。

为提高课堂教学效益，探讨有价值的问题，应从低年级开始就引导学生主动探究，调动学生读书、思索、答问的积极性，激发其学习的兴趣。这里特别值得一提的是，应让学生提出真正想了解的问题，而非只是提出诸如"我想知道讲了谁的事""我想知道事情的结果是什么"等一些模式化的问题。

低年级教材《黄山奇石》是一篇介绍黄山石的文章。教学中，出示全文凸显奇石的中心句"那里景色秀丽神奇，尤其是那些怪石，有趣极了"。读后，找出中心句所在的段落，结合画面整体了解黄山风景区的秀丽神奇，在"黄山四绝"云海、温泉、怪石、奇松中感知，怪石是"尤其"有趣的。随后将中心句中的"尤其"换成"特别"，再读着体会。伴着"读了这句话你还想知道什么"的追问，"为什么黄山的奇石特别有意思"这一具有探究意义的问题随之而来。对于低年级学生，教师应因势利导，帮助学生水到渠成地提出有价值的问题。

中年级教材《给予树》讲述了一个美丽的故事。在圣诞节到来之前，家里并不宽裕的八岁小女孩金吉娅，在商场的给予树上发现了一个素不相识的小女孩渴望得到洋娃娃的心愿卡，便把应该给家人买礼物的钱买了一个洋娃娃送给了小女孩，展现了金吉娅善良、仁爱的美好心灵。通读全文后，学生对金吉娅给陌生女孩买洋娃娃，给自己的家人买棒棒糖印象深刻。教师随即出示图片，一边是华丽的洋娃娃，一边是小小的糖果。教师指着反差强烈的图片说："面对圣诞节前夕金吉娅的做法，有什么疑问吗？"学生自然而然地问道："她为什么给陌生人买贵重的礼物呢？"这样，既有针对性地培养了三年级学生的质疑能力，又抓住触摸人物内心的重点和关键。当学生带着自己提出的有价值问题进行探究时，思维会更加活跃，思考会更深入。

高年级教材《普罗米修斯》是一个希腊神话故事。讲的是普罗米修斯为人类取火种后遭到宙斯残忍折磨的故事。在了解文章内容后，学生认读生词。教师出示了一组关于众神名字的词语：阿波罗、宙斯、赫拉克勒斯、普罗米修斯。读完，请学生从书中找出这些神的名字，他们分别是太阳神、众神领袖、大力神。但对于"普罗米修斯"是什么神，书中没写，所以答不出。老师说："普罗米修斯是什么神，让我们用问号标志出来，一起研究研究。"此问题，也确实是学生们共同急于去研究解决的。品读课文后，老师请学生为其命名。在普罗米修斯为人类造福精神感召下，学生称之为坚强的神、为民造福的神、勇敢的神……不知不觉在心中已经给他下了伟大的定义。最后老师推荐《希腊神话》一书，让学生课后去寻找普罗米修斯真正的名字。于是，学生带着问题走进文本，又带着问题走出课堂。

第三，以画引趣。静态画以惟妙惟肖的形状和鲜明逼真的色彩从感官上引起学生的注意；动态画的三维效果正符合了小学生喜动、好奇的心理。这些具有审美特征的教学信息很容易到达大脑的高级加工区，使大脑对其进行深度的精加工，此时有选择的加工过程一定程度上影响了学生的兴趣点。用画面呈现教学内容使本来抽象、枯燥的内容变得颇具艺术特色，这样更易引起学生的审美注意，激发其智力潜能，使学生渐入美妙的知、情、意的情趣天地。

这是《大江保卫战》中有效运用画面的一则案例：

师：让我们来认识这群铮铮铁汉（出示一群抢险战士照片，随后定格在一人身上），你认识他吗？

生：是黄晓文。

师：看来，在这场战斗中，黄晓文是不能不提的一个人。

师：请同学们读读课文中描写黄晓文的内容。

生：黄晓文大声说："来不及了！"说着，一咬牙，猛地把铁钉一拔，一股鲜血涌了出来。黄晓文随即从身上扯下一绺布条，三下两下把脚捆了个结实，二话没说，转身扛起地上的麻包，又爬上了大堤……

师：还是这段话，我想换个字，把"涌"换成"流"行不行？

生：不行。

师：这两个字有什么区别？

生：涌：说明血流得快。

生：涌不仅流得快，而且还很急，说明黄晓文受伤很严重。

师：一个"涌"字让我们体会到黄晓文流血多，流血急，受伤严重。请你读一读，读出你的感受。

（学生朗读）

师：联系他的语言、动作。透过一个"涌"字又让你体会到什么？

生：他虽然受伤很严重，却拔下铁钉、扯下布条，扛起麻包，爬上大堤，他不愧是铮铮铁汉。

师：是啊，透过一个"涌"字让我们体会出了黄晓文铮铮铁汉的英雄本色。带着体会再来读。

（指导学生读出他的坚毅与刚强）

师：刚刚你们说照片中的那位战士是黄晓文！其实，我也不能确定，因为在几十万人民子弟兵中，有无数位像黄晓文这样的铮铮铁汉，我们没能一一记录下他们的形象和名字，但他们却拥有同一个名字——人民子弟兵。

课堂上，教师巧妙运用画面，按照文章结构，让黄晓文从群体中走出，又融到保卫大江的人民子弟兵中，深刻感受到人民子弟兵铮铮铁汉的英雄本色。

第四，以境动情。

小学生总是以天真无邪的眼光去审视世界，用真实的情感去对待周围的人和物。逼真的教学情境容易将小学生带入文本描述的世界，使他们在纯真的情感共鸣和情境撼动中，心灵受到极大的启发。

以下是《七律·长征》的创境片段：

师："大渡桥横铁索寒"的"寒"，你是如何理解的？

生：大渡河上的泸定桥有13根铁链，让人看上去就心惊胆寒。

师：是啊，大渡河上有一座泸定桥，桥长103米，桥高30多米。103米有多长？（课前老师测量了一下）向门口看，比礼堂还要长几十米。30多米有多高？抬头看，比这礼堂还要高几倍。

师：（出示大渡桥照片）我们看，不用说爬过去，如果你站在上面，心里会有什么感受？

生：心惊胆战。

生：不寒而栗。

生：毛骨悚然。

生：心惊肉跳。

……

师：一个"寒"字，让我们感受到这泸定桥的确是难以逾越的天险。

师：（语言创境）如此天险，桥头蒋介石派重兵把守，后方的几十万追兵也即将赶到。就在这千钧一发的时刻，22位勇士挺身而出，他们冒着枪林弹雨，爬上了铁索，10米，20米，30米，有的战士中弹了。

生：（情境想象）可他们没有退缩，仍然顽强地向敌人爬去。

生：可他们忍住疼痛，全然不顾，心中只有一个念头，拿下泸定桥。

师：40米，50米，60米，有的战士，身负重伤掉进了湍急的河流。

生：可他的战友没有被吓倒，又冒着枪林弹雨，爬了过去。

生：可他的战友含着泪水，爬得更快了，他要为自己的兄弟报仇。

师：80米，90米，近了，近了，可敌人也更加疯狂，在桥头甚至燃起了熊熊烈火。

生：可他们毫无畏惧，一个个奋然冲过了铁索桥。

生：可他们与敌人展开了激烈的搏斗，勇敢地夺下了泸定桥。

师：看，勇士们冒着枪林弹雨来了。

（播放视频）

师：同学们，这是一场怎样的战斗？

生：激烈的战斗。

生：残酷的战斗。

生：惨烈的战斗。

……

师：这都是"寒"。就是这22位勇士，仅用两个小时就飞夺泸定桥！再一次粉碎了蒋介石想一举歼灭红军的美梦！

教师通过画面创境、语言创境、音像创境，将红军所彰显的乐观豪迈、英勇无畏的气度演绎得淋漓尽致。

教学中，好的情境创设，时而如悠扬的小提琴，时而如高亢的管弦乐；时而如涓涓细流，时而如万丈深瀑。学生如临其境，自然会加深理解。

真实的课堂中，以上教学策略不是被独立分割的，教师通过以读悟情、以说激趣、以画引趣、以演动情等手段的灵活运用，使课文文本情趣、教学情境情趣、学习主体情趣发生联动和共振，在以情激趣、以趣诱知、情知和谐的教学艺术流程中充分展现语文教学的人文趣味和文化精神，使学生在人文的教学过程中理解与体验、感悟与思考，受到情感熏陶，获得思想启迪，享受审美乐趣。

《秋天》一文中有这样一段话："一片一片的黄叶，从树上落了下来，小鱼游过去藏在底下，把它当作伞。蚂蚁爬上去，来回跑着，把它当作运动场。"课文表现了欢快的小动物为枯黄的秋天增添了无限生机。怎样让学生理解课文所表达的内容，并体会小鱼藏在伞下，蚂蚁争相赛跑的情趣呢？学生通读全文后，老师让学生说说课文都写了哪些秋天的景色，并把学生争先恐后描述到的小鱼、蚂蚁、池塘、梧桐树、落叶等一一画到了黑板上。这时，老师悄悄留下了伏笔，即让池塘的小鱼没藏在落叶底下。在朗读"黄叶落到水里"的景色时，学生来当小鱼、教室做池塘，一片由老师擎着的足有桌面大的梧桐叶教具在"池塘"里漂动着，小鱼们追逐着落叶，在落叶下嬉戏、玩耍着，尽情表演小鱼藏在落叶下面的情境，充分感受小鱼的调皮、有趣。然后随着课件来朗读描写这一景色的句子，伴着学生的朗读，句子中的"藏"字被一片飘下的落叶挡住了，"藏"字真的藏起来了。而句子中的"伞"字也变成一把形象、直观的小花伞，学生在惊喜中体味到原来枯燥的语言文字中也蕴含着刚才表演中所体会到的情趣啊！学生通过亲身的体验和惊喜地发现品悟到文本中所蕴含的情感，再通过朗读将自己内化的情感表达出来，学生在读出自己的情感体验后，忽然发现板画上的错误，"老师，你画错了！小鱼是该藏在落叶底下的，你没让小鱼藏起来"。就这样，围绕一个"藏"字，学生在读说画演中体验了情趣、培养了语感、进行了扎扎实实的语言文字训练。

在朗读"黄叶落在岸边"的景色时，电脑课件展示出小蚂蚁正在梧桐叶做的运动场比赛的场景，孩子们自然成了蚂蚁运动员的拉拉队。随着"预备，开始"的号令声，在学生此起彼伏的加油声中，在运动场激烈、热闹的氛围中，学生读出自己体验到的情趣，读出自己的理解，达到了水到渠成的效果。

由此可见，教学中充满激情的读，思维敏捷的说，形象生动的画，动之以情的演，可将思维训练、语言发展、情感熏陶交融在一起，相互促进、共同提高。使学生在民主、和谐的氛围中积极主动地参与教学活动的全过程，让每个孩子的潜质都得到最大限度的发展，确保课堂教学的优质高效。

第五，以练升趣。课堂趣味的形成还只停留在兴趣的表层，只有当它真正内化为学生的一种自觉的快乐行为时才会对学生的人格发展产生影响。以读悟情、以说

激趣、以画引趣、以境动情，当课堂趣味达到似乎要沸腾的境界时，老师便要适时引导进行趣味练习，使他们对知识的兴趣以及对知识的灵敏感受及时得以巩固与升华。《早操》一文是这样写的："小露珠，起得早，滚来滚去，在绿叶上做操。小鸟儿，起得早，跳来跳去，在树枝上做操。小蜜蜂，起得早，飞来飞去，在花朵上做操。小学生起得早，跑来跑去，在阳光下做操。"要下课了，老师说："看来在美好的晨光里，小伙伴们真是快活极了！还有谁会起得早？他们又会在哪儿做操呢？让我们来做个小画家，把你们想到的用彩笔画在书上；做个小作家，把想到的填在书中诗句的末尾。"第二天，课本中《早操》这一页充满童趣的画出现了，诗一般的语言随之涌动着："小草儿，起得早，摇来摇去，在土地上做操。""小青蛙，起得早，蹦来蹦去，在荷叶上做操。"……这种余音绕梁的兴趣练习与课堂趣味遥相呼应，必然会对情趣的生成产生潮涌般的动力。

（2）拨动情感的琴弦。

语文世界是一种浓浓的情感世界，其中的每一篇文章都是作者情感体验心醉神迷的流露。从字里行间寻觅作者情感的痕迹，感受曾触及他心灵的生活瞬间，引领学生在文本构筑的精神世界中经历一次又一次的情感高峰体验，并将其弥漫到其他所感兴趣的事物中去，这对于在书本中积累人生经验的小学生来说无疑是一种价值观的引领和生活态度的磨砺。而这一切的发生，势必少不了教师恰到好处的情感激励和学生融情于境的情感迁移。

教师的情感激励要求课堂教学要以情激思、以情启智，通情而达理。人的思维需要情感去滋润和培养。情趣教学以情感为依托，在此前提下教师要用自己的情趣和爱心来培养和唤起学生对所学知识的积极情感，并使其在以后的学习过程中以饱满的热情投入。表面上的快乐并不是情趣课堂的理想追求，真正的情趣课堂要让学生在精心酝酿的有情、有趣的境界中体会到求知的快乐和思维飞扬的快感，享受到自己在自由的氛围中潜能得以无限释放的愉悦。这要求教师或以情动人，使师生之间产生情感共鸣，使课堂教学形成和谐的心理场；或以境促情，挖掘蕴含在文本中的情感因子，用文本衍生的情境将师生带入"欲辩已忘言"的情感高峰；或以情育情，在教学的潜移默化中培养学生对知识积极持久的情感。这种情感场不仅从感官上打动学生，而且也唤醒了学生体内蛰伏的热情奔放的求真求美的心理，通情而达理，学生体内奔突的情感终会燃烧成一把照亮智慧之门的火炬。

学生情感的迁移指学生把从学习过程中体验到的情感迁移、弥漫到感兴趣的事物身上，并对这些事物保持一种持久的热情。在情趣课堂中，小学生沉醉于自然的绚丽神奇，惊叹于历史烟尘的厚重与睿智。教师在引导他们畅游丰富多彩、有情有味的"有字之书"的同时，也要使他们将饱满的热情引向身边的风景，并在一次又一次经历"为伊消得人憔悴"的探索中，开辟更为广阔的情趣天地。语文就是要让学生用温情的眼光去观照周围的人或物，用充满情趣的心去打点生活，笼有情之天地于我之形内。情感的迁移把课堂生成的情调与热情内化为自我情感，在情感高峰体验的召唤下，再把蕴含在体内的情感投诸身边的生活，在广阔的生活中收获更多的情趣。

3. 开启超越课堂的情趣智慧

教育界盛行这么一句话：课堂小天地，天地大课堂。走进纷繁复杂的社会天地，我们的学生是否还能有一颗情趣之心，是否还能用欣赏的眼光打量世界，是否会在奔忙的生活之余持守一片湛蓝的心灵晴空。让情趣走出课堂，我们越来越清醒地认识到：情趣不仅仅是一种教学方法；一种教学思想，还应是一种教育智慧。情趣教学要培养学生高尚的情趣，并完成从"乐趣"到"兴趣"，再到"理趣"，直至"志趣"的发展过程。

情理交融，深化生命体验。情趣教学不是情感的肆意渲露，不是兴趣的浅尝辄止，而是融理趣于其中的一种高尚情趣。理趣是中国古代美学的范畴之一，指理融于趣、趣合乎理。它是超越于感官之上的、由理而引起的主观情趣，是主体在求真、求善的过程中产生的愉悦心态和兴奋之情。那么什么样的"理"才可成"趣"呢？它应该是深刻的，是自然、社会、人生的真理、哲理、至理；它应该是新鲜的，是"发前人所未发，扩前人所已发"的创造性智慧结晶；它应该是充满生气和灵机的，它来自生活来自实践来自生命的洞彻和感悟！引导学生在情趣的激励下探求事物的理趣，在跃动的文本间领悟智慧的光芒，在方块字中体味民族文化的精深广博。"从审美心态的角度来看，理趣让人感到的是思想的提升，智慧的导引，道德的警策，理想的召唤和生存的鼓舞。"① 我们不应只把知识看作是一堆失去活力与生命的静止的符号系统，还应看到在平静的知识表面下，蕴含着深厚的精神世界，弥漫着生活情趣与知识理趣的气息。情趣教学不是为了情趣而情趣，为了求知而求知，而是追求情智和谐的整体人格的发展。缘情、兴趣、探理，只有将情、趣、理三者融为一体，学生才能在语文课堂中体味到思维的乐趣和生命求索的幸福。从生命活动的视角来看，语文教学过程不仅是知识传授与学习的过程，而且还是教师与学生共同进行生命活动的过程，是感性生命和理性智慧共同上升的过程。情趣教学的思想，就是要把教学活动的内在生命力解放出来，把教师的生命世界与学生的生命世界打通，情理交融，把学科知识与学习的生命体验融会，让领悟与感悟产生强烈的共鸣。

情志相生，提升生命境界。情趣教学不仅致力于创造出作为教学方式方法的形而下之器，更关注如何促进学生的科学和人文素质均衡发展的形而上之道。情趣与志趣相互促生，渐至成为学生的人生追求，只有这时，学生的生命才能超越书本，超越课堂。《诗大序》曰："在心为志。"志趣是一个人的心意所向，它的生成使人拥有了一种境界，有了这种境界，人生才不会漫无目的，才会萌生"上下求索"的动力，才会获得成功的事业和美满的人生。如果说兴趣是指一个人站在事物的外围对它进行赏析，那么志趣就是将感情和所有精力深入到某一事物、某一专业的内在规律中，并与它融为一体，即走进这种事物的内部去进行体验、研究。情动、趣发、志生，"情""趣"如同植物生长所需的阳光、养料，促使经过多次取舍和选择后的志趣渐渐固定下来，并成为终生追求。语文教育从某种意义上来说是一种情志教育，"培养学生高尚的道德情操和健康的审美情趣，形成正确的价值观和积极的人生态

---

① 邓牛顿：《说理趣》，载《南京师范大学文学院学报》，2002，3（1）。

度，是语文教学的重要内容"。[①] 志趣把从课堂中领悟到的情趣与情感、人生态度、价值观融为一体，使课堂中习得的知识和生活中体验到的智慧向一点汇聚，从而产生巨大的生命动力。志趣的形成是生命不断蜕去稚嫩、走向成熟、走向意义的过程。一个没有情趣的人，空有志向生命会了无生趣；同样，一个胸无大志、空谈情趣的人，生命更会流于浅薄。情趣教学将教育眼光放诸人生志趣的形成，追求情、趣、志融为一体，促使生命境界更进一层。

（二）情趣课堂"对话场"的创设

德国著名的宗教哲学家马丁·布伯说："教育的目的并非是告知后人存在什么或是必会存在什么，而是晓谕他们如何让精神充盈人生，如何与'你'相遇。"在布伯看来，人在本质上是一种"我—你"的对话关系。对话主体在"充满着意识形态或生活的内容和意义"中相互敞开、相互理解。对话式的语文情趣课堂是精神相遇的一次盛宴，是涌动着生命活力的磁场，在这个"场"中，对话的声音无处不在，意义不断地生成。因而，好的语文情趣课堂就应是这样一个预设与生成相融的、允许师生间平等开放交流的"对话场"。

1. 情趣课堂"对话场"的界定

作为一种语言现象，对话是普遍存在的。人在对话中言说自己的存在，确证自己的生命意义，所以，从某种意义上可以说，对话是人的存在方式。人以对话的态度观照世界，并通过对话带动主体间的能量流动，多重对话的交叉流变与相互作用就构成了一个张弛自如的"对话场"。

---

① 《全日制义务教育语文课程标准（实验稿）》，北京，北京师范大学出版社，2001。

对话无处不在，而"教育学意义上的对话是一种直接指向发展和新的理解的行动，它能增长知识、增进理解、提高参与者的敏感度。它代表着一种持续的、发展的相互交流，通过它，我们获得对世界、对我们自己以及人们相互之间的更充分的理解"。①"场"理论的提出使对话由单向走向了多重关联。辩证唯物主义认为，世界上的万事万物都是彼此联系的，我们往往把日常生活中联系比较紧密的、相互依存、相互影响、相互作用的客观存在形态称为"场"。"场"是一个能量积蓄、碰撞、转变的过程。在课堂"对话场"中，教师、学生、文本多个主体是平等、独立、自由、能反思、可转变、自组织的"对话源"。通过各种教学方法和手段激发这众多的"对话源"相互作用，彼此对话，能量互动，形成"对话流"。"对话流"不断运动、碰撞、交流，进而形成一个动态的、具有无限潜能的"对话场"。②

在情趣课堂"对话场"中，多元主体即"对话源"在同一话题的引导下通过不同向度的能量流变，使整个对话场凝聚成一个巨大的意义能量团。伴随着师生之间、师生与文本之间、生生之间对话的深入，对话场不断延伸为一种溶解学生、教师和文本的情感、思想态度、价值观的"生命场"。同时，由于各种"对话源"的互相作用，互相促进又形成了不断运动、不断创新的"流"，使得每一个主体都在与另一主体互相作用的过程中发展自身并创造出超越自身的新内容。情趣课堂"对话场"的形成并不标志着一个封闭、静止的结果，而是随着"对话流"的不断运动形成的一个开放的、具有无限创造潜力的、永远创造着新的内容、自身永不停息的过程。

2. 情趣课堂"对话场"的内在特性

这是情趣课堂"对话场"的描述："在这里，师生平等对话，生本自由'交谈'，预设和生成并存"，"教师抓住生成并与课前预设有机融合，让每一个学生真正在课堂上获得全方位的满足和发展，教师的劳动也闪现出创造的光辉，师生都能感受到生命活力的涌动"。真正的对话必以"我"与"你"的平等相遇为前提，在敞开的情境中，预设的话题与意义的不断生成促成了对话主体间的彼此理解。对话是主体意义得以确证的过程，同时也是主体意义向外延伸的过程，对话的完成和下一轮对话

---

① 郑金洲主编：《对话教学》，18 页，福州，福建教育出版社，2005。

② 孙芙蓉：《互动、对话、转变——"对话源—对话流—对话场"教学模式图解》，载《浙江海洋学院学报》（人文科学版），2002（2）。

的展开必然带来主体生命的重新定位。

（1）主体的平等性与情境的开放性。

平等意识是自尊的生命意识，真正有意义的对话都是在平等的生命主体间展开的。情趣课堂以平等的对话为原则并最终以平等对话为归宿。文本、教师、学生作为课堂"对话源"，他们在知识容量、生活经验、思维深度等方面都存在很大的差异，但这种差异并不必然地导致"灌输式""填鸭式"或机械的独白式教学。情趣课堂"对话场"中，"对话源"的平等主要体现在以下几个方面：首先，师生权利的平等，即表达权、评价权和人格权的平等；其次，师生与文本对话的平等，即师生可以参与文本的再创造，可以大胆地对文本进行创造性的衍生和大胆的想象；再次，在真理面前人人平等。教师、文本、学生这三者之间的相互的尊重是对真理的尊重，也是平等的生命意识的体现。这种平等是一种相互的"自我实现"。文本因师生的共同参与由静态走向了动态，由意义的一元走向了多元，其艺术张力也在多次的平等对话中得以凸显；教师在与文本、与学生的平等对话中不仅体会到了意义流动与知识生成的公正性，也让自己走下了"独白"的神坛，重新定位了自己的角色；而学生通过与文本、与教师的对话大大丰富了自己的视野，并且学会了"以听众可以理解的方式、可以接受的方式表达，学会倾听，学会尊重、理解、分享他人的思想和感情，学会平等对话，学会求同存异"。[①] 主体间的平等性有效地保证了对话的进行，也使教师和学生在对话的过程中逐渐形成平等的生命意识。

"让学生说话，不是师生对话的全部，但它是实现真正意义上对话的基础，是实现师生沟通的条件。让学生说话首先需要教师为学生创设民主、和谐的氛围，保护学生的心理自由和安全，只有这样，学生才会展示自己的内心世界，才会勇于表现自我。"[②] 情趣课堂对话的情境是师生共同参与创设的与文本对话以及相互对话的课堂心理场。这种心理场并非仅仅指某一次课堂教学情境，而是师生在长期的平等对话的熏染下形成的一种稳定的心理氛围。开放的课堂情境可使师生在愉悦的氛围中走向认知与情感的觉醒。同时，这种无言的熏染影响着群体的精神与价值。在课堂情境的设置中，老师应时时将爱心、尊重与信任融入其中。充满爱心的情趣课堂是

---

① 郑金洲：《对话教学》，20页，福州，福建教育出版社，2005。
② 王芳：《善待学生的奇思妙想》，载《江苏教育》，2002（1）。

有人情味的。精心制作每一课的"教具":一片秋日落下的梧桐叶,一弯晴朗夜空中的新月,一场狼和小羊搏杀……情趣教学将爱的含义流淌于画面、游戏与优美的语言中,让学生在愉快与轻松中敞开心扉。开放的情境会激起学生言说的欲望,或对老师报以会心的微笑,或与自己的心灵展开倾心的交谈,或引发一次小小的课堂讨论。情境的开放性不仅使学生体会到参与者"在场"的快乐,也使师生的心理空间得以拓展,使他们在对话中时时流露出生命本真的冲动。

(2)话题的预设性与意义的生成性。

情趣课堂对话并非是漫无边际的聊天,在规定的时间内,特定对话必指向一定的意义生成,所以对话是严肃的。话题的选择要求不仅能够调动起学生的兴奋点和他参与言说的欲望,而且能够落在文本意义的关节点上。所谓"关节点"是指所选的话题对于文本来说可以触及它的整体意义结构,而且以此为基点引发的课堂对话可以带动起文本中其他的意义生成。其共通性特点决定了它应当着眼于学生认知的"最近发展区",并能在这一群体中引起普遍的心理关注。对于话题的呈现,情趣课堂有机地处理了课前预设与课内生成的关系,使课堂对话既在预料之中,又在意料之外。预设型的话题往往已在课堂计划之列,并且经过了师生的精心筛选,也就是说对话是主体在一定的心理准备下展开的,对话主体甚至还搜集了部分关于该话题的材料。但是,课堂教学是动态开放的,在对话展开的过程中往往会出现一些"突发事件",即随着课堂情境的推移而生成的超出对话主体心理准备、给师生带来巨大挑战的话题。这类现场生成的话题具有一定的情境性,它打破了师生预设的心理氛围,从而把课堂引向一片"柳暗花明"的新天地。生成型的话题不仅拓展了原有的课堂资源,生成了新的课程资源,而且还使师生对教学情境有了深切的体认。在预设的基础上关注生成的课堂教学闪现着师生创造的光辉,使课堂对话焕发出生机和活力,这也是新课程语文教学的理想境界。

平等多元对话"仿佛是一种流淌于人们之间的意义溪流,它使所有对话者都能够参与和分享这一意义之溪,并因此能够在群体中萌生新的理解和共识"。[①] 由对话带动的意义流动不仅使文本得以无限生成,而且使师生的生命得到充实并重新建构。师生与文本的对话是师生透过跃动的文字与文本中鲜活的生命间的对话,是师生对

---

① [英]戴维·伯姆:《论对话》,6页,北京,教育科学出版社,2004。

文本的个性化理解的过程。与"我"之世界一样，文本也充满着喜怒哀乐，拥有着童话和梦想，也是一个自足、丰盈的人情世界。在与"我"相遇之时，它以独立的生命姿态吁请我们加入它的生命活动。但是由于每个教师和学生有着不同的"前见"和对文本的期待，使得文本透射到不同主体心中的形象及意义自然不同。营造一个开放的情趣课堂"对话场"，并使课堂对话真正带动意义生成，必然要求主体积极地参与到文本世界中，以求文本视域与自我视域的融合，使文本的艺术张力在师生的参与中迸发出来。同样，师生之间、师生与文本的对话也是师生自我理解、自我重新确证的过程，"理解一个文本就是使自己在某种对话中理解自己"。[①] 对话的展开使各个"对话源"都无比清晰地审视自己的意义世界，主体间的对话也促使生命意义间吸纳、激荡、融合、超越。在教学过程中，主体借助有意义的交流，不断探究和解决教学中生发的问题，增进教学主体间的理解，提升师生的生活质量，构建自我的意义。

3. 情趣课堂"对话场"的结构层

德国教育家克林伯格说："在所有的教育中，进行着最广义的对话……不管哪一种教学方式占支配地位，这种相互作用的对话都是优秀教学的一种本质的标识。"何为"最广义的对话"？借助于"冰山模型"的理论，我们将对话的外延延伸为显性对话与隐性对话。隐性对话如同70%到80%的水下冰山，它是"对话"强大的精神支撑，是师生言语精神的沉淀；显性对话就是在这种无声的"蕴藉"中显现出的话语符号，是一个人精神生命的外显。情趣课堂"对话场"中的意义流动与生成无疑是缘于这种显性对话与隐性对话的共同作用。

显性对话层。显性对话是诉诸文字或音节的可听、可感的对话，情趣课堂中教师、学生、文本这三个"对话源"之间所发生的倾听、言说、朗读与写作的教学行为都是一种显性对话。在语文学习中，倾听是一种全身心投入的生命活动，耳朵在倾听的同时，心灵也在倾听。而倾听一定伴随着另一主体的言说，在倾听与言说间，主体双方便走向了意义的互动。文本以敞开的姿态在言说，教师用自己独具风格的语言循循善诱，学生在倾听中也言说自我的精神世界和自我的意义。这种互动的倾听与言说使情趣课堂由沉寂走向互动与鲜活，并且拥有了对话的气息与生命。朗读

---

① ［德］伽达默尔：《哲学解释学》，56页，上海，上海译文出版社，1994。

是师生与文本的对话，是在倾听作者用笔说的话。左拉说："在读者面前的不是一束印着黑字的白纸，而是一个人，一个读者可以听到他的头脑和心灵在字里行间跳跃着的人。"① 出声朗读的过程就是与这个"人"对话的过程。在逼真的教学情境中，通过美读文章，感受文本字里行间灵动的生命气息，用自己润圆的语调与文本中的景、物、人倾心对话，便可体会到激越处如长风之出山谷的豪迈、婉转处如莺语花底流滑的柔。语音形态是言语生命的根本因子，是显性对话最基本的呈现形态。在倾听、言说与朗读中锻炼学生个性化的语调、节奏，对话才能较为深入地达成。此外，写作也不失为一种显性对话，它是自我生命的向外投射。古人说，文者气为先。文章所凝聚的气就是一个人学识修养、语文素质、生命之气的熔铸。写作将潜在的生命立于文字，使自我精神在文字中跃动。同时，写作也是主体与世界、与生活、与文本对话的最高境界。写作把各种对话的结果用文字的形式呈露于纸上，使"我"之意义以文字的形式得以确证。在语文学习中，作为倾听、言说、朗读与写作的显性对话较为直观地显现了情趣课堂活动的质量，也为教师的课堂调控提供了广阔的空间。

隐性对话层。隐性对话是一种不立文字的"教外别传"，作为一种潜在的力量，它成为支持显性对话的生成性结构和内在动力。显性对话植根于它，于是有了生命、有机性和整体性。隐匿于听、说、读、写之下的精神活动，师生之间的一个眼神、一次沉默、一段间距、一个场景，在课程论的背景下都可能是一次深刻的、无痕的、具有实质意味的对话。在讲《王冕学画》一课时，轻柔的音乐响起，教师运用"喷合投影"展现一幅幅彩色的画面：一片阳光照得满湖通红，雨后的荷花，花瓣上清水滴滴，荷叶上水珠滚来滚去。老师缓缓地动情地读着课文……老师读完了，乐声停止了，美丽的画面静静地定格在银幕上，可学生仍呆呆地看着画面，像王冕那般出神！此刻师生的沉默与出神已经完全上升到一种精神的共振；一种心灵的回应；一种价值与生命的交融。这种无声的心灵对话是关乎灵魂、直指心性的。隐性对话在课堂中无处不在，就像一个好的作家会在文本中留下多处"未定点""空白点"等待读者独具创意的填充一样，一位出色的语文教师也应给情趣课堂留下一些"未定点""空白点"，让学生在空白处自由驰骋自己的心灵，在空白处完成意义的自我聚

---

① 段宝林：《西方古典作家谈文艺创作》，592页，沈阳，春风文艺出版社，1983。

拢与整合，在空白处构筑更加丰富的精神天空。隐性对话是潜在的意义流动，它于课堂"无声"处演奏出振聋发聩的生命乐章，并使学生的言语人格、言语智慧和言语精神在这种看不见、摸不到的"言语场"中走向共生。作为隐匿了明显的学习目标和教育意图的对话，隐性对话追求师生与文本间内在的言语精神的感应和建构，因此对师生言语生命有着更深刻、更持续、更宏阔的影响。

（三）情趣课堂"舞台"与"乐园"的构想

雅斯贝尔斯在《什么是教育》一书中充满关切地写道：教育活动关注的是人的潜力如何最大限度地调动起来并加以实现，人的内部灵性与可能性如何充分生成，换言之，教育是人的灵魂的教育，而非理智知识和认识的堆集。语文教育以其精深雅致的文化内蕴和放达宏博的人文精神不仅使徜徉于其中的一代代学子尽情领略了身心自由翱翔、创意任意飞扬的乐趣，而且也构筑了一代人的精神长城，使他们满怀个性地生活，充盈灵性地创造。情趣课堂为学生潜力与灵性的生成提供了一片任鸟高飞的天空。我们把情趣课堂形象地比喻为每一个学生的"表演舞台"和放飞个性的"儿童乐园"。"舞台"与"乐园"的构想充分体现了"大道无痕"的育人境界。

1. 情趣课堂是每一个学生的"表演舞台"

在人生的舞台上，每一段剧幕的上演都凝聚着编者的匠心独运，而编者往往就是自己。课堂便是舞台，是教师、学生及无数在文本中鲜活的人物共同演绎的舞台。对于其中的每一个"演员"来说，心有多自由，表演就会有多精彩，舞台就会有多壮观。在情趣课堂这个舞台上，学生自由自在地进行语文游戏和活动，乐于质疑，敢于批判，互动合作，兴趣盎然。既能"入乎其内"体验到求知的愉悦，又能"出乎其外"创造出别样的人生轨迹，这方不失为语文教育的智慧之举。

入乎其内，寓学于乐，在淡化教育痕迹中深化精神轨迹。语文学习是体验式的学习，特别是对于初涉语文世界的小学生来说，培养他们对语文的一份敏感，对由汉字演绎的气象万千的语文世界的向往，进而生发出对汉民族的美好憧憬是每一位语文教师的责任。体验式语文学习是教师、学生与文本世界在彼此相融中快乐地阅读、美妙地实践，于其中悄然收获一份语文韵致，并使其慢慢灌注在自我体内。情趣课堂是表演的舞台，强调入乎其内的体验，即让教师、学生及文本中鲜活的人物、情境在语文的课堂中形成丰富的人际关系和情智往来，在彼此的关注中逐渐丰满自己的人格，发现自己的潜质。舞台人生就是要使人生在真切的体验中收获到大智慧。寓学于乐的体验并非强制，并非一方压制一方的强作笑颜，也并非虚假客套的感动、融会，而是要在一个宽松、自由、愉悦的课堂氛围中任思绪、情感穿梭于曼妙的语文世界，在相互的理解与欣赏中更加自信地展示自我，更加自觉地走向知识的省悟与自我建构。在精彩纷呈的游戏和活动中，每一个学生都能快乐实践、积极思维，并在不知不觉中掌握知识、学会学习，自然而然地发展语文素养，然后在情趣课堂这个舞台上尽情展示、交流。寓学于乐的情趣课堂是包容性的，它追求每一个学生积极主动的参与，不设定同一的评价标准，但在快乐的感知中却培养了学生对知识细微的体察，从而在了无痕迹的影响和熏陶中走向认识与精神的共同提升。

出乎其外，播种创意，在表演自我中超越自我、创造自我。情趣课堂是一个丰富多彩的舞台，这里不仅有孔子穿越千年的温暖叮咛，也有卖火柴的小女孩在异域他乡充满希冀的等待；不仅有洛杉矶地震中父与子震撼人心的亲情演绎，也有车站送别时父亲背影中饱含的涓涓慈爱；不仅有老师欣赏的眼神，还有学子们饥渴找寻知识的目光。每一个生命都在这里放大自己，展示自己，表演自己的人生真谛，或平凡简单，或壮烈激越。徜徉于如此多彩的语文天地，学生在尽情表演、展示自我构思的同时也在发现自我、找寻自我、探求自我的生命信号。如果说"入乎其内"的快乐体验力求学生在神秘的方块字中发现自己，那么语文学习的真谛更在于学生"出乎其外"地建构自己的生命高度，超越自我，创造自我。通过领略盘古开天辟地的壮美、赤壁之战的风云变幻，游历南国的群岛、朔北的大漠，了解不同时代、不同时空中人物的生息劳作，从而更加清醒地选择自己所要执着的人生轨迹，建构自己独特的人生观、价值观、自然观、社会观，这才是语文人文关怀的折射。当生命不断地站在新的高度走进情趣课堂的舞台，才可能为语文世界增添一份意想不到的创意与惊喜。语文不仅使学生在阅读、说话、写字中找到了与自我相匹配的精神养料，发现了自我生命的真实渴求，而且为学生提供了一个借以超越自我的文化平台。所以我们可以毫不隐晦地说，情趣课堂为每一个学生提供了一个找寻生命并创造生命、提升生命的"舞台"。

2. 情趣课堂是放飞个性的"儿童乐园"

情趣课堂是一个利于学生发展的"儿童乐园"。学生在这个"儿童乐园"里可以真正在自主、合作、探究的学习过程中无拘无束地塑造并张扬自己的个性，可以在神思飞扬中真正展现自我、释放本真。情趣课堂不仅为初登语文殿堂的儿童提供了一个自由挥洒天性的"乐园"，而且为每一个走过学生生涯的人提供了一个"乐园"，一个为生命奠基的"乐园"。

　　为什么说情趣课堂是一个"儿童乐园"？这无疑给我们透露了情趣世界的某些隐秘。称之为"乐园"的情趣课堂应该是这样一幅绮丽的图景：有"百花齐放"的各色优秀文本，也有"百家争鸣"的各方言论；有广开言路的自由对话，也有分庭抗礼的个人建树；有其乐融融的沉醉，也有冷静沉着的理性沉思。"乐园"的提法告诉我们，学习是与生命状态相融的，是可以进入生命内部的，是能够在每一个学生的内心勾画出一个理想的个人"乐园"的。而"儿童"一词则暗示了这一精神"乐园"的独特个性，它为语文学习注入了人格化的色彩。当我们轻轻翻阅案头的文本，纸页间流淌的是珠玉落盘的清脆与悦耳，心间浮现的是"明月松间照，清泉石上流"的恬淡、宁静。语文世界就是这样一个诗意的世界，她的语言是率性、睿智的儿童语言，她的身上散发着年轻的气息。在这一点上，我们可以毋庸置疑地断言：语文永远是年轻的、诗意的、儿童性的，语文世界就是一个"儿童"的世界，情趣课堂就是充满灵性的"儿童乐园"。在这个"乐园"中，教师就像一个舵手，要善于引领学生穿越真、善、美的芳甸，善于捕捉语文世界中的诗性智慧，使学生在一片秋叶的飘落中看到生命凋零的静美，从遥望一弯新月引发心驰神往的宇宙情怀，进而打开学生诗意的双眸，使他们用一颗童真、纯净的心去体验语文世界的美丽。

语文本身飘逸的诗性和情趣课堂自由的"儿童性"使得师生双方都能在上课的快乐中发掘创新的潜能，舒展个体生命的灵性，并使他们的生命激情流溢，个性之花在这个"乐园"中绽放。充满个性的生命为情趣课堂注入了新鲜的血液，包容并使学生各不相同的个性得到尽情施展，显示了情趣课堂博大的胸襟。个性是一个人独特的性格、态度、兴趣、爱好等的总和，也包括对事物所持的与众不同的看法。无区别、无特点就是没有个性，没有自由也没有个性。在情趣课堂上张扬学生的个性就是要因材施教，正确引导学生的兴趣并使他的潜质得到最大化的发挥；要尊重学生标新立异的"合理"见解以及他持守自己见解的权利，使学生的文字、思想都显"我性"或"着我之色"。一个人有无个性或个性的强弱，决定了他有无创造精神或创造精神的高下。在语文的自由国度里，默许学生的每一个离奇的想象、鼓励学生与文本的每一次"大胆"对话、容忍学生看似离经叛道的解读就是呵护学生的个性，就是在他的心里守护了一颗勇于创造的种子。情趣课堂上高扬着作家独树一帜的个性，在他们"细到像游丝的一缕情怀，低到像落叶的一声叹息"中我们读到的是放大的自我，游弋于这样个性鲜明的语文世界，标明自己的风格、张显自己的个性应是师生对彼此保有的一份尊重，也是语文教育追求的一个目标！

如果说我们所拥有的情趣与快乐可以赋予生命以精神的动力，那么对话则会赋予生命以存在的意义。一个好的情趣课堂应是一个预设与生成共融的"对话场"。在这样的"对话场"中，学生浓郁的好奇心与求知欲延伸向了无限广阔的世界，通过与"案头之山水"的对话、与"地上之文章"的对话赋予自我以意义。对话产生于两个平等生命的相遇。在课堂"对话场"中，教师、学生、文本具有平等的人格。一个"文本"就是一个自足的世界，就是一个有血有肉的灵动，当我们用关注生命的眼光关注"文本"，"文本"的生命和自我的生命便在这种关注中得以碰撞与重新生成。三尺讲台，方寸之间，或是借助于话语本身的显性对话，或是"不立文字"的隐性对话，我们所践行的教育目标便是让学生在对话中确认自我，在对话中确认存在的意义。

在情趣中感受成长的快乐，在对话中确认存在的意义，才会把课堂变为学生播种梦想与创意的"舞台"和"乐园"。

二、课堂的守望者

面对世界上形形色色的纷扰，我保持着冷静的心，清醒的头脑。

——雪莱

探讨"着力课堂"的话题，首先意味着我们便是这个教育家园中执着的守望者。课堂是一切教育改革都无法回避的选择，我们着力课堂、研究课堂、创新课堂，首先应明晰两个基本问题：为什么做？如何做？

为什么做？我们认为，"着力课堂"的目的是实现课堂教学的有效性。对有效性的解读应是多维度的：有效果指教学活动结果与预期教学目标的吻合程度；有效率指单位时间内所完成的教学工作量；有效益指教学活动的收益、教学活动价值的实现。真正实现教与学的双赢发展。

如何做？教学活动的多方参与和无限生成可能是它的魅力所在，也是我们找寻着力点的困惑所在。每个学校应结合校情，通过理性思考，找准有效课堂着力点，准确着陆。在我校，通过前期的教育教学改革，已经使教师的个人学识、素养及基本教学技能实现了较高水平的发展，在此基础上，立足教与学两个层面，进行课堂教学的多维度优化与改良，提高课堂教学的有效执行力，使其成为"着力课堂"目的实现的有效途径。

（一）发展策略的多维建构与完善

一直在思考这样一个问题：如何确保教学活动多方参与的有效性与协同性，使之呈现出"1+1＞2"的教学效果。为此，我们初步确立了"深化教学思考力，提升教学软实力，激发教学潜在力"的发展策略，并在日常教学实践中不断将其细化、完善。

一维："课堂教学自我改进计划"——深化教学思考力。

"课堂教学自我改进计划"关键词是：自我改进。这是一套基于教师课堂自我反思基础上的改进行动方案，引导教师提升常态课教学质量。

不同于以往教师散点式的、目标指向性不强的教学反思，"课堂教学自我改进计划"是教师根据自身教学行为和教学方法上的具体问题，有目的、有计划、有步骤的一种课堂教学改进。具体步骤如下。

第一，学校领导、教研组与教师一起通过研究其课堂教学，帮助教师找准教学中存在的、最急需解决的问题，需要说明的是点要小、问题要准，如：教学组织、课堂语言、时间分配等，协商制订"课堂教学改进计划"。

第二，教师依据自身的"课堂教学改进计划"，依托常态课，进行反思、学习、矫正。

第三，阶段小结，进行下一轮的反思改进。

"课堂教学自我改进计划"重在改进教师日常教学行为、解决教学中的具体问题。学校将教师的个人课堂行动研究与学校的教师、教学管理相结合，通过一套操作流程实现教师持续的课堂教学改进，不断提高常态课课堂教学效益。

二维："情趣教学课堂指导纲要"——提升教学软实力。

我们追求这样的课堂：学生在以情激趣、以趣诱知、情知和谐的教学艺术流程中，理解与体验、感悟与思考，达到教与学的和谐、情与智的统一。

我们追求这样的课堂：学生经历着有感受学习"乐趣"，到形成探究"兴趣"，再到体味知识"理趣"，直至追求发展"志趣"的成长过程。

我们深知，教学境界的追求与教学改进向纵深发展，仅靠几场报告、几次专题研讨会是解决不了问题的；理念的更新、经验的堆砌、浮于形式的课题研究，可能会推出几节精品课，但很难波及各个学科，落实到日常的教育教学之中。我们应研究一套相应的课堂教学策略，教师只有掌握有关策略性知识，才便于自己对具体的教学情境做出决策。因此，结合制定《情趣教学课堂指导纲要》，我们将教学研究推向深入。

《情趣教学课堂指导纲要》是系统性、指导性、荟萃性的。系统性是指梳理总结了不同学科的课堂教学模式，探讨了这些教学模式运用的条件和方法，因此具有普适性，适用于各学科教学。指导性是指纲要按课堂教学环节、学科知识点、教师课堂管理三条途径给出相应教学策略，全面指导教师教学微技能的形成。荟萃性是指纲要汇集了点与面的典型教学案例、光盘。

《情趣教学课堂指导纲要》源自各学科教师日常课、精品课的精彩案例，经专家组提炼而成；纲要又在指导着每一位教师教学微技能的不断提升；运用《情趣教学课堂指导纲要》中教学理论与技术方法实施教学的教师，又不断为纲要补充鲜活的案例、策略。形成"自上而下"的良性互动，最终形成教师百花齐放的教学风格。

三维："学生学习特色目标"——激发教学潜在力。

有人曾经这样解释"学校"："学"就是学生，就是学生进行的学习活动；"校"就是房子、场地等教育教学的设施和环境，先有学生后有学校，学生是学校存在的目的和追求。这样的解释虽然不尽严密，但一个基本的事实是任何人都无法否定的，即学校是为学生而存在的，教育活动应当围绕学生展开。因此学校教育应走进儿童内心，站在儿童的立场，了解儿童的需要，一切教学活动设计从满足儿童的需要出发。基于这一点，我们开启了《学生学习特色目标》的确定与实施策略研究，立足儿童视角，引导学生形成独特的学习方法、良好的学习品质。如果说前面我们关注的是教师的教，这里我们关注的是学生的学，而教应该为学更好地服务。

学习特色目标分学科设置，以学习目标和学习目标为内容。各学科既有总体目标，又下设低、中、高各学段具体目标，并出台《学生学习特色目标实施细则》《学生学习特色目标评价方案》。所有教育教学活动的开展，都围绕"特色目标"的落实展开。课堂教学、拓展作业、学科活动、阶段检测目标指向性强，方式灵活多样，家校密切配合，激活学生潜能，希望每位从我校走出去的学生，能具有令人欣喜的学习特质。

（二）发展策略的有效保障与依托

在教学发展策略的多维建构与实施过程中，我们深刻地感受到：有效的课堂需要提高教学执行力来保驾护航。执行力就像一个乘式中的乘数，执行力弱，另一个乘数再大，结果也是枉然。

为确保多维发展策略的有效执行，我们整个领导团队协商调整了部门结构，畅通执行关系，创新管理机制，提升执行力。学校立足专业化团队建设，围绕教师发展、学生成长的角度确立工作岗位，进行了部门结构调整。成立了教师发展部、学生成长部、环境建设部、服务保障部，共设九个中心。教师发展部设教学管理中心、教师培养中心、课程研发中心；学生成长部设教师管理中心、学生中心；环境建设部设信息中心、宣传中心、形象策划中心；服务保障部设后勤中心，进一步延伸到各年级组（教研组）并最终落实到教师、学生管理，形成纵横交错的线性管理网络，通畅执行关系。

执行中，确立以教学质量为核心的流程管理体系，即每项教学常规工作都设立严密详尽的工作流程。形成链条式、协同式的管理方式，主要指项目管理与团队建设两个范畴，不断提升教学执行力，使教学多维发展策略的良好远景得以最终实现。

对于教育者，讲台上的神采飞扬，只是教学生活的一个片断，在喧嚣的世界里甘于寂寞、静心思考，才是教育生活的本质。思考教育的本质，探讨属于教学的点点滴滴，对我们而言是一种快乐。我相信，守住课堂教学的根，教育之树定会枝繁叶茂。

三、突破

突破当前课堂教学瓶颈，将教和学与个体学生的需要结合起来，以精确性为基础，在日常教学中面向全体学生进行有的放矢的指导，实施针对性教学。这是站在学校课程改革高度，摒弃"跳跃性""表面化"的实践尝试，构建有效教学新系统，全面提高学生整体学业质量的有效经验，有着坚实的现代教育理论基础，可以统领各学科学习及学科各方面内容的学习。

（一）着眼学生需求，探索有效学习路径

一般教师开始每堂课时，对学生知道什么和不知道什么、哪部分该提供指导和帮助没有准确的认识，课堂因此缺乏让所有学生都致力于有效学习的针对性和准确性，有些学生不能满足提高需要，有些学生不能跟进同行。有效学习缺失的原因分析如下。

1. 学生学习目标不清晰

课标主要是对学生阶段性学习结果的行为描述，而不是对教学内容的具体规定。课标要求达到的水平层次需要日常教学逐步落实，目前每一单元、每一课时确立的具体学习目标模糊不清、与课程标准无法有效对接。学生学习中期目标或更具体的短期进步指标不明确。

2. 缺少针对性学习引导

着眼每个学生自主发展的理念在课堂中的实施有落差。学生被划分成不同的年级，主要的依据是年龄而不是学习状况。每个学生具有不同的起点和能力水平，教学既要考虑学生个体的情况，又要顾及整个按年龄划分的集体，缺乏清晰思路去面对学生的个体需求。

3. 对学习困惑无实效性分析

有效学习需要教学具有精确性，在学生学习的整个过程要不断更新学生的学情信息。定期的教学质量分析就成了一种程式化工作。汇总成绩，进行错误举例，泛泛地谈今后改进的方向。学生学业质量评估分析就不能更好地为提高课堂教学实践服务，也难以有效提高教师专业发展的自觉性。

4. 缺乏跟进式有效指导

收集评估数据不是仅为了总结阶段学习成效。在测量和监控学生进步程度后，应该对学生进行跟进式指导，保证在学生最近发展区进行学习活动。同时，为教师提供所需要的专业知识。

（二）实施针对性教学，建立有效教学新系统

以全面提高学生学业质量为目标，以为学生提供精确、有效的针对性教学为途径，整体架构"目标明晰、针对教学、评估反馈、精确指导"的有效教学新系统。

"目标明晰"指以面向全体学生、针对学生需求为指导思想，确定清晰化教学目标。"针对教学"指分层选择恰当的教学策略，给学生针对性的方法引导，高效达成目标。"评估反馈"指通过建立"学生学业质量动态信息采集分析系统"，科学评估教学质量、找准后续发展点。"精确指导"指在促进学生学习及教师专业成长方面，提供专业的跟踪指导。

实施中，将针对性教学、精确性指导和专业学习作为有机组成部分，全面提高学生整体学业质量。

1. 清晰化目标，准确把握教与学方向

教学目标既是教学的出发点，也是归宿。教学目标应是具体而清晰的。

（1）准确定位教学目标。

基于对课标的准确解读，我们确定了"研学段目标——研单元目标——研课时目标"的目标研究流程。以单元目标的制定为中枢，抓实两个衔接点。即：单元目标与学段目标的相互承接、单元目标与课时目标的有效对接。

单元目标的制定要依据学段目标。先要明确课标中的学段目标，然后认真研读本单元每篇教材，知道这个单元提供的内容可以落实学段目标中哪些方面，紧扣学段目标制定出单元目标。如：能用普通话正确、流利、有感情地朗读课文这种目标要长期持续实现，可作为各单元基础性目标；识字、写字需长期分散达成，将学段识字、写字量分解到各单元；在阅读中了解文章的表达顺序，体会作者的思想感情，初步领悟文章的基本表达方法这种目标是侧重学段的训练目标，要根据教材特点确定单元语言训练落实点；体会顿号与逗号、分号与句号的不同用法这种目标虽是学段侧重点，但本单元教材不适合体会，不作为本单元目标。

在整体把握单元目标的基础上，确立各课时目标。在制定单元目标时，单元内

每一课所承载的分目标与重难点其实已基本把握，课时目标的确立只需将每一课所能承接的单元目标具体呈现即可。

（2）清晰表述教学目标。

清晰化教学目标需要用学生学习后所表现出来的可见性行为来描述。学生学习结果行为的描述应尽可能是可理解的、可达到的和可评估的。

清晰化目标陈述需要四个基本要素：行为主体、行为动词、行为条件和表现程度。如"在小组交流中（条件），学生（主体）能表达（行为动词）自己的主要观点（表现程度）"。行为主体是学生，而非教师。行为动词指行为主体的操作行为，是外显动词，要求尽量有明确指向，避免采用笼统、模糊的术语。行为条件提示了特定的范围。表现程度是指表述要具体，知识点要清晰。并不是所有的目标呈现方式都要包括这四个要素，为了陈述简便，通常省略行为主体和条件，如"能用自己的话来叙述课文的主要内容"等。

2. 针对性教学，有效提高学习效率

教师在课堂教学中不仅要关注教学的结果，还要关注学生达到最后结果的路径。

（1）"单元目标"与"单元双向细目表"并行制定。

"双向细目表"是命题考查目标和考查内容之间的关联表。"双向细目表"的纵向所列项目是要考查的内容，横向所列各项是要考查的能力，在知识与能力共同确定的方格内是考题分数所占的比例。"双向细目表"具有三个要素：考查内容、考察能力、考查内容与考察能力的比例。表中所列的各种能力水平的依据，一般是美国教育学家布鲁姆关于教学认知目标所分为的六个层次，即知识（识记）、领会（低层次理解）、应用、分析、综合和评价。这六个层次是相互区别而又相互联系的。

单元目标指向学习方向，单元命题"双向细目表"指向目标达成度检验标准。单元目标确立的同时制定单元"双向细目表"，是将单元命题思路前置。教学前，教师便将学生达成学习目标的标准了然于心，教学中就可准确把握学生学习进程及效度。

（2）运用流程图，聚焦针对性教学。

设计课堂教学流程图，拟定时间流程图、认知流程图、问题与情境流程图，从课堂时间、学生认知起点及规律、重难点有效突破等方面整体进行教学设计。时间流程图：40分钟怎样合理安排。认知流程图：不同认知水平学生具有怎样的储备基点，他们在最近发展区学习路径如何推进。问题与情境流程图：怎样突出重点、突破难点；怎样面对不同层面学生发展需求，提供针对性教学。

3. 为学习服务的评估，及时关注学习进程

在"评估反馈"这一子系统中设立"日常教学""过程监控"和"阶段成效"三个评估节点，通过"课时、月份、阶段（学期）"三个时段，"专项评估、学科活动、课堂观察、调查访谈"多种形式，全面收集学生学业质量信息。建立"学生学业质量动态信息数据库"，对学生学业质量信息进行综合性分析及评估反馈，评估结果成为每个学生进步的学习档案，及时全面了解学生的进步程度。

学业质量信息包含学生学业成绩、学习习惯和学习兴趣等方面。学业质量评估包括横向与纵向两种分析角度。横向上，建立学生个体与集体、班级与年级学业质量分析表。纵向上，创建历年学生学业质量发展态势图、建立后20%学生学业动态发展档案。引导老师从微观、中观、宏观三个层面及时关注学生在成长路径上的发展变化，更科学、更理性地面对学生学业质量，深入进行教学研究。

4. 数据驱动教学，给予精确化指导

有效的评价提供了学生学习需求的信息，教师运用这些信息，明了学生的目标达成度，进行精确化的指导。这些数据提供了学生下一步学习的起点情况，教师可以按照合适的目标层次进行针对性教学。在指导学生的过程中，也应该及时为教师提供所需的专家知识，在学科专业能力、班级管理水平、学困生辅导等方面进行系统的培训指导。

四、用建构预约成功

——关于学校文化的尝试与思考

谈到学校文化，我们越来越清晰地认识到：它不是一个形而上的空泛概念，而是使学校保持凝聚力、生命力、创造力的决定性因素，更是学校办出特色、办出活力，促进学校可持续发展的推动力。多年来，我们一直试图回答这样一个问题：江苏路小学能够走过百年历程，并得到社会较为广泛的认可，原因究竟是什么？如果

说前面的很多年，我们是在用行动诠释着答案，那么今天，当我们静下心来从学校文化的角度思考这个问题的时候，我们要说：学校是在用一百年的时间，构建了一种充满活力的、积极、和谐、人文的学校氛围。正是这种氛围，这种浸润着人文关怀的学校文化，使这所百年老校得以彰显其独具特色的文化特征。思考学校文化的形成过程，我们意识到，过去这种文化很大程度上是在不自觉、无意识中形成的，是办学历史的积淀和办学经验的自然积累。然而近几年，随着学校的飞速发展、教育理念的更新和科学管理因素的介入，学校文化建设更多地加入了主动建构的成分，经历了从寻绎中起步，在传承中经营，向纵深处发展的漫长历程，并以一种独具魅力的精神状态呈现在人们面前，浸润并感染着身处其中的每个人。

（一）寻绎：学校文化中的寻根意识

树大是因为根深。当我们探寻、思考一所岁月悠久学校的文化时，首要的任务就是要寻找这种文化的源头。只有追根溯源，才能汲取一所学校从办学之日起，绵延数十年甚至更长时间所积淀下来的丰厚的历史养分，使其成为今天构建富有特色的新型学校文化的前提与基础。

一个世纪的沧桑和阅历给了这所学校丰厚的文化积淀。一代又一代老教育工作者用他们的智慧和人格塑造了令我们为之感动的学校精神。因此，寻绎这种精神，探寻它得以成长的土壤，就是找寻属于学校文化的根。

翻开校史，老教师们对学校荣誉的珍视令我们感动；在百年校庆典礼上，白发苍苍的老教师们认真的表演也让我们从另一个层面领略了学校精神。为了对学校文化有更清晰、更理性的界定，我们尝试着从离退休老教师那里寻求宝藏，并以此为主线进行学校文脉的探寻。

为此，我们开展了一系列的寻根活动。在校领导及老教师共同参与的《实话实说》现场，老师们听到了许多发生在老教师身上鲜为人知的故事。我们知道了王老师为了让代课老师顺利接班，即将临产仍坚持家访；我们知道了为抓好教学质量，那时六年级的老师每天都要进行教研，时间全是他们自己挤出来的；我们知道了老教师讲求的是"把好每个年级关"，每个年级都要对学生的发展负责；我们也知道了现在一直在提的精讲多练、减轻学生课业负担，包括培养学生永不服输的精神，老教师们几十年前就是这样做的。在短短一个小时的访谈中，老教师们重复得最多的都是"奉献""严谨""做最好的"之类的字眼，有的老教师说："作为教师要注意自己的形象，即使退休了，也要非常注意小节。"有的老教师说："我们那会儿根本不计较时间，没有星期天，也没有索取回报的想法。"也有的说："学校能有今天的声誉，凭的是几代教师几十年的奉献，凭的是踏踏实实、兢兢业业地抓教学。"老教师们没有什么豪迈的话语，实实在在，平平淡淡。

然而，就是这短短一个小时，在座的全体教师收获到了前所未有的感动，感受到了一种无形的责任——老师们倾听访谈时的专注与讨论时的投入，都足以令我们相信有一种精神已经在两代人中间无声地完成了它的传递，这种精神就是"求真务实，严谨治学，锐意进取，争创一流"的学校精神。

在大家就学校精神进行讨论后的不久，可亲可敬的老教师们再次用他们的行动演绎了其中的内涵。在不久前举行的区老教师文艺会演中，他们新编排的舞蹈《卡门》夺得了一等奖。最令人感动的是在去演出会场的路上，带队的老书记对上至86岁、下至60多岁的老教师们说了这样几句话："看节目的时候别说话，咱不能给学校丢人。"我从校园网上把这几句话发给了老师们，回复帖子的老师们都说，这就是我们的前辈，这就是真正的学校精神。

（二）传承：学校文化中的发展意识

对于学校文化的传承和发展，有人认为应当注重对历史积淀下来的学校传统进行归纳、总结，从中提炼出某种精神因素，并将其符号化、口号化，成为指导学校全体成员践行的精神准则。但我们更认同这样一种观点：没有时代因素的介入，缺少新鲜血液的补充，精心提炼出来的学校文化、学校精神也会因缺少认同感而流于形式。因此，我们在将过去学校文化精华呈现出来的同时，更倡导学校文化生成过程中主动构建和全员参与的意识，倡导大家在其中融入自己的智慧，赋予学校文化以新的时代内容。这有利于缩短学校文化与其承载者、实践者之间的距离，使学校文化向纵深延续。

在听老教师讲述过去的故事，寻绎学校优良的教育教学传统和无私奉献的敬业精神之后，学校着手进行了现任优秀教师电视访谈录系列拍摄活动。为优秀教师拍摄教育教学生活纪实片，关注普通教师的点滴，体现教育无小事、平凡见伟大的理念，展示现代教师的风采。系列活动通过评、访、拍、播、议等形式，不断提升教师的精神文化追求，将师德建设、高品质的教育服务融入学校文化的追求中。

2004 年 6 月 11 日，区教体局在我校召开学校文化现场会，学校精神的拓展与升华在这次会上得以充分展示。会上，老师们讲述了一个又一个感人的故事，尤其是一个小男孩的奶奶，一个刚刚才能走下病榻的年迈老人，泣不成声的叙述。从老人平实、朴素的话语中，从那断断续续的啜泣中，我们仿佛看到一个被父母遗弃的孩子，从老师那里得到的平凡而无私的爱；仿佛看到孩子吮吸着老师为他准备的酸奶时，那一脸的幸福和甜蜜；我们也一下子联系到那个经常依偎在老师身边快乐的"小不点"。在现场，主持人担心激动的情绪会影响老人的健康，几次试图礼貌地接回话筒，怎奈老人紧握话筒，老泪纵横声音颤抖地念叨："这份情，这份爱，连亲妈也比不上！谢谢学校，谢谢老师……"那一刻全场掌声雷动，我相信，这掌声中不只有感动，还包含着对学校精神、学校文化的一种由衷的认同。

（三）创生：学校文化中的经营意识

《易经》有言："观乎天文，以察时变，观乎人文，以化天下。"文化一词由此而来。它的意思是按照人文来进行教化，这是一种古典的文化观。按照现代的说法，学校文化是一棵生命树。学校中具体的物质、行为、制度、精神的状态是生命之树的叶子；学校中大多数人对待物质、行为、制度、精神的态度和方式是生命之树的主干。所有这些都告诉我们，以提升所有人的生命质量为目的，实施人性化管理，是经营学校文化的必由之路。

作为经营学校的"CEO"，校长的办学理念实际上是师生"起舞弄清影"的平台。学校依托特有的教学品牌——"情趣教学"，着力挖掘其新的生长点，将"情趣教学"发展为"情趣教育"，辐射到学校的办学理念、学校管理、文化建设等，力求真正把品牌做大、做强、做活，促进学校的可持续发展。在此基础上，学校提出了情趣管理理念，即积极有效的情感沟通，以人为本的隐性制度、灵活多样的激励方式。让每位教师在工作中、生活中都感受到情趣，从而以积极的态度，主动、自觉地投入到教育教学中去，最大限度发挥潜能，以创造更丰厚的教育价值、教育财富，这便是情趣管理追求的目标。

1. 积极有效的情感沟通

说到有效的情感沟通，我们不妨先举几个小例子。

新学期到来时，我通过校园网给大家发了一则即时帖，内容是："在新的一年中，愿欢歌笑语常伴你我左右，愿幸福愉悦跟随我们同行。现奉送幽默几则，让我们在快乐中启程！"后面附了几则小笑话，有老师回帖说："本来刚开学回来挺累的，你的礼物让我们在笑声中度过了一天。"

老师们还收到我的这样一条信息："近日，朋友推荐我一篇题为《青春》的文章，现奉送给大家，愿我们校园中的每一个人青春永驻、风华长存。"我的感悟、我的体会会及时跟大家分享，同样，老师们的思想、感受，也可以直接和领导及周围的老师们碰撞。老师对学校发展提出的"金点子"、彼此之间点滴的问候、祝福，甚至是工作、生活中遇到的困难，都可以随时随地以多种方式沟通、传达。有效的情感沟通方式密切了老师们之间的联系，加深了彼此间的感情，以至于有的老师感慨地说："学校是我们的大家，教研组是我们的中家，家庭是我们的小家。"在"人"的时代，只有善于搭设情感沟通的平台，并以真诚作为情感沟通的催化剂，激活团队成员内心的真、善、美因子，学校才会获得可持续发展的向心力。

2. 以人为本的隐性制度

所谓"隐性制度"，并不是忽略制度的存在，而是在制度相对健全的前提下，对制度的一种无形应用。如果说制度是学校发展的保障，那么，无形的学校文化才是表面至柔实则至刚的"钉子"，已形成的学校文化往往能够起到超越制度的"隐性管理"作用，对制度管理形成有益的补充。在这一理念指导下，学校的管理追求"管理是为不管理"的境界。将管理权力充分下移，让"人人成为学校的管理者，每个人都被规则管理着"。做到权力层层有、任务个个担、责任人人负，一级领导一级、一级对一级负责，工作思路清晰、责任明确。每个人身上都担负着责任，每个人也都有独立开展工作的机会和舞台，在接受管理中参与管理，在追求成功中享受喜悦。在操作过程中，不断理顺各个机构之间的关系，营造互动机制，使学校成为一个结构合理、层次分明、整体性强、功能完备的管理系统，确保教育教学工作有序、高效开展。

3. 灵活多样的激励方式

在情趣管理模式中我们提出：让专业发展成为教师获得的最好福利。随着情趣管理模式的推进，"学习——实践——研究——反思——交流"已成为教师的工作状态。以校为本并融入日常工作生活中灵活新颖的培训方式，"滴水穿石"般潜移默化着教师的教育观念；牵手顶级教育名家，成为教师们向科研型、专家型过渡的"助推器"；经常性的赠书活动、随时随地将教改信息传递到有不同需求的教师手中，为老师们补充着精神食粮；学校分管领导、教研组长带头上研究课，倡导具有实验价值和意义的常态化公开课，让更多的老师减轻了出课的压力；将教师工作中常规性的检查与考核尽可能地变成管理者深入各教研组进行平等和谐的交流与对话，共同探讨和梳理教学中遇到的困惑与问题；每月一期的校报《教改拾贝》，经常出现在校园网上的各学段、学科的教研信息，共同营造出一个开放、自主的学术环境。宽松、愉悦的交流空间，浓郁的教学研究氛围，熏陶、感染、激励着每一个人。除此以外，许多更有情趣的方式被纳入情趣管理的主流中来：定期组织老师们欣赏电影大片，感受人性、制作等多重震撼；适时地安排拓展训练，让老师们在欢笑中体会合作的快乐和重要性；温馨处室的定期评选，实践了学校提出的"一个有情趣的老师，才能培养出有情趣的学生"教育理念；赴欧洲、韩国的教育考察之旅，更让老师们感受到，基础教育对于一个民族的振兴有着多么重要的作用。我们认为，学校管理是一个多层面的概念，教与学只是其中的一个基础层面而不是全部。情趣管理的最终目的是要教师心灵的净化，人格的完善，品位的提升，因为我们知道，高品位的人是高品位情趣教育实现的保障。

前两天发生的一件事情见证了情趣管理的作用：有两位老师的孩子面临中考，考试的三天，学校主动提出允许他们自己调课，以便上完课后安排好孩子中考期间的生活。结果是学校的签到簿上，两位老师这三天的到校时间都是 7 点。她们主动提前到校，用早晨的时间处理好该做的事情，生怕耽误自己班学生的学习。事实证明，让教师自主管理自己的行为、自主选择工作方式，丝毫没有降低工作的要求，反而能够使他们发挥更大的自觉性和优势把工作做好。情趣管理作为学校文化的重要组成部分，对推进校内民主化、释放教师压力、实现学校和教师个体的可持续发展起到了至关重要的作用。

记得一位老师在校园网上留过这样一段话：当几十载悠悠岁月呕心沥血，万千莘莘学子长成栋梁。我们再次回眸，看到老师们的身材也许并不高大，听到老师们的语言也许并不豪迈，但是他们的举手投足已经走进了每个同事、每个孩子、每个家长的心中，已经渗入我们共有的血液中……

　　走进今天的校园，你能感受到最真诚、最坦白、最亲和的人与人之间的关系。"工作着、快乐着"的理念影响着身处其中的每个人。如果要在欣慰之余为眼前的这种状况寻找一个答案，那么我想说，是学校文化的建构给学校增添了发展的动力。在教育事业飞速发展的今天，借文化之力，扬创造之帆，学校才会在竞争的海洋中乘长风破万里浪。

五、透过万花筒看世界

　　如果一个人对事业的热情始终停留在这样的温度，即使最孱弱的人，也能站在山巅，俯瞰大地。

　　满溢热情，所以充盈梦想。回头看看曾经写下的那些理想化的文字，有些是还在做的梦，有些梦已经被现实超越。想到哪里写到哪里。文字可以冷静，执着教育的一颗心却始终滚烫。

你玩过万花筒吗?

对我们这个年纪的人而言,万花筒是个被收藏了很多年的斑斓记忆。对于生活在物质生活并不丰裕的童年,万花筒是那个时代里充满奇迹的玩具。我们中的有些人,甚至自己动手做过万花筒:一个纸卷,几片三角形的镜片,一小撮剪成碎屑的彩色纸,一块圆玻璃,就是这些简便易得的小玩意儿,拿在手里慢慢旋转,竟能在我们眼前营造出一个充满着无限变化、美丽的不可思议的世界——这就是万花筒的魅力。

可现在的许多孩子压根儿就没见过这样的小玩意儿。他们习惯在数码营造的虚拟空间里感受那些超越现实的魅惑,却往往忽略了身边唾手可得的幸福。这不能怪孩子们,似乎真的有很多年,我们甚至在地摊上都看不到万花筒的影子。直到前些日子去北京出差,在旅游纪念品摊位上映入眼帘的万花筒几乎令我惊叫起来——像是他乡偶遇了多年未见的老朋友,那份熟识与欣喜在一瞬间定格了我的童年。

站在摊位前,把万花筒拿在手里细细把玩,才看出今天的万花筒与我们那时的"半成品"相比,工艺上更先进了,种类也更多了。起先的那种靠三角镜片折光产生影像的万花筒里面,装的不再是彩纸屑,而是那种自制首饰中常见的奇形怪状的小珠子。随着镜筒转动,小珠子哗啦哗啦地响着,不一样精彩的画面就依次呈现。更令人叫绝的是一种装着半球形折光镜的万花筒,它里的世界不再局限于预置在里面的那几颗小珠子,而是随着周围世界的转变呈现出永不枯竭、永不重复的复杂画面——多么神奇的玩具!

花费了银子换来的是巨大的心理满足。几乎每个见到它的人:无论大人还是孩子把玩它的一刻都报之以难以掩饰的兴奋与专注。人们经验中司空见惯的世界,在镜面的折射下竟然呈现出梦幻般的影像,多么不可思议!

看着每个人在小小的万花筒前面喜形于色,我常常会想:我们的教育,是否也该让孩子学会透过万花筒看世界?

情趣教育,就是我手中的万花筒。从二十几年前那堂"无心插柳"的公开课开始,我所做的无非就是尽自己所能,教会孩子一种本该属于他们认识世界的方法——透过一双充满情趣的眼睛，运用一颗丰富而敏感的心灵，去探知这个世界的未知与美好。世界不会为某个人而轻易改变，可以改变的是人们看待世界的角度和方法。当苦难与挫折不可避免时，为什么不拿起一只万花筒，透过它去寻找挫折本身所蕴藏的值得我们记忆与回味的因素？记住，这不是逃避，而是对挫折更为深刻的感知和面对，是一颗骄傲的灵魂在压力面前弥足珍贵的自尊。

有那么重要吗？我也这样问过自己。答案异常的坚决和肯定。或许是信息渠道太过发达的缘故，近年来，我们越来越多地从网络、电视、报纸上看到未成年学生因为无法承受来自学业、家庭或周围环境的压力而选择极端的处理方式。每次看到这些，都会有一种说不出的心疼，为那些孩子，也为在他们身上寄托了无限希望的那些家庭。而每当这样的时候我都在想，他们之所以绝望，是因为他们把视线聚集在了阳光没有照射的角度，看到的只有无尽的黑暗，可为什么没有人教给他转过头来，看看身后的太阳呢？同样是困顿与无助，为什么有的残疾人就能写下"转身面对阳光，把完美的影子留在身后"这样的句子呢？换个方法，换个角度，一定可以看到不一样的世界。

教学生拿起万花筒并不难。这不过是告诉他们如何用自己的眼睛发现本来就有的美好；不过是要自己无条件地相信，孩子们与生俱来的、在童话世界里浸润过的眼睛本来就是一只只令成人艳羡不已的万花筒，千万不要狠心拿走它。

透过万花筒看世界，世界真的比你想象得更美好。或者说，世界原本就存在如此美好的一面，正等待你努力地看到它。

六、把"六一"还给孩子

又是"六一"，儿子很早以前就盼着了。看着他翻着日历倒计时，我心里就难免得意——作为我所在学校的一名学生，他对这个节日充满期待，算不算是对我们工作的认可呢？

曾经听到朋友抱怨："六一"难过。原因是孩子的学校为了"庆祝六一"，早早地就组织学生们排练节目，又是朗诵又是跳舞。朋友的女儿平日里颇受老师器重，这时候便忙得不可开交。每天放学后在学校排练到很晚不说，回家后还忙着背稿子、练节目，连做作业都静不下心来，害得朋友夫妇俩没少生气。到了过节那天，又要早早地赶到学校化妆、准备。孩子过个"六一"，连累一个家庭都鸡飞狗跳，不得安生。相比之下，能让校园里的孩子"六一"快乐，是令我很骄傲的事情。

可能是在"情趣"的世界里浸润太久的缘故，六年前的某一天，我和我的同事们几乎不约而同地达成了共识：把"六一"还给孩子们。我们不希望"六一"成为文艺特长生集中展示的节日，毕竟能站在台上的只是少数，其余的人只能坐在那里静静地看；不希望本来就出色的学生们在这样的日子里被集中表扬，你明明知道大多数孩子羡慕的眼神里掩藏不了的是或多或少的失落。总之，不希望"六一"只给极少数的孩子带来快乐，更不希望"六一"成为孩子愉悦成人的"秀场"。当然我们从未这样希望过，可之前我们的做法却经常在相当大的程度上"事与愿违"。

在那时，这真是要下很大的决心——想法的确是好的。问题是：舞台消失，观众变成了演员，每个人都是主角，这台戏怎么唱？

为了孩子们的快乐，那段日子，我们每个人都成了孩子。我们拼命设想假如我们像他们这般年纪，最喜欢的到底会是什么。别人用了什么办法我不知道，反正儿子觉得妈妈那些天怪怪的，没事儿老"监视"他。呵呵，我是在看他们现在都玩什么。

有付出自然会有收获。从那以后的"六一"就成了校园里孩子们轻松快乐的狂欢节。有时它是快乐嘉年华的娱乐场，有时它是科技创新大比拼的竞技场，有时它又成了自由贸易的市集或各展风采的剧场。学生们不但经历了"开心寻宝"的刺激、"跳蚤市场"的热闹，经历了在各个兴趣迷宫里的尝试与挑战，还体会到了和他们的"大朋友"并肩作战的快乐。更重要的是，我们把"六一"活动的组织权与决策权交给了孩子们，让他们在庆祝自己节日的同时，也学会了做事，学会了担当。

看看今年的"六一秀"吧！

一大早，孩子们就身着自己设计、绘画的文化衫，兴高采烈地走进了校园。浓郁的书香扑面而来：一本本巨大的书页摆放在校园——《哈利·波特》《白雪公主》《格列佛游记》《稻草人》《鲁西西和水晶兔》《三国演义》《爱丽丝梦游仙境》……都是学生们喜欢的图书；七个小矮人、稻草人、格列佛、关羽、鲁滨孙、唐僧师徒……书中的一个个人物立于眼前；舞蹈《书趣》将学生带入到了书籍的王国、故事的城堡；京剧《木偶奇遇记》中小演员的精彩亮相，赢得了一阵阵热烈的掌声；一年级小同学推着大彩球，踩着"脚踏车"在舞台上"奔驰"，俨然一个个快乐的小精灵；《冰雪奇缘》用优美的舞蹈和欢快的节奏，为夏日里的每个人带来了一份清凉；"金龟子"不光现场进行了主持，还为孩子们送上了爱心礼物，表达着对同学们的美好祝愿……在这样的日子里，书"活"了，校园也活了！

阳光大厅前，三五成群的孩子摆出自己设计的艺术造型：或沉思，或畅想，或滑稽，或奔放……充满童趣，饱含新意。

放眼看去，校园里的每个孩子都穿上了自己根据书中故事绘画、缝制、粘贴的文化衫。有的同学给文化衫进行了"大变身"——在领口上加了一圈蓬蓬纱，在前襟处缝了一个小兜兜，在下摆处剪出了条条穗穗……一件简简单单的文化衫在学生的手里，已经被量身定做成了他们的"私人艺术品"。甚至可以说，每个学生都是校园里一本流动的小图书，在彰显个人魅力的同时，也把书中的知识传播到了校园的每个角落。

除此之外，"校园微型秀"游艺活动也让孩子们在各种班级游艺中流连忘返——"自娱自乐"让孩子们在方寸之地说学逗唱；"我型我秀"让同学们使出浑身解数"展型比秀"；"私人作坊"为心灵手巧的学生搭设了展示绝活儿的平台；专卖小店、葵园苗圃、创作涂鸦、拼摆组装、游艺游戏、魔方天地、佳片有约……就连在校园里为孩子"打工"的老师们都跃跃欲试，快乐得像一群天真的孩子。

如果你是孩子，这样的"六一"，你是否愿意和我一起开心地过？

七、一颗糖·一朵花

有一种精神在这里流淌了一个多世纪，我们称她为"追求"；有一种思想在这里驻足了一个多世纪，我们称她为"信念"。

我们常常在思索：这种信念与追求源自何方？对，是家长对我们的信任与青睐！家长才是真正的巨人，我们有幸"站在了巨人的肩膀上"。因此，我们骄傲，我们自豪，我们自信！

我们的骄傲是我们和家长看到孩子快乐时那种溢于言表的幸福；我们的自豪是看到孩子进步时那种幸福不已的激动；我们的自信是看到孩子硕果累累时那种感慨万千的感动……

孩子像一根线，牵着这头连着那头，正是有了孩子的存在，我们与您才有了这份缘分，这份感情，这份久远的深沉……

——致家长的新年函

新年函写在充满喜气的红纸上，很鲜艳地"伫立"在校门口的寒风里。我看到许多家长牵着孩子的手，静静地在寒风里读着，脸上带着笑容。那一刻，我的心里很暖。

我常说，因为深爱，所以用心；因为动情，所以能把感动带给周围的每个人。

2004年7月9日，274名应届毕业生，度过了他们人生中第一次难忘的毕业典礼。

毕业典礼的地点选择在阶梯教室。参加典礼的除了所有的毕业班老师和校领导，还有学生家长。在给毕业生致词中我是这样说的："作为你们的朋友，我更想对你们说，成长的路上难免有风雨，挫折和艰辛会与鲜花和掌声同在。当你遇到困难的时候，请记得，你的老师、你的朋友会在风雨背后默默地为你加油。"

作为对毕业生的祝福，老师们准备了写着"献给我们的孩子"的巨型蛋糕，并把它切成了274份送给每一位毕业生。从校长手中接过毕业证书时，学生们一脸的庄重，而当他们从老师手里接过蛋糕时，欢笑的眼睛里闪耀着泪光。

而令老师们感动的是，这些纯真的孩子，在即将毕业的时候，并没有忘记送上自己的一份祝福。六年级的大队长自发组织同学，给母校捐书，并细心地在每本书的扉页上写下对学弟学妹的鼓励，希望他们每当翻开书页，就感受到祝愿，在激励中变得更加优秀。

在这次毕业典礼上，很多家长都轻轻抹掉自己悄然滑下的泪水，他们也在为自己孩子的成长骄傲，更因学校为学生所做的一切表示深深的敬意。如今，这已经成为每一个夏天校园里一道真实而动情的风景。

不只是毕业，在学校的每一个特别的日子，我都希望传递给孩子一份特别的感动：新年的第一天，迎接孩子们的不只是老师的微笑，还有他们手中的糖果。卡通人物给了孩子们最亲切的拥抱，或许只有在爸爸妈妈身边，他们才会拥有如此的亲热。就像一个孩子在日记本里写的："你相信吗？一块小小的糖果，给了我一个不一样的新年。从那以后的每个日子，都泛着一种甜甜的味道。谢谢您，老师！"开学的第一天，所有的老师会早早来到校园静候孩子们的到来，与每个孩子交流，倾听他们的新学期愿望，给以适时的鼓励和祝愿，并通过抽奖的方式将学校的新学期礼物送到孩子们手中。情趣教育像一颗美丽的种子，在这所学校里的每个人心中渐渐地生根，长大。

常常会被问道：为什么要探索"情趣教育"？我总是这样回答："有情有趣，才是人生。"我们认为，情感是可生长的。在童年得到爱、学会爱，成年阶段便会付出

更多的爱。我们的教育，就是要让孩子在认识世界的起始阶段就对这个世界有所寄托，有所期待，有所感恩。在这一点上我们的老师们有着难得的默契。或许并不是每个生活在这所校园里的孩子们都能感受并理解老师们的良苦用心，但施教于无痕，这本身就是我们的教育所要追求的境界。

看看我们送给孩子们的《新年祝福》吧。

孩子们，看到那漫天飞舞的雪花了吗？听到雪花飘落在地上的声音了吗？感受到调皮的雪花钻进你的脖子里那凉凉的感觉了吗？这可是冬爷爷在新年里送给你们的第一份礼物！

在新的一年里，你们的朋友——老师们欣喜地发现：你们长高了，你们变聪明了，你们可以自立了，你们的朋友又增加了……知道吗？你们的每一丝变化都牵动着家长和老师们的心……

在新的开始，老师们真诚地希望你们：身体壮壮，学习旺旺，能力棒棒，快乐成长！

愿快乐同你走过每一秒

愿平安同你走过每一分

愿温馨随你走过每一时

愿幸福伴你走过每一天……

如果可以，我真的希望孩子们的每一天都有爱相伴。

八、给童年加点色彩

亲爱的世界/给我一支画笔/让我尽情地画一幅/自己的想往/其实你不该教会我太多黑白/让我长大后不会/对着灰色无奈

——来自老歌，权作题记。

每个真爱孩子的教育者，都会和我有同样的梦想：告诉我们的孩子，这个世界有那么多美好的事物、美丽的颜色，值得我们用一生细细品味，小心收藏。童年眼中的世界，不该只看到那么严肃的黑板，那么素净的墙壁，书本上的白纸黑字，教室里整齐的桌椅——童年，有权利发现无法命名的颜色，有权利享受不是那么规矩的课堂。既然常态的课程——那些必不可少也十分重要的课程已经局限了学生们的受教育空间，我们可不可以从其他的角度多些改变？比方说，以爱的名义给童年加点色彩？

每个教育者的做法不尽相同，而我和我的团队寻找到的突破点是校本课程的研发。"情趣校本课程"研发始自 2001 年。我们认为，情趣教育的"情"主要指向情感、品位，"趣"则包含着兴趣、动机的内容，由此情趣教育的最终目标确定为培养学生的兴趣，升华学生的情感，提升学生的品位。在此基础上，学校构建了兴趣类、情感类、品位类三大板块的情趣课程体系框架，旨在有机整合各种教育资源，提升学校文化品位，丰富学校教育内涵，促进全校师生共同可持续发展。我们所探讨的"情趣校本课程"涵盖三大类。

第一类，以研究性学习为主要内容的兴趣课程。

学校正式启动"小院士"工程，设立了"少年自然科学院"和"少年人文学院"，下设十二个部。学生从感兴趣的社会科学、自然科学以及生活中选择研究专题，以个人或小组合作形式进行学习探究。教师在学校的组织下探讨研究性学习的

教育教学策略，建立一系列学生小课题的指导制度。在这一课程的实施与研究过程中，学生的学习兴趣与能力得到极大激发，写出了千余篇课题报告。《飘扬的红丝带》课题组进京参加全国红十字会议，研究成果汇报受到与会代表的高度赞扬。国家教育部领导观看了《建筑在诉说》成果汇报后，感慨道："这不仅是青岛的建筑在诉说，而是青岛的教育在诉说，教育的下一代在诉说……"随着兴趣类校本课程研究的深化，我们越来越多地着眼于学生"基本科学素养"的提高，着眼于科学探究规范意识的形成，注意引导学生通过直接参与探究过程，并反省与思考，从亲身体验中获得对探究特征的深刻认识，以及深刻理解探究是怎样导致科学发现的等一系列与科学本质有关的问题。

第二类，以德育活动、家校社会合作课程为主要形式的情感课。

"以情激趣，以趣陶情，以情润德，以趣导学，情趣交融"是情趣教育的主要指导思想。我们认为学生情感的发展一方面通过学科学习完成；另一方面通过丰富的校园生活完成。如果要成为一种情感课程，我们必须挖掘这两方面的教育因素，按照学校的情趣教育模式，设计情感培养主线，编排课程序列，系统地影响学生。在学科教学中，我们通过编排系列学科节活动，使学生在夯实知识与技能的基础上，体验过程与方法，丰富情感态度价值观，展现学生发展的内在潜力和灵动的智慧。在学校生活中，我们抓住社团活动和德育活动两个环节，配合学科节活动完善情感因素的开发，使学生各展所长，个性得以彰显。几十个学生社团，固定、有序的德育活动，在给学生们带来净化心灵震撼的同时，润物细无声地实现着情趣校本课程的育人目标。

第三类，以选修课为主要形式的品位课程。

"情趣教育"认为"有情有趣才有丰富的人生"，学生只有拥有了丰富的情感体验、兴趣特长、审美品位，才能为幸福的人生奠基。而品位课程就应以培养学生的气质风度、综合素养为主要目标，通过艺术、体育、文化、国际理解、数理、校园生活类课程来实现发展学生高雅的气质、丰富的知识、良好的素养、得体的举止的教育目的。为此，学校为学生设置了限制选修课程和任意选修课程。限制选修课是指在技能类校本课程学习中，通过设置分层达标体系，引导学生逐步形成富有生活情趣的个人特长。如声乐、轮滑、国际象棋、舞蹈、书法、围棋、器乐等，分层设立级别，学生通过学习，逐级晋升。我们为学生提供 1～2 次限制选修课的选择机会，一旦固定就引导学生坚持不懈地学习，在习得技能的基础上逐步形成能力。任意选修课则是开设课程超市，如：陶艺、漫画、木工、编织、礼仪、中华武术、Flash 动画等，每课程 8 学时。学生每学期可以任意涉猎自己喜爱的两个领域，小学 6 年结束，可以对 24 个领域有所了解和涉猎，给学生创造了自主选择和发展的空间。

孩子们喜欢的课程堂堂正正地登上了每个孩子的课程表，这只是幸福的一部分。更重要的是，工作在这个校园里的老师同样在校本课程的研发中找到了属于自己的"情趣空间"。我们不妨来看一位青年教师在经历了一学期的选修课后写下的教育日记。

　　记得去年学校请来著名的魏书生先生，他的讲话中有这样一种观点让我记忆犹新，他调侃道："我是在借着工作的时间享受生活。"用这句话来总结我所担当的"流光溢彩影视欣赏"这门选修课，我想是最合适不过的了。

　　一个外表并不时尚的人却挑选了一份前卫的、有些火爆的课题，一个看似严谨不太爱笑的人却要在流光溢彩充满诱惑的影视世界里快乐地游荡，想一想都让人觉得有些阴差阳错，但是在情趣学校的天空里，就怕你想不到，没有你做不到的事情。我就这样被学校成全了一回，而且，直到现在，没事的时候我都在偷着乐呢，学校设立选修课，也让我体验到"借着工作的时间享受生活"的甜美滋味。

话得从头说起，当学校找到我们商量选修课的设立时，我的脑海立马奔到了遥远的地球一端，联想到了那些全球著名的学府，无一不是洋溢着自由活跃的自主学习氛围，学校要迈向国际化，虽然选修课我们是刚刚起步，但我相信前景一定是美好的。

我精心选择教学内容。让每部影片都有一个适合它们的落脚点，如"电影的分类""电影的基本词汇""景别""摄影方式""剧本和分镜头剧本"等。让来的学生在每节课里，除了看片外，还能有所收获，带着期待而来，怀着满足愉快而归。以此培养学生对影视的热爱和兴趣，在愉悦的同时接受熏陶。

一学期的选修课体验过程，虽然因对影视学识浅薄，孤陋寡闻而惴惴不安，但也乐在其中，我选修课的名声在学生中传开，有的早早来抢占座位，以至于后边有带着凳子自己来的，还有站在门口、教室后边的。

在一学期的选修课上，我穿越时空，在虚拟和现实中思考，在光和色，影和声中感受着影视的魅力。看着学生们开心的笑容，我觉得很满足。今后，我会不断地充实我的理论基础，以及研究选修课的课堂环节，将选修课上得更加圆满。

她给这篇文章起了个颇有点"小资"的题目——《借着工作享受生活》。能让身处校园里的老师享受工作，享受生活，进而把轻松、无功利的生活态度传递给学生，这才是我们所追求的教育境界。

我想，情趣校本课程的开发不应是简单地增加几门选修课，而是要有机整合各种教育资源，形成必修课程与选修课程相结合、学科课程与活动课程相结合、显性课程和隐性课程相结合的立体、科学的情趣教育课程体系，提升学校文化品位，丰富学校教育内涵，促进全校师生共同可持续发展。开发适合学生发展需要的校本课程是进一步深化情趣教育研究的需要，也是促进教师群体专业发展的需要，更是受教育者全面、健康、和谐发展的需要。

九、教师：在学校的海洋里做一条微笑的鱼

　　不管你是否承认，一个地方也好，一个人也好，如果你和他相伴九年仍心存感动，你谈起他时仍滔滔不绝，你必然爱死他了。我便是如此，而且我发现，在我周围，感受相同者大有人在。从这种意义上来说，情趣学校是我们大家共同的牵挂。

　　不只别人，我们自己也会问：为什么？

　　作为一个离开的人，很多事情我也说不清。但也正是因为离开，才更清晰地感受到了它每一天的变化。每次"回家"，总有许多事情让我感到陌生，却很亲切。我喜欢泡在大家中间做一个"编外"人，体味着"情趣"在这个校园里的浸润。我不想说情趣教学到底给孩子带来了什么，我只知道每当提起那里的孩子，别人言语中的赞誉会演绎成我脸上不加掩饰的骄傲。我也不想说情趣管理到底有多大的魅力，反正我亲爱的同事们过得很开心。

　　感受着大家的快乐，时间长了，就有种冲动，想为这所美丽的学校，为我可爱的同事，为这个校园里的每个人做一本册子。告诉你一个真实、原生态的情趣家园。我需要一种平实的文字，平实到看到它你就看到了每一天的自己。毕竟我们的每一个日子、每一米阳光、每一点小小的成就感，都是这样一点一点累积起来的。

　　我曾说过，我和它的关系，不是鱼和水的关系。我们之间，更像船和岸。船的每一次远离，都是为了给岸带来更美好的期待。这本小册子，算是我在离开学校两年多以后，给我爱的学校，给我共事的朋友们，交上的一份"另类"作业吧。

——摘自《温暖情趣家园》

　　这是一位已经离开学校的老师写下的文字。正是这段话，引发了我在很长一段时间内对教师可持续发展的思考。在多数人的心目中，教师和学校是不折不扣的"鱼水情深"——学校是水，教师是鱼。鱼因水的滋润而自由灵动，水因鱼的徜徉而充满生机。我并不认为这种观点有错，可事实上，它不完整。在学校内部，通过多种机制优化教学环境，为教师打造专业发展的良好平台至关重要，可这不应当成为教师发展的唯一途径。为什么不敢放手让老师们"走出去"？在我看来，"走出去"实现了从有限的发展空间到无限发展的过渡，帮助教师完成跳跃式发展，甚至是

"质变"，才是真正意义上的尊重人的发展需求。因此我认为，在情趣教育文化背景下构建可持续发展的教师团队，应当基于两个层面，在管理层面，强调通过隐性的情趣管理机制为教师提供发展的空间和养分，让他们得以在学校的海洋里做一条微笑的鱼。而在意识层面，强调学校应理解并支持教育资源的良性输出，成为有能力、有才华的教师发展的"助推剂"，帮助他们在更广阔的人生舞台上实现自己的价值。

在我的相册里，珍藏着这样一张珍贵的照片：一位头发灰白的老人站在凳子上，踮着脚，面带微笑地在墙上的留言板上留言。这是一位教育专家来学校参观时，被老师们的工作环境所打动，在音乐办公室欣然留言的情景。其实被打动的不只是这位老人，打动人心的也不只是环境本身，而是学校、老师对工作环境的用心经营。

对于这一点，我是有自己的想法的：我们不能轻易地改变教育职业本身，但我们可以让这一职业变得富有情趣；我们难以选择工作的地点、空间，但我们可以改变工作的环境和状态。为此，在担任校长之后，我和我的管理团队在办公软环境的改造上下了很大功夫。办公室金点子的征集，温馨处室的评选，教师阅览室的重建……老师们像装点自己的家一样装点着自己的工作空间。学校的一位老教师曾经拿着自己在教师阅览室拍下的照片感慨地对女儿说："如果我自己的家也有一间这样雅致的书房，那有多幸福。"

我始终认为，教育并不意味着无止境的付出，教师也绝不是文明进程中的殉道者。为老师们营造有情、有景、有趣的工作环境，让大家在工作、生活中都感受到情趣，才能以积极的态度，主动、自主地投入到教育教学中去，最大限度地发挥潜能。我们给老师量身定做培养规划，为他们提供急需的智力支持和资源服务，每当看到他们与专家讨论时专注的神态、听到思辨的话语，总掩不住内心泛起的阵阵欣喜。此外，欣赏电影大片时的多重震撼，拓展训练时的感悟触动，国内外考察时的碰撞与思索，随时随处的惊喜与祝福，令人真实地感受工作的乐趣、生活的美丽。当学校尽可能地为老师们营造一个可以自由生长的空间时，我们的每一位老师，完全有能力做一条在教海里自在畅游的微笑的鱼。

2006年3月8日，十几位男教师手握鲜花在风中静候的身影让我久久难忘。打动我的不是形式，而是男教师守候时眼神里的真诚，是女教师手握鲜花时的惊喜。

不知从什么时候开始，我养成了这样的习惯：向周围的人介绍我所在的学校时，眉飞色舞，意兴盎然。这就是情趣管理的感染力——当你努力感染别人的时候，也

同时被周围的每个人深深感染。我永远都忘不了我们参加区教职工运动会的情形。因为那天有人告诉我：无论在哪儿开运动会，我可爱的同事们都有能力把那里变成主场。她说这话是有原因的——她在体育场外绕场一周也无法确定我们的具体位置，因为伴有学校名字的呐喊声在体育场的任何一个角落都同样清晰地回响——这我绝对相信。我不知道一百多个人的胸腔里究竟沸腾着多么令人难以估量的激情，我只知道那一整天里，我都在和大家一起拼命地喊，大声地笑。成败并不重要，重要的是每个人都在享受着属于这所学校的无边快乐。

有人说，学校应该为孩子们打开一扇美好人生的天窗，让他们在有情有趣的世界里自由呼吸，快乐成长。我说，学校应该同时为教师提供不断解读生命美好含义、不断感受幸福的情趣体验，让他们在教书育人的愉悦中实现自我的提升。毕竟，学校的存在，不只是为了学生的全面发展，也是为了创造教师的幸福人生。

十、每个人的校史馆

"请你一定相信，总有一天，这所学校会记住你的名字，一如你始终记得它。"

"羡慕这里每一个你看到的人吗？也请你一定记住，在他们和你一样大的时候，也是个像你一样单纯、可爱的孩子，在犯着和你同样的错误。"

——摘自学校校史博物馆

学校的历史本身就是一笔财富——埋在故纸堆里成不了财富，把它烙在学生的记忆中，让它沉淀为一种成长的骄傲。或许，这样的历史才拥有了它应有的价值。

在校史博物馆的建造过程中，我们每个人都是设计师：不是空间的陈设与色彩的搭配，而是设计一条引人入"境"的线索，无数次头脑风暴的结果是催生了那面镶在镜框里的镜子。说起来真是有点意思，先是老师们一致认为"既然是校史博物馆，历任校长的照片是一定要有的"。的确，从泛黄的老照片、清晰的黑白照片、染色的彩色照片，到数码时代色彩鲜艳的照片，光从形式上就足以呈现历史的鲜活——一样的相框，不一样的内容，历史的风景就是这样被时间记住了模样。有了历任校长的照片，自然也该有那些为这个学校立下汗马功劳的名师和那些从这里走出去的优秀学生的照片……几番讨论下来，墙面展示的图片倒是满满当当了，大家对校史博物馆关注的热情也日渐高涨。我们中的每个人，都为自己能够参与这样一件"开创历史"的事情而热血沸腾。直到有一天，当我眉飞色舞地向一个搞设计的朋友描绘我们的宏伟蓝图时，她冷不丁地冒出了一个问题：

"你们建校史博物馆的目的是什么呢？"

"给学生啊。让他们为能够在这样的学校里成长感到骄傲，让他们感受那种深沉的学校文化。"

"那你们展示这些东西，怎样才会跟学生产生联系呢？有人讲解吗？"

"怎么可能？我们的老师不用干别的了，天天在那儿讲？"

"那换了你做学生，你会被这些东西感动吗？"

"那也不能没有这些啊。"

"有当然要有，可如何让你展示的东西与你的学生建立'关系'呢？"

"建立关系？"

……

我无言以对，默默地把玩着手里的咖啡杯。朋友笑了一下，那种辩论成功后的成就感，一不小心就挂在脸上了。但我真的感谢她，不只是她提醒了我关于校史博物馆的很重要的一点，还因为她临别时推荐了一本很可爱的书给我——《小王子》。

《小王子》那本书，我真的买来了，而且很用心地读了，也由此知道了"建立关系"，在《小王子》中有一种说法："驯养。""驯养"也好"建立关系"也罢，总之我得让我可爱的学生们与我们投注那么多精力的校史博物馆建立某种内在的关系——这应当是他们自己的博物馆。

我终于想到了镜子，至于当时为什么会想到镜子，现在我也回忆不起来了，或许这就是"灵感"。于是就有了这样的设计：当校史博物馆的门被推开，首先映入眼帘的是一面镜子，以学生的平均视线为其悬挂位置，外面镶有相框——和那些嵌有校长、名师、优秀学生照片同样的相框——确切地说，我们希望在进入校史博物馆中的学生首先看到的是他们自己，希望他们能用这种方式融入这所学校，因为他们身处这个校园的每一天，都在书写属于自己和这个校园的历史。所以，在镜子的下面，附上了这样一段话："请你一定相信，总有一天，这所学校会记住你的名字，一如你始终记得它。"同样，在博物馆接近出口的位置，我们设置了这样的文字："羡慕这里每一个你看到的人吗？请你一定记住，在他们和你一样大的时候，也是个像你一样单纯、可爱的孩子，在犯着和你同样的错误。"有人问我们，为什么不说"在做着和你同样的事情"，我告诉他们，我们希望还给孩子们一个可以犯错误的童年，一个坚信人生永远不会被过早定义的起点。在校史博物馆开馆之后的许多个日子里，我在孩子们若有所思的表情中知道，我们的目的基本达到。

许多人都说：我们要让校园里的每面墙壁都会说话。事实上，让每面墙壁说话不难，难的是怎样使"说出来的话"让学生喜欢听，并从中获取最大限度的知识和情感养分。一面小小的镜子，一间不大的校史博物馆，让我对此有了深刻的体验。

忘了告诉你，那位朋友，几乎成了我们校史博物馆的"代言人"。每次看她眉飞色舞地给别人讲述那面镜子、那段文字，看着她对面或是旁边充满期待的眼神，我比她当时还得意。

十一、童话校园美丽人生

对孩子而言，童话里的境界永远是最美好的。我们的教育，是否应当成为孩子生命中的童话？

目前，在中国的任何一座城市，想要找到几所漂亮的学校都不是多么困难的事情。高额的教育投入缔造了学校教育硬件的豪华与美观，也使得各新建学校在模式

化的建筑中逐渐丧失了自己的个性。我经常面临这样的提问，也经常这样给自己提问：什么样的校园才是真正美丽的校园？对此我的回答是：孩子和老师喜欢的校园最美。我一直认为，营造出富有亲和感、想象力的情趣校园文化环境，对于构建师生良好的心理调适氛围，进而形成和谐的师生关系具有重要意义。

所以有了"天高任鸟飞，海阔凭鱼跃"主题文化墙，我们是这样为它定义的：

天高任鸟飞：如果我是一只鸟，我愿以美丽的校徽装点我的身躯，以太阳的颜色染红我的翅膀，我知道对母校的深爱，对阳光的追求，会让我飞得更高更远。

海阔凭鱼跃：生活是海，我们就是海里的鱼儿，有的个头大，有的个头小，有的速度敏捷，有的性格温和，有的独立能干，有的爱跟伙伴同行……在海广博的胸怀里，我成长的道路洒满阳光。

校园里原本闲置的边边角角，因为一只只活灵活现的陆地及海洋生物的存在，而变成了孩子们追逐快乐的秘密花园。整整近百米的教学楼后山墙，遍布展翅高飞的鸟儿和大大小小、上百种的鱼群，陶瓷材质的亲和性给孩子们提供了可触可感的视觉空间，成了孩子们可以触摸和依靠的伙伴。

所以有了"阳光·智慧·亲情"休闲平台。那一棵满是印迹的亲情树，承载了学校多年相连的血脉。树叶由在学校工作多年的老教师和名师的手印组成，落叶由学校毕业的名生脚印组成。和许许多多的老师、孩子一样，我喜欢把自己的手掌嵌进墙面上那一个个清晰的掌印里，想象那手掌的温度，想象那双手曾经在黑板上写下怎样的字，或是曾经轻轻抚过谁的头。

也才有了那座可爱的"蕴美楼"。当学校决定对这座艺术教学楼的内部空间进行新的定位与整修时，老师和孩子们的智慧得到了最大限度的尊重。绵延而上的"音符墙"诞生了，《让我们荡起双桨》的旋律伴着阶梯，成为楼道里无声的奏鸣；几米的漫画和古典大师们的作品享受着同样的礼遇，因为它能带给孩子们的世界单纯得令人不忍心打扰；不同教室墙面上的不同颜色，是老师和孩子们一起选定的——对于自己的教室，每个身处其中的人享有选择和决定的权利，它未必是艺术家眼中最美的，却是孩子们心中最想要的。能做到这一点的学校恐怕不多。林清玄说："最美好的事物永远是在心中，而不是在眼前。"童话的校园为这句话作了最美丽的注脚。

教学楼里，角落里的魔方车，童年童话书册，俄罗斯方块书架渐次出现——所有这些，只是想让读书成为学生生命中的游戏。如果我问学生，游戏和读书你更喜欢什么？答案多半是游戏。可如果读书本身就是游戏的一部分呢？那么，让学生在寻找自己喜爱的那本书时，就开始游戏吧！

有人说："树的默默守望，是为了看到春的轻舞飞扬。"看过情趣校园的一路风景，我们每个人，是否都是教育童话里一棵棵守望春天的树？

我曾经很信服这样一句话：时间会磨灭事物的光华，熟悉会导致激情的老化。可情趣道路上的一草一木让我对这句话产生了质疑。在被情趣浸润的校园里，待得越久就越难以割舍，看得越多就越激情洋溢。我想，这也正是情趣教育的魅力所在吧。在充满情趣的校园里，每一天都是一个新的开始，每一天都有实现梦想的可能。这样的校园，不只是学生眼里，更是老师们眼中一个美丽的教育童话。我们不强求它的完美，而是执着于它成就梦想的可能性。就像是童话里什么样的挫折、苦难都会有，但结局只有一个——美好，主角总是不变——善良且充满智慧。属于童话的情境，也永远温暖，亲切，令人神往。

前段时间，听到有位学生家长很感慨地说："也说不清情趣学校为什么好，哪里好，把孩子送进去就知道了。"这大概能代表大多数家长的心。听完，心中有种说不清道不明的得意，就像自己熟识的老朋友被夸奖了一样。

边想边随手敲下了几个字：童话视角，美丽人生。愿情趣相伴的每个人、每一天都很幸福。

十二、创建分校

闲下来收拾办公桌，堆放在角落里的那叠报纸又勾起了我的回忆，一段很美好的，属于 2004 年夏天的回忆。

2004 年 4 月，青岛某集团决定投资教育产业，并于 5 月初开始运作与我校联合办学，成立分校，旨在依托公司资金实力，充分发挥名校品牌优势，打造一个新的民办教育品牌。在不足两月的时间里，分校报名人数已经突破百人，在烽烟四起的招生大战中取得了骄人的战绩，与其他民办学校招生难的现状形成鲜明对比。究其原因，分校巧妙的招生策略功不可没。

分校招生策划的定位遵循了差异化原则。首先，在校名的选择上，力避"弘德""创新""卓越""育英"等校名中常见的字眼，而选择以老校校园里一棵百年老榉树为素材，将校名定为"青岛榉园学校"。当熟悉老校的人们一看到"榉园"二字，就立刻想到老校那棵苍翠的大树，分校与其"母体"的联系自然而然地显现了出来，并因其对老校的认同而滋生对分校的认同。同时以树名为校名，也暗含了"十年树木，百年树人"的教育箴言，一举多得。

其次，寻找与其他学校的差异，在办学理念和特色上独树一帜，实现对自己办学的准确定位，即以"彰显个性，让每一个孩子机会均等的接受最优质的教育"的学校定位，打动家长的心弦。

如果说前期的差异化定位为分校指明了开拓目标市场的道路，那么顺应市场的广告策划则助力学校在市场的道路上走得更远更稳。

这是分校推出的一则媒体广告：

> 在我们的校园里，有一棵大榉树。老人们说，当年种下这棵榉树，是希望在这里读过书的人，都能做举人的。世事变幻，大榉树伴着我们走过百年，苍翠不减。
>
> 今天，我们在"榉园"播种下教育的新芽。年复一年，榉园里的小树将在我们的呵护下成长得枝繁叶茂，榉园里的每个孩子，也都将成长为您的骄傲。

在这则广告中，既有名校名师的实力保证，又充分考虑到了受众心理，着力营造一种既充满了历史凝重感又洋溢着浓浓温情的广告氛围，让家长看后怦然心动。实力助阵，情感造势，为在招生道路上刚刚起步的分校奠定了物质和精神的双重基础。

在实施差异化定位之后，在广告渐入人心之时，分校招生工作也以强大的攻势随之展开。我们始终坚持"强化优势，主动出击"，以亲和互动的姿态与家长学生亲密接触。

第一次亲密接触：幼小衔接公益课堂。

我们认为，家长在为孩子选择学校的过程中，特别关心的是孩子的根本利益，即学校的师资水平和教育教学质量能否为孩子的发展提供最可靠的保障。因此，我们在招生活动中，力图确立学校的高可信性，采用开办公益课堂这种最直观的方式，使学生家长和教师面对面交流，以深化感性认识。

6月，分校首次在新落成的校舍内举办了面向全市学龄前儿童及其家长的公益课堂。我作为主讲人，学校全体低年级教师参与其中，与孩子和家长亲情互动，并主动为家长解难答疑，使家长和孩子们充分领略了教师良好的师德风范和业务素养，从而对分校充满信心。一上午的公益课堂，数百名家长携孩子参与，场面火爆。短短两个小时之内，就有38名学生现场报名，成为学校的一员。

在相隔一月之后，展开了与学生的第二次"亲密接触"。

第二次亲密接触：榉园杯数学竞赛。

公益课堂的举办使得分校低年级招生异常火爆，但中高年级仍是学校招生中的瓶颈。为了有所突破，学校举行了面向全市的榉园杯数学竞赛，来自全市的三千多名小学生参加了比赛，更多来自全市不同学校的优秀学生及家长在此了解了学校，家长尽自己所能为孩子发展创造条件的心态，使得分校的招生再次掀起了高潮，现场又有 30 多人报名，并有数十名家长表达了想要选择的意向。中高年级招生一炮打响，收获颇丰。

第三次亲密接触：教师的集体亮相。

对一所学校而言，品牌的价值从何而来？学校的品牌是学生及其家长创造的，是学校的目标消费者造就了品牌。学校的品牌实际上是学生及其家长微妙的心理需求的折射。

人们不会什么品牌都接受，家长不会随意地选择一所学校，因为他们的心理空间是有限的。要使家长认同学校，执教教师是成就这一品牌的关键。分校与学生家长的第三次亲密接触就打出了"教育精英团队"这张牌，此时，距离开学仅有半月。分校全体教师集体亮相，以优秀的自身素质和对教育的忠诚明敏之心直面家长和社会公众，使得一些原本徘徊在校门之外的家长打消了疑虑，欣然选择。

当我们做上述工作的时候，并没有想到几年后的今天，这所学校会与许多历史悠久、底蕴深厚的学校一样，成为青岛市民关注的焦点。我们曾经梦想如此，只是

没想到梦想的实现竟然如此之快。所以很想写点东西，纪念一下那段日子，也为自己偶尔充当了一次招生策划而小小地得意一下。那是我第一次从公办学校校长的身份跳脱出来，循着教育和市场的双重规律，为我理想中的学校进行的一次招生策划。在这个过程中，我扮演的不是校长，而是一个招生活动的总策划。也就是那一次的尝试让我更深切地意识到，在教育发展的今天，一个学校的当家人，需要具备的绝不仅仅是教育教学理论与实践。他需要是一个管理者、经营者，必要的时候还要有可能充当其他陌生而新鲜的角色。

十三、你们　我们　他们

在我的笔记本里，收藏了这样一首诗。

轻轻的你来了

带着百年老校熔铸的魂魄

载着榉树那世纪的愿望

无论你在哪里

都注定是星光闪耀

无论你在哪里

都注定是积聚期冀

众多的光环

未能让你迷惑

众多的奖杯

未能让你骄傲

尊重长辈

关心同辈

呵护幼小

学校规划深谋远略

教师发展高屋建瓴

事物决策深度思考

这一切

无不承载着你的思想

虚怀若谷般高尚的品格

无不折射出你那迷人的情趣和无穷的人格魅力

亲爱的　欣赏你

轻轻的你走了

离开那梦想起飞的摇篮

离开那朝夕相处 22 载的八千多个日子的一草一木

离开那倾注满腔激情和青春岁月的校园

声声眷恋情动江小

滴滴热泪灼人心扉

然而亲爱的
不必在意
哪怕失去了一次机会
前方却有更多的选择
困难与挫折是上帝给予人类最大的一笔财富
天降大任于斯人
必将
苦其心智劳其筋骨
饿其体肤空乏其身

我们看鹰的 70 年
据说在它 40 年时
利爪哦麻木老化
尖喙变成弯钩
羽毛厚重干涩
老鹰将——
选择一处悬崖栖息
拼命啄击岩石
脱落老化的喙
用新长的尖喙
把爪子拔掉
再用新长的爪子
拔光旧羽
五个月的"浴火重生"
老鹰又获得了一个全新得 30 年生命

精神的凤凰涅槃之后
必将是您事业的芳华
必将注定您再次演绎生命的精彩

因为亲爱的你
心中有梦激情依旧

课堂上的你
才情横溢
挥洒自如
领奖台上的你
温柔娇美
妩媚动人
——
看到台上的你
脑海中不由得就会浮现出这样的词语
"运筹帷幄""游刃有余"
真是了不起

虽然和您刚共事
但是特有感觉！
可能是喜欢你的缘故吧
喜欢你那份独行侠的感觉
喜欢你的与众不同
喜欢你身上透出的那股傲气与高贵
我想了想
遇到了你
我付之在工作中的
恐怕不仅仅是局限于做人做事的原则上了
而要将情感也要投入其中了！
有你做校长
真好！
我会努力让你感到工作是幸福的！

原来工作中还有如此知心的伙伴！

这是我在获得"感动市南教育人物"后，收到的学校老师贺诗，如果说我感动了市南，那这首诗则深深感动了我。那时，因为工作的关系，我来到一个新学校。开学尚不足半月——说真的，多半老师我都不认识，还有过将两位老师搞混，很认真很大声地叫错名字的经历。可他们对我，却有着这样的信任、期待与希望。

有这样一群可亲可爱的同事，我何其幸运。喜欢和老师们拥有特殊的经历，记得有人说过：之所以成为朋友，是因为彼此有着别人所没有的共同体验。我愿意和我的团队存有这种朋友般的感觉，往往美好的体验过去好几天，相互回忆诉说起来还都饶有趣味；甚至匆忙地从校园擦肩而过，都会有心有灵犀地会心微笑。那种心动的感觉，真好！

我们在一起，有了那么多不一样的日子：别样的"教师节"、特别的"三八节"、狂欢般的"愚人节"……无论是法定节日，还是民间节日，我都要和老师们饶有兴致地过一过。"龙抬头"我们仰望天空数星星，模仿龙的姿态；"糖球会"开幕那天我们举着糖球查卫生，并美其名曰"粘粘球"。不久前，我们的自创节日"美食周"也已盛大开启！

尤记那年的"三八妇女节"，在全体女教师不知晓的情况下，男教师把节日糕点送到她们手中的情景。临近节日还有几天，男同胞们就神神秘秘地忙开了。节日当天，大家得到意想不到的礼物令人开心，女老师们当时的第一反应更是让人津津乐道——瞧吧！有不知所措的、有惊喜拍照的、有误以为转交别人的、有狂喜不止的、有以为恶作剧的、有奔走相告的，而大家的每种反应又成为新的节日故事传遍整个校园。

看看节日当天老师发给我的帖子吧：

"亲爱的杨校，刚上完第二、三节课，我就迫不及待地跑回办公室给您发帖，因我全身心已被快乐与幸福所充溢着，谢谢您为我们准备的节日小礼物，通过这份礼物传递的是您对老师们的一份深深的情意与关爱，更让我体会到您的'情趣'横溢在教学与生活各个方面，这份情趣深深感染、感动着我。"

我相信，在这样的校园里，情趣就像一面镜子，让我们在其中照见了自己的美丽。

于是，有了这样的老师——也是50多岁的人了，父亲病重长期住院，她晚上陪床，白天上班，却从未因老父亲的事请过一天假，总是将美丽与活力带给我们。

于是，有了这样的老师——学校因突然的人事变动需要增加她的工作量，当分管领导找她谈话时，她竟然得意地说："早猜到会是我，目前只有我合适担当此任。放心吧，其实前几天我就在家准备课了。"

于是，也有了这样的一幕——因为教育技巧的事我找一位青年老师谈话，在一番促膝长谈后，她上课的时间到了。即将走出办公室门口的她突然回转身来，对我说，杨校长，你放心，我会像你爱我一样爱学生的。稍一愣神的我朝着她已离去的背影大声说，那我会更爱你的！

也于是，有了《教师专业素养提升计划》的实施。随着"一点贯穿、五线联动、评估改善"研究管理机制的运转，教师获得专业提升后的欣喜随处闪现。

每次的专家共研活动都让大家回味无穷。大家与专家从每课教学目标的确立、教学策略的选择，目标达成的检测等方面共同研究教材，并手持课堂观察表分析课堂，侃侃而谈。以至于有老师说：教学研究让我感受到了一个知性女人的美丽。

这是一次研讨结束后我与教师的网上交流：

> 谢谢领导的美餐！品尝了，回味无穷～～丰盛的"美食"让俺肚子填饱了，头脑充实了，接下来更有干劲啦！——得赶快将梳理知识的方法贯穿到教学中，（看来还来得及）等有了成果，俺也向您呈现一份更丰盛的大餐！收获太多了，无以言表，看俺的行动吧！

> 谢谢你的发言给大家带来的享受，要知道我是那种看到优秀人才眼就发光的人。听了你的课，看了你研讨时的状态，哈哈，晚上我家都不用开灯了！即开心又节省！！

这，就是情趣理念浸润下的我最亲爱的同事们。是他们陪着我，一路播撒情趣的种子，一起看小树长到参天。在这个校园里，我和我的老师是快乐的，真正的快乐谁也无法伪装，你说呢？

十四、不一样的家长会

2009 年 1 月 17 日，《青岛早报》的一篇《家长会上听听校长"述职"》引起了许多人的关注——它记录了一次这样的家长会：

"家长会"变身为"学生成长分享会"、学校校长亲自做报告给家长们"述职"、班主任老师给家长挨个倒上茶水……昨天下午，到南京路小学开家长会的一千多名家长发现，今年家长会跟往年不一样，会上的"新三样"让家长们非常受用。

七个字唤起教育意识

昨天下午两点，南京路小学各班家长会开始，家长们走进教室发现，以往黑板上写的"家长会"或"欢迎参加家长会"的字样不见了，取而代之的是"学生成长分享会"七个大字。"这种提法给了我很大震动。"孩子在四年级一班就读的刘女士表示说，以前她觉得把孩子送到学校后，孩子教好教不好都是老师的事情，和家长没太大关系。"可当我这次走进教室，黑板上的这几个字一下子触动了我的内心，我突然认识到家长在教育孩子方面也有责任，家长应该和学校联合起来，为学生的成长而努力。"记者采访发现，有很多家长和刘女士一样，被这种新提法触动，意识到了家长在孩子成长中应承担的责任。

校长"述职"打动家长

"我先向各位家长介绍一下我们学校去年所做的工作。"家长会的第一项内容，是学校的杨屹校长通过教室里的大屏幕电视，向所有家长介绍学校一年来的情况，以及学校的各项规划。"校长给家长作'述职报告'，非常新鲜。"记者看到，家长们对于校长的报告听得特别投入。三年级学生家长韩女士告诉记者，这是她第一次听到有关学校建设及规划方面的介绍，"我以前就想知道，但不好意思问，这下感觉和学校的关系更贴近了"。

"家长就是我们的合作伙伴，我们共同的目的就是让孩子健康快乐地成长。"杨屹校长告诉记者，给家长作"述职报告"这一举动来源于学校对家校关系的"重新定位"，将家长定位于学校和老师的"合作伙伴"。从这个前提出发，给"合作伙伴"开的会就不再是传统的家长会，而是分享会、交流会。

班主任给家长端茶送水

"第一次开家长会时喝到茶水，心里真暖和。"在五年级教室，家长李女士手捧纸杯告诉记者，"这水是班主任老师给倒的，真有些'受宠若惊'"。记者看到，享受"特殊待遇"的不止李女士一人，前来参加家长会的一千多位家长每人面前都摆上了杯子，在整个家长会期间，班主任老师不时地为家长添上热水。

"既然是伙伴关系，伙伴到家里当然要有待客之道了。"杨校长告诉记者，学校为每个班配备了水壶、茶叶、纸杯等物品，用来"招待"家长们。"这杯水让我很放松。"三年级学生家长陈先生告诉记者，以前开家长会也是抱着"受教育"的心态，还要担心会不会因孩子表现不好，被老师留下来"单训"，心理压力很大，而这次家长会则完全没了这种感觉。

"我们想和老师有更多的沟通交流，向他们学学如何教育孩子。"让家长们感到惊喜的是，这次家长会上各科老师在会上谈得最多的，不再是学生的考试成绩，而是如何培养孩子的学习习惯、学习兴趣等教子"真经"，对此，四年级学生家长李女士说，这些东西让自己很"受用"。

感谢记者用心的记录，让我可以像一个旁观者一样重新回味那次家长会。其实，在后面的日子里，这样的家长会开了一次又一次，每次也都有新的形式和内容参与其中。我一直认为，那次家长会，重要的不是形式，而是观念的改变。学校教育与家庭教育是学生从自然人成为社会人的重要途径，在这个过程中，让家长应成为教师和学校教育的朋友、同盟军，彼此之间相互信赖，才有可能为学生的成长共同助力。信任是什么？是彼此理解，相互支撑。许多时候，信任就源自不经意间的细节，源自内心深处的回味与感动。为前来开会的家长送上一杯清茶，只是想在寒冷的冬日为家长送上一份温暖；可我相信，这颗温暖的种子，有可能在未来的日子，结出信任的果实。

十五、照亮童年的一米阳光

教师节那天学生送我的礼物，至今摆在办公桌上。那是一朵小小的、用橡皮泥做成的小花，红红的瓣、黄黄的芯、绿绿的叶，如同送我小花的小女孩一样娇小、可爱。现在要让我在众多学生中认出那个女孩着实有点困难，可她站在我面前时纯净的眼神、甜甜的笑容，却深深地烙印在我的脑海里。

一段时间，媒体对我的关注比较多。走在校园里，我会感到许多孩子打量的目光，三三两两从身边走过便传来窃窃私语声。有稍大胆的孩子会跑过来问："您就是上过报纸的杨校长吗？"在得到肯定答复后，得意又开心地跑到伙伴队伍中，在大家的嬉笑中炫耀着什么。原来，在孩子的内心，是想像亲近自己的老师一样地亲近我，希望听到我的赞美和鼓励！

意识到这一点，我开始尝试拿出更多的时间，站在下课的校园里，站在学生上学放学的校门口，看他们每天背着书包鸟儿般地飞进学校，有一天早晨我竟然看到了四对双胞胎；看他们在校园里跳绳、嬉戏，天使般的快乐，银铃般的笑声也感染着你的心境；看他们放学，排着整齐的队伍从身边走过，年级小点的会向我边摆小手，边此起彼伏地说着再见，年级大点的会声音整齐且响亮地道别；看他们上课、做操、集会……

甚至当清晨的阳光暖暖地洒在操场上的时候，我会换上运动鞋，陪准备春运会的孩子们一起晨跑。跑在前面的我，不时回头看看身后跟着的几个小不点，随时调整着自己步伐的节奏，并提醒大家谁累了就先休息休息。那一刻的我真的很幸福。来晨练的孩子越来越多，他们相互招呼着："走啊，跟杨校长跑步去！"随即加入到队伍中来，大家追逐着、奔跑着，有几个男孩子开始在前面领跑，还学我的样子调整着队列的节奏，几个低年级的学生也要跑半圈歇一圈地跟在后面。此刻的他们一定也有着独特的幸福感受，操场上留下我们串串快活的脚印。

有一天给一年级学生上写字课，一个男孩问我："老师，我这里长得怎么和别人不一样啊？"一看，果然，他的耳边长着一个花生米大的小肉瘤，他边说还边摆弄着玩。我肯定地说："一定是智慧豆，不然你的象棋怎么会下得这么好。"听着我的话，他清澈的眼睛闪亮着，惊喜地说："真的吗？""当然，不过不要乱动它，动坏了可就不聪明了。""知道了知道了。"他连声说着，更认真地写起字来。

还有一个小女孩的故事。那天口语交际课给学生们讲《到小熊家做客》的童话，小猫、小狗和小鸡到小熊家做客，小熊拿出新鲜的鱼、多汁的骨头、胖胖的小虫给它们吃。正讲得起劲，忽然发现一个小女孩边听边吃香蕉。我轻轻问她："上课怎么吃东西?"她似乎还沉浸在故事中,很茫然地看着我。"是不是看他们吃好东西,也想吃了。"她这才缓过神来,不好意思地说:"嗯,馋了! 是妈妈让我带到托管班上吃的。"望着她手上的半截香蕉,我出主意说:"一会我们要演一演《小伙伴到我家》的情景,你把它当道具,怎么样?""好! 好!"那一刻,我看到了在纯净中透着喜悦的最美的眼睛。

天性对孩子的喜爱,让我在二十多年的教育生涯中时时会涌起第一次走进校园时的冲动。心里总有个声音,不断在提醒自己:"杨屹,用你的真情为这些纯真、可爱的孩子们打点好人生旅程的行装,让他们从这里挺胸昂头地踏上征程,扬帆远航……"

如果说日常校园中与孩子们的交往互动,是期望情趣的雨露点滴入心,那么,顺应学校个性特点、依据人的发展本质需求适时推出的《小公民成长计划》,则是照亮学生成长的一道温暖的光。

镜头 1:

学校的会议室里正襟危坐着四位评委,门外的屋子里等候着几十个手持申请表的学生,这就是学校首批"跨区留学生"面试现场。

"请问你的申请理由是什么?"

"……"

"如果申请不成功,你会怎样?"

"……"

像在和孩子们玩一个有模有样的"过家家"游戏,我们摆足了架势、一丝不苟。监护人同意——提交留学申请——面试——筛选——学前培训——留学体验——回校汇报。对于留学人员的选择,我们不去特别偏爱那些见多识广的孩子,也给面试时流露出胆怯、害羞的学生以名额倾斜,他们更需要这种开阔视野,适应新环境的体验机会。

镜头 2:

热闹的课间活动时段,三三两两的学生在教学楼内、过道里、校园中煞有介事地比画着什么,一副指点江山的样子。还真不能小看他们,那是正在为学校进行交通规划呢。哪里画斑马线,哪里设单行线,哪里设限速标志全都他们说了算。这些校园里的"专业人士"，可是已经到交警部门考察多次了呢！

"成长的路上有老师呵护

我们在老师的视线里

老师在我们的航程上"

孩子的这首小诗，我记在纸上，更存于心间了，因为它是对情趣教育最美的褒奖。在诗的后面，我写下了这样一句话：

"你单纯的眼神，是我心底最重的牵挂。孩子，我愿用爱和责任，陪着你慢慢长大。"

十六、刚好，我们想一起读书

——读书季"故事公园"开园记

如果，你每天上课的学校是一座"公园"，刚刚好能包容你的想象，吸引着你在每一次饶有兴趣的闯关活动中见证自己的成长；而且刚刚好，你想告诉周围每个人，你也可以大声地读书给别人听，你想用你自己的方式，推荐一本好书给大家看，你想有更多的伙伴—周围的，其他年级的，或者，就和喜爱的那本书交个朋友也不错……真的是刚刚好，这个公园里都有。更重要的是，当你带着少年的智慧和勇气奋力闯关，经历过一场历时两个月的华丽冒险之后，公园安静下来，而你不孤单——你知道，阅读，可以让每个平常的日子，简单、充实、美好。就是你想要的，麦岛小学"故事公园"都有。所以说：一切，都刚刚好。

对于麦岛小学的学生而言，4月2日不只是国际儿童图书日，还是一个更特殊的日子——这一天，麦岛小学"故事公园"开园了！从开启手中那份带有封印的"神秘地图"那一刻起，他们将在为期两个月的时间里，挑战故事公园里的每一关，在快乐的阅读体验中感受书籍的魅力。

孩子们手中的寻宝地图共有八关。"故事大使"训练营、"声音使者"征集令，挑战的是孩子诵读、理解的能力和主动表达的勇气；"好书推介总动员"、"我的书签我做主"，让书籍在孩子们的写写画画中变身成他们的密友；带上书中人物去闯关的"手绘彩蛋对对碰"，引导阅读分享的"跳蚤市场连连看"，让故事公园瞬间成乐园；"读书寻宝加油站"则不动声色地提醒你：校园的每个角落，都有可能藏着书籍的线索，等你去发现……这不，作为开园第一关，麦岛小学的孩子们正在如是书店，静静地享受他们"与童书零距离"的美好体验呢！

值得一提的是，故事公园所有关卡的设置，依据的都是孩子的兴趣和内在期许，简言之，就是孩子们想读什么，想怎样读，学校就设置怎样的平台给他们。既然阳光正暖，既然阅读可以帮助孩子们在愉快、自在的体验中感受世界，更重要的是，既然孩子们爱阅读，想阅读，那么，一切都刚刚好，我们一起读书吧！

品味情趣

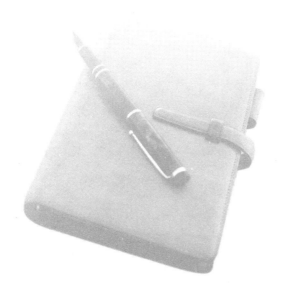

一、情感，随心中体验升腾

——《马莎长大了》教学设计

[课文]

马莎真想快快长大。

怎样才能长大呢？马莎想了好多办法。她穿上妈妈的高跟鞋，又学姑姑的样子，把头发卷成卷……

大人们看了，都笑起来，说："真是个小孩子！"

有一次，马莎发现地脏了，就学着妈妈的样子把地扫干净了。妈妈高兴地说："马莎，你好像是个大孩子了！"

爸爸下班回家，马莎给他倒了一杯水。爸爸摸着她的头说："小马莎，你真懂事，是个大孩子了！"

现在，马莎还是穿着自己的小红鞋，梳着娃娃头，但是，全家人都说马莎长大了。她也觉得自己长大了。

[教学流程与设计意图]

（一）揭示课题，了解生活

1. 板书课题。

教师一丝不苟地书写，边写边告知学生：字要写得横平竖直、端端正正才好看。

2. 指导读课题。

点拨在"马莎"后面稍微停顿一下。

3. 理解课题。

说一说：你从文章题目中了解到朋友马莎的哪些情况？可引导学生从朋友的名字，朋友的愿望两方面谈了解。

设计意图：紧紧围绕课题，从书写、朗读、理解三方面进行指导，充分挖掘和利用课程资源，将读、说、写多种训练有机融为一体，体现语文所具有的工具特性。对于课题的揭示，运用了解新朋友情况的方式，激发学生表达的愿望，激活学生进一步结识朋友的欲望，融入了语文的人文性。

4. 自由读书。提出读书要求。

（1）读书姿势端正。

（2）划出本课的生字，读准字音，读通顺句子。

（二）趣味识字，联系生活

1. 和生字朋友打招呼

导语：看到大家读书这么认真！瞧，生字们忍不住也要和大家交朋友了（多媒体课件展现出这样的画面：从翻开的书页中，一张张生字卡片飞了出来），我们一起和它们打个招呼。

学生边和字朋友招手，边叫它们的"名字"。

2. 和生字朋友玩游戏

（1）生字朋友做热身运动。即课件中整齐排列的生字卡片重新转换位置。

（2）学生们做充分准备。每位同学都拿出各自的生词卡片，读一读、记一记、排一排。

（3）玩捉迷藏游戏。游戏规则如下：

①仔细观察大屏幕，看准哪个生字朋友藏起来了。

②迅速在自己面前的字卡中找到它。

③将字卡举起来，大声叫出它的"名字"。

……

师：（操作电脑）我们继续来做捉迷藏游戏，注意力集中的小朋友才能赢（大屏幕又隐藏了一个字），这会儿谁藏起来了？

生：倒水的倒。

生：倒，倒垃圾的倒。

师：没错，就是这个"倒"。怎样是倒水，大家表演一下。

（学生纷纷演示倒水的动作）

师：这位同学是一手拿杯子，一手拿暖瓶往里倒水（边说边引导学生观察），那位同学倒水的时候小心翼翼地，表演得真生动。快看，谁又藏起来了？（学生看着大屏幕拿出生字卡）

生：穿，穿鞋的穿。

师：穿鞋的穿藏起来了，你说呢？（指向另一位）

生：穿衣服的穿。

师：你今天穿了一件什么衣服？

生：穿了一件粉红的衣服。

师：真漂亮，能把话说完整吗，谁穿了一件粉红的衣服，杨老师好像今天没穿粉红的衣服。

生：我穿了一件粉红的衣服。

师：（竖起大拇指）真完整，后面那位女同学你也来说说。

生：我穿了一件蓝色的牛仔外衣。

师：真清楚，还有谁说说？

生：我穿的是一件彩色条条的毛衣。

师：像彩虹一样漂亮。我说一位同学的衣着，大家来猜一猜。她穿一件橘红色毛衣，外面罩一件大红色面包服背心，是哪位同学啊？（学生纷纷指向一位同学，喊着她的名字）

师：一猜就准，不简单。我们继续来玩儿，谁藏起来了？赶快找找它。（纷纷举起生字卡）

生：懂，懂事的懂。

师：我们来看看。（边说边操作电脑，屏幕显示正确的答案）没错，就是它。

生：耶！

师：同学们，"懂"这个字，笔画最多，能不能想个办法把它记住。

生：懂是左右结构的字，左边一个心字旁，右边一个不认识。（听课老师齐笑）

师：说清左边是竖心旁，真不简单，这是二年级学生才学的呢，你刚上学就认识了。字的右边谁认识？

生：是"董"。

师：说对了，你在哪认识这个字的？

生：妈妈教给我的。

师：真是个爱请教别人的孩子。"懂"这个字还可以怎么记？

生：左边一个竖心旁，右边的上面是一个草字头，下面是个重，合起来就是懂。

师：草字头你都认识，重量的重你也认识，你一定是个爱读书的好孩子。看，谁又藏起来了？

生：发，头发的发。

生：发，发明的发。

生：发，发电的发。

生：发，发型的发。

师：刚才同学们说它的时候，怎么一会儿说一声，一会儿说四声？

生：它是个多音字。

师：哦，它有两个读音，也就是两个名字。我们把这两个句子读一读。

生：她把头发卷成卷，马莎发现地脏了。

……

在学生找到藏起来的生字时，针对每个生字的特点，可相应采用多种方法深入识记。

设计意图：将生字的学习过程放置到学生日常熟悉的游戏情境中去，先与朋友打个招呼，再与朋友一起玩游戏，唤醒学生的生活经验，调动学生的情感积淀，经历读准字音——分辨字形——尝试运用的认知过程，使学生学得积极、认得主动。

（三）整体感知，进入生活

学生自主分段读书，了解新朋友"马莎"更多的情况。

（四）创设情境，体验生活

1. 朗读品悟，情感共鸣

（1）朗读第一自然段，说说主要讲了什么意思。采用为"真想"换词的方式，重点体会马莎特别想长大的强烈愿望。

（2）指导朗读。先请和马莎有同样想法的小朋友读，读出与马莎同样的迫切心情。

设计意图："上学了，长大了！"这是一年级小学生在此年龄段较为普遍的想法，教学中扣住关键词"真想"，让深有同感的学生来朗读，读出感同身受的理解。

2. 出谋划策，积极参与

(1) 启发想象。点拨：怎样才能长大呢？(出示马莎正在冥思苦想的图片) 大家快帮好朋友想个主意吧！

生： 等爸爸妈妈回来，跟爸爸妈妈说一声，到药店买增高药。(听课老师齐笑)

生： 你可以拿个纸箱子，马莎站上去，这样她就大了。

师： 站在箱子上面，就显得高了。还有什么办法呢？

生： 马莎穿上高跟鞋，然后再戴上项链，就长大了。

师： 让她打扮成大人。

生： 让马莎再长胖点，让大力士把她拉长点。(学生和听课老师齐笑)

师： 我明白了，让她多吃点儿饭、多吃点儿鱼，长胖点儿长高点儿。这是我们同学给马莎出的主意。马莎自己想的办法是什么呢？

(2) 找准重点语句。把写马莎想法的句子画下来。提醒学生将句子画完整，注意表扬画书拿尺子，把线画得又细又直的同学。

设计意图：良好的学习习惯可以使学生终身受益，它是语文整体素养的一部分。对于习惯的培养，不同学段都应引起足够的重视，对于低年级学生显得尤其重要。

(3) 深入理解。

①读句子——"马莎穿上妈妈的高跟鞋，又学姑姑的样子把头发卷成卷……"

②课件演示。站在镜子前穿着小红鞋，梳着娃娃头的小马莎换上了细细、尖尖的高跟鞋，顶起了长长、弯弯的卷头发。

③再读句子，思考：马莎是否只想了刚才的两种办法。引导学生通过"好多"及"省略号"感受到马莎还有诸如穿上大人的衣服、戴上大人的首饰等让自己尽快长大的方法。

(4) 评价一下马莎想快快长大的办法。

设计意图："隔岸观火"是语文学习的一大弊端，学生融不到学习情境中去，语文课程丰富的人文内涵便将不会对学生的精神领域产生深远的影响。因此，教学中，采用学生们为朋友马莎拿主意、了解朋友和评价朋友想法的方式，让他们始终站在马莎的身边，与文本中的人物进行着平等的对话，想马莎所想，急马莎所急，全身心地投入到学习中去。

3. 进入情境，真实体验

（1）导语：又发生了什么事情呢？让我们读读后面的文章。

学生自由朗读，依据学生回答，板书"扫地""倒水"。

（2）合作排演。三人小组选择"帮妈妈扫地"或"替爸爸倒水"任一件事，把马莎家中发生的情境表演出来。

（3）情境表演。

·表演"帮妈妈扫地"

师：老师给你们组一个小小的道具，该给谁啊？（一生接过）看来你扮演马莎，（面对另一位同学）不用说你就是解说了，因为你是拿书上来的。好，我们欣赏你们的表演。

生：（解说）"有一次，马莎发现地脏了，就学着妈妈的样子把地扫干净了。妈妈高兴地说——"（扮演马莎的学生表演扫地）

生：（扮演妈妈者）"马莎，你好像是个大孩子了！"

师：我来问一问马莎的妈妈，刚才你说马莎像个大孩子的时候，心情是怎样的？

生：很高兴。

师：嗯，我们刚才也看出来了。还有谁是扮演妈妈的，也来夸夸马莎，我们看她们谁表演得最像、最高兴。

生：（另一生）"马莎，你好像是个大孩子了！"

师：谁更高兴些？

生：第二个同学学得像，她很高兴。

师：（面对第一个扮演者）你想不想学得比她更像？（学生点头）老师教你一个小秘密，你夸奖马莎的时候啊，先想一想，你做好事时妈妈是怎样夸奖你的，然后再来读，就能把妈妈当时的高兴劲儿读出来。来，再试一试。

生："马莎，你好像是个大孩子了！"

师：怎么样，是不是有进步了。还有谁也是扮演马莎妈妈的？我们一起再来夸夸她，"妈妈高兴地说……"。

生：（齐读）"马莎，你好像是个大孩子了！"
· 表演替爸爸倒水
师：刚才哪组表演的是倒水情景？（学生纷纷举手，老师请其中一组上台）我这
　　里也有一个小道具（边说边拿出水杯）应该给谁？
生：我是爸爸。
师：哦，你是爸爸，那我把杯子给马莎。（齐笑）刚才马莎扫地的时候，我采访
　　妈妈的心情怎么样。现在我不采访了，同学们通过看马莎爸爸的表情、动
　　作感受他当时的心情怎么样。
生：（解说）"爸爸下班回家，马莎给他倒了一杯水，（扮演马莎的学生表演倒
　　水）爸爸摸着她的头说⋯⋯"
生：（扮演爸爸者）"小马莎，你真懂事，是个大孩子了！"（边说边摸马莎的头）
师：马莎爸爸，你现在别告诉大家你的心情怎么样（老师轻轻捂住学生嘴），同
　　学们，大家看了刚才倒水的情境，觉得爸爸的心情怎么样？
生：心情是很高兴的。
师：你怎么知道，他也没说呀！
生：因为他笑了。
师：从表情能看出他的高兴。
生：我从心里面看见他高兴了。
师：你都能看到他心里去？
生：他眼睛一直穿到心里。（全场齐笑）
师：说得是，眼睛是心灵的窗户嘛。还能从哪儿看出他的高兴？
生：他摸着马莎的头。
师：是呀！通过动作也看得出。你是很高兴吗？（问扮演马莎爸爸的同学，学生
　　连连点头）我们再读读书，将爸爸高兴的样子读出来。
　　（学生读书）
师：这会儿我可要问问小马莎了，你的爸爸妈妈为什么这么高兴，都夸你长大
　　了呢？你不还是这个样子，没长高，也没长胖吗？
生：我穿着高跟鞋，大人都笑话我。
师：对，不穿了，大人们怎么却说你长大了呢？

生：现在帮爸爸妈妈做事了。

师：都做了什么事情？

生：帮爸爸倒水，帮妈妈扫地。

生：一般爸爸都是自己倒水，原来爸爸叫马莎给他倒水，她都不去倒，现在是马莎主动帮爸爸倒水。

生：爸爸妈妈觉得我们懂事了，就长大了。

师：是啊，帮爸爸妈妈做事情，会关心别人才是真正地长大。

设计意图：情境表演的着力点放在体会父母心情的愉悦上，通过表演，感受帮别人做事给他人带来的快乐，感受父母对自己做法的肯定。真实的情感体验，使学生品悟到"长大了"的真正含义。

（4）体验升华。全家人都夸马莎长大了，还会有谁夸她，夸她什么呢？

引导学生进一步地认识到，真正地长大不在于外表，而在于真地懂事了，能帮助别人，替大家着想。

（5）再读课题。通过朗读，让马莎知道我们都在替她高兴。

（五）课后延伸，拓展生活

回家后做一件让别人也夸你长大了的事情。

评点：

"大语文教学"的倡导者张孝纯先生说："语文与生活同在，凡有人类生活的地方都有语文，都有语文的实践和学习。""设计"从"趣味识字"入手，根据课文内容特点，在面对马莎"长大了"的问题，多角度、多层面地调动学生的生活经历，去设身处地地参与感受，并付之道德实践。这条与生活相联系的红线，较好地说明了这种联系不仅不是对生活的异化，而是对儿童真实生活的提炼和升华。

（周一贯）

二、披文入情，感悟奇石之"美"

——《黄山奇石》教学设计

[课文]

闻名中外的黄山风景区在我国安徽省南部。那里景色秀丽神奇，尤其是那些怪石，有趣极了。

就说"仙桃石"吧，它好像从天上飞下来的一个大桃子，落在山顶的石盘上。

在一座陡峭的山峰上，有一只猴子。它两只胳膊抱着腿，一动不动地蹲在山头，望着翻滚的云海。这就是有趣的"猴子观海"。

"仙人指路"就更有趣了！远远望去，那巨石真像一位仙人站在高高的山峰上，伸着手臂指向前方。

每当太阳升起，有座山峰上的几块巨石，就变成了一只金光闪闪的雄鸡。它伸着脖子，对着天都峰不住地啼叫。不用说，这就是著名的"金鸡叫天都"了。

黄山的奇石还有很多，像"天狗望月""狮子抢球""仙女弹琴"……那些叫不出名字的奇形怪状的岩石，正等着你去给它们起名字呢！

[教学流程与设计意图]

（一）激发兴趣，乐学新知

1. 欣赏体验

（1）出示青岛风景图片，了解青岛是一座"闻名中外"的城市。

（2）出示拉萨风光图片，了解拉萨也是一座"闻名中外"的城市。

设计意图：围绕"闻名中外"这一中心词，展示教师、学生生活城市的美丽景色，为下文学习做好铺垫。

2. 理解词语

谈谈对"闻名中外"一词的理解，提示关注"闻"字中间有耳，说明与听有关。

3. 揭示主题

教师导语：今天，我们随课文到一个"闻名中外"的地方，欣赏那里的"奇石"。（板书课题）

设计意图：从关键词语入手，让学生从感性与理性两方面了解"闻名中外"的地方之美妙，初步激发对黄山的向往之情。

（二）培养情趣，主动参与

1. 初读课文，自主识字

（1）初识字形，寻规识记。

①读一读。自由朗读课文，把字音读准，句子读通顺。

②认一认。同桌将生字卡片上的生词互相读一读，检验字音的掌握情况。

③辨一辨。

"风景区"与"巨石"——找出"区""石"字形的异同点；给"区""石"组出其他的词语；朗读词组：风景区、地区、区分、山区，巨石、巨大、巨人、巨轮。

"脖子"与"胳膊"——出示人物图像，指出脖子、胳膊以及脸、腿、脚各部位；观察字形，说出自己的发现；小结与身体有关的许多字都带月字旁。

④玩一玩。做变字小魔术。

"著"——课件演示"者"来到草字头的下面；说一说"著"是怎么变出来的；小结可以用加一加的方法变字。

"尤"——课件演示"优"字的单人旁离开了它；小结可以用减一减的方法变字。

做个魔术师，用"加一加"或"减一减"的方法变出字卡中的生字。

设计意图：运用自学、辨析、游戏等多种识字形式引导学生初步读准生字的读音，了解识字的规律，并通过接下来的阅读过程掌握字音、理解字义、初识字形。

（2）分段朗读课文。

带着"我能将藏在文章中的生字认出来"的感受朗读课文，并把课文读通顺、读流利。

2. 研读课文，品悟情趣

（1）设问探究。

①出示并朗读句子"那里景色秀丽神奇，尤其是那些怪石，有趣极了"。

②找出中心句所在的段落，朗读第一自然段。

③结合第一自然段，说说你从句子中知道了什么。

小结：黄山，人称天下第一奇山，苍翠俊秀的奇松、鬼斧神工的怪石、喷涌不绝的温泉、变幻莫测的云海被称为"黄山四绝"，在这些秀丽神奇的景色中，奇石特别有趣。（课件展示奇石图片）

④把"尤其"换成"特别"再来读读句子。

⑤读了这句话你还想知道什么？

设计意图：聚焦中心句，结合段落整体了解黄山风景区的秀丽神奇。扣住"尤其"，结合换词、画面、朗读等方式感知奇石的有趣。设问引路，激起学生进一步研读的积极性，辅以教师语言的渲染，激发学生探究"黄山奇石"的热情。

（2）层层推进。

①默读文章，把文中重点介绍的奇石名字标出来。

②再读课文，将写自己认为最奇特石头样子的句子画下来，同位之间朗读欣赏。

（3）趣中品悟。

可依据学生的兴趣点确定欣赏的先后次序。

"仙桃石"——

①观察图画，说出奇石的名字。

②想象缘由，感受神奇。扣"仙"字畅想，为什么起名为"仙桃石"。

师：想一想，为什么起名叫"仙桃石"呢？

生：因为它像个大桃子。

生：它的样子特别像我们吃的水蜜桃。

师：那就叫"大桃石"或"蜜桃石"好了，何必叫"仙桃石"呢？

生：它可能是神仙吃的桃子。

生：它是王母娘娘蟠桃园里的桃子。

师：是啊，说不定是孙悟空大闹天宫时从蟠桃园里飞落下来的呢！

③读读文章中是怎样介绍"仙桃石"的。

④板画演示，体验神奇。一只从天而降的大桃子，不偏不倚正好落在山顶石头

做的盘子里。(板书：飞、落)

⑤再读句子，发现神奇。课件演示，在学生朗读中，句子中的"飞"字外飞落而至。

⑥指导朗读，表现神奇。提出让"仙桃石"飞得快点、慢点及不快不慢的朗读要求。运用手势演示，语调变化等方式重点指导"飞"字的读法，通过"飞"的表现深层体悟"仙桃石"的有趣。

设计意图：抓住最能体现"仙桃石"神奇的词语"飞"，将说、想、演、观与朗读密切结合，引导学生在对奇石趣的体验逐步加深的同时，不断通过有层次的朗读表达自己的情感体验。特别是，板画演示让学生直观感受到"仙桃石"的奇妙，课件演示使学生体验到语言文字中蕴含的精妙，增强了对黄山石"趣"的体会。

"猴子观海"——

①朗读描写"猴子观海"的段落。

②交流平时见到的猴子在做些什么。

③看书中所描写的猴子在干什么，画出写石头样子的句子，找出描写动作的词语。

④亲眼看看这只有趣的小猴子。动画课件展示一只活泼调皮的猴子幻化成蹲在山头一动不动看云海的"猴子观海"石的情境。

⑤多元朗读。读出猴子观海时的专心、入迷、有趣、开心。

⑥围绕"陡峭"一词，为"猴子观海"石找板画中的位置。理解又高又直的山峰是陡峭的山峰。

师：这只猴子这么奇特有趣啊。我要把它画下来了。应该画在哪座山峰上呢？

生：应该画在最高的那座山上。

师：为什么？

生：在最高的地方可以看云海。

生：站得高看得远。

师：能从书中找到依据吗？再仔细读读书。(学生读书思考)

生：是陡峭的。

师：你找到了一个关键的词，具体说说。

生：书上说"在一座陡峭的山峰上"，所以是那座最高的山峰。

师：没错，（举起"陡峭"生字卡）又高又直的山峰就是陡峭的山峰。我应该画在这座山峰上。（板画）这里有只小猴子，它正抱着腿（板书：抱），蹲在山头（板书：蹲），望云海呢！（板书：望）

设计意图：针对低年级学生的年龄特点，对"陡峭"词语的理解不能以词解词，通过在高低起伏的众多山峰中寻找"猴子观海"石位置的方法，形象直观地辨析词义，取得事半功倍的效果。

"仙人指路""金鸡叫天都"——

①说一说认为石头奇特的理由，谁说得最充分就先欣赏他推荐的那块奇石。引导学生不仅要联系自己的想象、生活实际表达观点，更应该结合文章中的描写谈出自己的理解。

②在说理由不相上下的情况下，再比朗读，谁读出石头奇特的样子，就先欣赏他推荐的那块奇石。

③分别欣赏两块奇石。

"仙人指路"采用表演的方式，表现出它的有趣。（板书：站、伸、指）

"金鸡叫天都"采用看图想象的方式体会有趣，说说金鸡会说些什么。（板书：伸、叫）

设计意图：对"仙人指路""金鸡叫天都"两块奇石的欣赏，展开"说理由"与"比朗读"擂台赛，引导学生在主动地思、争相地说、动情地读、投入地看中尽情感受黄山石的奇妙。

（三）学习运用，知能外显

1. 找出如此有趣的奇石不计其数的依据。学生从关键词"很多""还有"及标点"……"中寻求支持。

2. 想一想，它们又是什么样子。挑选一块奇石，可以用上推荐的动词说说它们的样子。

"天狗望月"就更有趣了！远远望去，那巨石真像一只天狗（　　　）。（蹲、抬、望）

"狮子抢球"就更有趣了！远远望去，那巨石真像几只狮子（　　　）。（跳、抢）

"仙女弹琴"就更有趣了！远远望去，那巨石真像一位仙女（　　）。（坐、弹）

设计意图：围绕学习目标，不仅披文得意，还要缘意学文。教学中抓住适合年级段学习和运用的语言训练点，提高学生运用语言的能力。

3. 朗读全文，展示黄山秀丽神奇景色的风光片，整体感受黄山石的神奇、有趣。

（四）拓展延伸，情趣升华

向家人介绍黄山的美景，并找黄山奇石的图片，给叫不出名字的岩石起名字。

[板书设计]

黄山奇石

"仙桃石"　　　图 飞 落　　　"猴子观海"图 抱 蹲 望

"金鸡叫天都"　图 伸 叫　　　"仙人指路"图 站 伸 指

三、读中品文　适度拓展

——《黄山奇石》教学评析

本节课折射出阅读教学的本质所在。

（一）目标简明

在品文悟情方面，杨老师将重点定在引导学生感悟黄山奇石的"美"上，从而激发学生的向往之情。教学目标的简明，使得整个教学能够循着一定的目标进行，提高了教学实效。

（二）善于激情

好的课堂教学，学生参与学习的热情一定是积极、主动而活跃的。杨老师在教学的各个环节中，都格外注意激发学生参与学习的热情。如教学的导入：以图片导入，引出"闻名中外"的拉萨。进而导入：我们随课文去一个"闻名中外"的地方（板书：黄山），去欣赏那里的"奇石"。犹如"随风潜入夜"般的春雨，悄然将学生带入学习的氛围之中去品文悟情。

（三）读中品文

"以读为本"是语文教学最基本的宗旨。在教学中，杨老师根据教学目的充分而灵活地安排了读书。有细细品味的轻声自由读，有便于思考的默读，有带着问题的思考读，有再现情境的想象读，有抒发情感的高声诵读，有恰到好处的评读……在这种形式多样的读书中，学生理解着内容，品味着情感，领悟着表情达意的方法。特别是杨老师在尊重教材的基础上，从学生读书品文的角度出发，启发学生读出自己个性化的感悟。如品读"猴子观海"一段时，在学生读、画、思、议的基础上引读，或读出专心的猴子，或读出入迷的猴子，或读出猴子的文静，或读出猴子的开心……以此读出了学生心目中的"猴子观海"，使品文悟情真正落到了实处。

（四）品味语言

语言的理解，情感的品位，表情达意之法的领悟，都要凭借着对语言的品位来实现。为此，杨老师格外注重引导学生品味语言。教学中，先是抓住"那里景色秀丽神奇，尤其是那些怪石，有趣极了"一句，引发学生换词理解，并生发疑问，导引读书。在品读"仙桃石""猴子观海""仙人指路""金鸡叫天都"的段落时，都紧紧抓住一系列动词，采取品读、画思、演示、表演、想象等多种手段，使学生对黄山奇石"有趣极了"有了深刻而形象的感悟。

（五）拓展适度

"用教材教"就是对教材可以增、删、调、改，建构以教科书为载体，以教室为物理空间的教学小环境与日常生活乃至宏观世界的广泛联系，从而使有字之书与鲜活的现实同化为充满生机的教学共同体。教学中，杨老师以选词填空的方式，丰富学生的想象，拓展了课文的内容。

（陈长泉）

四、柳韵诗情

——《咏柳》教学设计

[课文]

咏　柳

贺知章

碧玉妆成一树高，

万条垂下绿丝绦。

不知细叶谁裁出，

二月春风似剪刀。

[教学流程与设计意图]

（一）语言积累，丰其辞

学生交流课前搜集到的描写柳树的优美句子或段落，教师引导学生抓住重点语句读出自己的喜爱之情。

设计意图：如同习作，当学生有了真切的生活体验后，却提笔发愁，究其原因之一乃是缺乏语言积累。古诗词语言精练，意味无穷，要引导学生深入体会意境的深远，语言的积累更不可少。上课伊始，朗读描写柳树的好句佳段，感知不同季节、不同形态垂柳的柔美，丰富学生语言的积淀，为下一步深刻领会古诗的意境做好语言的积累与铺垫。

（二）读画结合，感其形

1. 承上启下，导入新课

教师导语：刚才我们一起欣赏了不同作家笔下的柳树，那么，唐朝著名诗人贺知章又是怎样描写柳树的呢？

教师悬挂撰写在卷轴上的古诗，学生自由朗读。

2. 借助板画，整体把握

（1）学生依据诗句描述柳树形象，教师辅以板画。

师：诗人为我们展现了一棵怎样的柳树呢？

生：这是一棵生长在春风中的柳树。

师：你从哪儿知道的？

生：我从最后一句"二月春风似剪刀"看出来的。

师：是一棵——

生：二月春风里的柳树。

师：对，二月早春的垂柳。

生：上面写它的样子像碧玉。

师：绿绿的，像碧玉一样。还有吗？

生：它的柳条像绿丝绦。

师：什么是绿丝绦？

生：就是绿色的丝绸。

师：它的枝条就像绿色的丝带轻盈飘逸。（板画：绿丝绦）还有呢？

生：不知细叶谁裁出。

师：也就是说叶子什么样？

生：非常细的叶子。

师：对啊，早春二月的叶子是细细的、嫩嫩的。（板画：细叶）

生：从第一句看出，这柳树肯定是长得很高大，因为是"碧玉妆成一树高"。

师：我觉得你这个句子理解得特别好，"碧玉妆成一树高"，除了讲它的叶子很绿以外，还看出什么？

生：（七嘴八舌）很高。

师：对，非常非常的高，这是一棵亭亭玉立的柳树。（板画：柳树高高的枝干）

生："万条垂下绿丝绦"表示的是这棵柳树长得很茂盛。

师：我们来分析一下这句话，一般来说枝繁叶茂，叶子我们可以说长得很茂盛，枝条我们说它长得怎么样？

生：我觉得那个枝条是直着往下垂的。

师：是垂的，从哪看出来的？

生："万条垂下绿丝绦"的"垂下"。

师：怎样地垂下？

生：万条垂下。

师："万条"怎么理解？

生：非常多。

师：枝条可以说柳枝繁密。（边说边补充板画柳树的枝条）许许多多的枝条垂下来，上面长满了细细的叶子。原来贺知章向我们展示一棵这样的柳树。

设计意图：虽有前面感知柳树形态语言的铺垫，但理解此诗意对于四年级学生而言还是有一定的难度。不要强求学生一下子将诗意说准，只要学生抓住诗词中的重点词语，如："高""万条""绿""细叶""二月"等，开始可能是散乱的、无序的，但通过教师的板画，贺知章笔下的垂柳形象便会在学生的眼前、脑中逐渐清晰起来。

（2）学生图文对照完整描述贺知章所展现的柳树姿容。

设计意图：采用学生边叙述，教师边绘画的方式，让学生直观、形象地感知贺知章笔下的垂柳之形，有助于学生对诗词的整体把握与深入理解。此外，一幅古色古香的诗卷、一株婀娜多姿的垂柳，一诗一画更使学生初识古诗词的无穷韵味。

（三）进入情境，悟其情

1. 抓住题眼，领悟情感

理解"咏"的含义，并将"咏柳"两字读出赞美之情。

2. 进入角色，体悟情感

师：如果你现在就是贺知章，（板画：潇洒飘逸的诗人形象）你来想一想，你当时会怎样吟诵这首诗呢？自己放开声音吟诵一番！

生：（各自吟诵）

师：刚才看情形，各位诗人是坐在湖边石头上吟诵的，贺知章还会怎样吟诵呢？

生：站着。

生：一边喝酒一边吟诵。

师：多有味道啊！

生：还会一边钓鱼一边吟诵。

师：多么有诗情画意啊！说不定正在柳树下垂钓呢。

生：还可能边走边吟。

师：边走边吟，摇头晃脑，我们就来做一回潇洒的贺知章，来吧！

（学生自由或坐或立或行地吟诗）

师：刚才我看到有的诗人是高声诵读，有的诗人是轻语低吟。哪位诗人想给大家吟诵一番？

生：（吟诵古诗）

师：我感到你很投入。

生：（吟诵古诗）

师：摇头晃脑颇有诗人的风采。

生：（吟诵古诗）

师：边吟边思，自己也陶醉在其中了。请问先生，您刚才吟诵得那么投入、那么陶醉，您到底在赞美些什么呢？

生：我赞美柳树长得非常茂盛，亭亭玉立。

生：我赞美柳树鲜嫩的颜色。

生：我还在赞美柳树的细叶。

生：我是在赞美二月和煦的春风。

师：同学们，在流传于世的许多名言佳句中，柳常常被作为吟诵的对象，成为诗人抒发情怀的一种寄托，如曹丕的"柳垂重阴绿，向我池边生"；薛道衡的"垂柳复金堤，靡芜叶复齐"；唐彦谦的"绊惹春风别有情，世间谁敢斗轻盈"等。而此时，贺知章在借咏柳抒发自己什么样的情怀呢？

生：我觉得贺知章其实是在赞美春天。

师：是啊，他是借咏柳来咏春呀。

设计意图：先抓住题眼"咏"字初识作者的赞美之情，再创设情境，引导学生想象自己就是贺知章，引领学生走近诗人，去亲历诗人的情感世界，达到学生与作者的情感共鸣，并通过学生自己的感悟来真切地表达诗中所描绘的情景。使课文文本情趣、教学情境情趣、学习主体情趣发生联动和共振，达到情景交融的效果。而教师适时补充的描写柳树的诗词佳句，更让学生随时随地地受到古诗词的熏陶感染，从而形成浓郁的诗韵氛围。

（四）赏词吟诵，品其精

紧扣词句，细细品味

师：各位诗人，本人对诗词颇有几分爱好，有一事不明想请教，还望赐教一二。在这首诗中，您是怎样表达对柳树、对春天赞美之情的呢？

生：碧玉。

师：怎么"碧玉"就赞美柳树及春天呢？能不能说得再清楚一点？

生：因为柳树就如碧玉一样。

师：还听不太懂。

生：用"碧玉"赞美了柳树的那种颜色。

师：颜色怎么了？

生：颜色像碧玉一样、一样绿。

师：如玉石般碧绿碧绿的，还泛着光泽，可真漂亮。明白了，用"碧玉"赞美春天柳的色泽，真是妙不可言啊！谁愿意读一读，读出翠绿欲滴的样子？

生："碧玉妆成一树高。"

师：读出美的样子没有？

生：没有。

师：谁愿意再来试一试？

生："碧玉妆成一树高。"

师：看，这位同学就很会读，因为是用"碧玉"来装扮，她把这个词读得特别突出，就强调了不同寻常的色泽美。接着谈，你还怎样赞美柳树的？

生：还有"万条"。

师：具体说说。

生：因为它枝条非常多，就用"万条"形容。

师：用词非常恰当。还有呢？

生：还有"绿丝绦"。用"绿丝绦"赞美它枝条非常细。

师：形容细也可以用"绿钢丝"啊，为什么用"绿丝绦"呢？

生：因为"丝绦"柔软，"铁丝"硬。

师：是啊，"绿丝绦"不仅写了枝条的细，还写出它的轻盈。能读出来吗？

生："万条垂下绿丝绦。"

师：谁能把它的轻盈读出来。

生："万条垂下绿丝绦。"

师：听了大家的朗读，我也想来试试，可以吗？

生：可以。

师："万条挂下绿钢丝。"（学生大笑）笑什么？为什么笑？

生：老师您读错了。

师：我这么大的人，为什么会读错呢？我想说明什么呀？

生：您想说明这个"绿丝绦"读起来不能太硬，要轻盈。

师：对了，而且它不是挂下来的，而是？

生：垂下来的。

师：怎么读，就像垂下来的丝带在飘舞？自己先小声练一练！

（学生练习）

师：来吧，孩子们！

生："万条垂下绿丝绦。"

师：飘起来没有？

生：有点。

师：谁能令它更轻盈？

生："万条垂下绿丝绦。"

师：各位诗人果然不同凡响，诗写得好，吟得妙。现在我知道，您用生动的比喻、恰当的表述赞美了柳树。您又是怎么来赞美春天的呢？

生：我用的是"不知细叶谁裁出"，如果没有春天，柳树也不会长得那么好。

师：柳树的婀娜多姿归功于春天。

生：我给那位贺大诗人补充一下。

师：您请。

生："不知细叶谁裁出"是把春天引出来，下一句才是说春天功劳的。

师：春天到底有什么功劳？

生：就是"二月春风似剪刀"，春风就像剪刀一样把柳叶裁剪得特别工整。

师：我想请问一下，你是姓贺吗？

生：我不姓贺。

师：我感觉你就像是贺家传人，不然怎么对这首诗理解得这么透彻！请问尊姓大名？

生：我姓刘，叫刘雨辰。

师：刘诗人，你好！今天真是幸会幸会！让我们来吟诵最后两行诗句，读出诗人的喜爱之情。

（生练习诵读）

师：谁愿意读，读出赞美之情？

生："不知细叶谁裁出，二月春风似剪刀。"

师：贺诗人，你今天心情是否不太好？怎么赞美春天连点笑意都没有？谁愿意再来读？

生："不知细叶谁裁出，二月春风似剪刀。"

师：对啊，是发自内心的，发自肺腑的！谁再来试试？

生："不知细叶谁裁出，二月春风似剪刀。"

师：这么美的一首诗，让我们配上古筝音乐再来美美地读一读。

（学生配乐读诗）

师：这位同学吟诗的时候，其他同学轻轻地闭上眼睛，边听边想，眼前浮现出怎样的画面？

生：我仿佛看到了二月里柳树非常美丽，而且它的枝叶像丝带般轻轻摆动。

生：我眼前浮现出的柳树生气勃勃，绿得发光、发亮。

生：我看到的是一棵高大的垂柳，密密的细叶挂满枝头。

师：是啊！春风如能工巧匠般用精细的剪刀细心地裁剪着，它让翠色欲滴、散发着玉石光泽的嫩叶和让随风轻拂如丝带般飘逸的柳枝，装扮着充满生机、婀娜多姿的垂柳，让她去向人们传递春的消息。

设计意图：在教师、学生、文本三者平等的对话中，深入地赏词析句，品味作者生动的比喻，感受诗中精彩的语句，并将品与诵、诵与思、思与说有机地结合起

来，不断地提高着学生的欣赏与朗读能力。

（五）拓展想象，陶其性

1. 以一带三，引导拓展

（1）贺知章是用生机勃勃的柳树，来赞美生机盎然的春天的。而杜甫、白居易这几位大诗人又是怎样来赞美春天的呢？

学生自由朗读杜甫、白居易描写春天的诗词：《大林寺桃花》《春夜喜雨》《绝句》。

（2）学生交流自己的阅读体会。引导学生从"盛开的桃花、润物的细雨、衔泥的燕子、春睡的鸳鸯"等诗句中体会诗人对春天的赞美之情，教师在学生的描述中将黑板上的垂柳图丰富、完善成生机盎然的春景图。

（3）学生自主选择最喜欢的古诗吟诵。可采用先练习后比赛诵读的方式增加学生的实践机会及兴趣。

（4）还有谁写诗赞美过春天，介绍你所知道的写诗赞美春天的诗人及诗词。

2. 即兴赋诗，情动辞发

（1）春风不仅裁出细叶，剪好丝绦，妆成碧树，更是剪破严冬笼罩，裁出万紫千红，为大地带来生机一片。让我们做个真正的诗人，展开丰富的想象，来赞美春天吧！小组合作运用"不知（　　），二月春风似（　　）"的句式，赋诗一首。

（2）教师巡回指导，随时介绍想象丰富、比喻贴切的作品，开启各小组同学的思路。

（3）各小组交流诗作，夺取最佳创意奖。

设计意图：拓展从不同角度赞美春天的三首古诗，让学生从教师不断补充、完善的春景图中感受着春的妩媚，从首首诗词的吟诵中体会中国古诗词的博大精深。让学生做一个真正的小诗人，通过诗句来表达自己对春天的赞美之情，学生真切地感受着中国这一独特的文化瑰宝，情感进一步得到提升。

3. 广泛涉猎，陶冶情感

小诗人们，中国可是一个诗的国度，仅流传下来的唐诗就有近五万首，课后，让我们继续步入浩瀚的古诗词的海洋，去感受我国特有的文化瑰宝吧！

设计意图：着力于语文实践能力的培养，将学生引向更加广阔的语文学习时空。不仅仅拘泥于教材所提供的文本资料，而是引导学生拓宽信息渠道，拓展知识来源。通过精读与博览结合、课内与课外沟通，开阔学生的视野、增强实践的机会、提高学习的效率、丰厚知识的积淀。

评点：

本课以"语言积累，丰其辞"入手，再由"读画结合，感其形"，"进入情境，悟其情"，"赏词吟诵，品其精"，最后又以"拓展想象，陶其性"，构成了开放的古诗教学流程，较好地实现了对"言约而意丰""语近而旨远"的古诗的解读赏析，达到了情、理、形、神的和谐统一，是对古诗教学的有益探索。

（周一贯）

五、遵循规律　富有情趣

——《假如》教学设计

[课文]

假如

假如我有一支
马良的神笔，
我要给窗前的小树
画一个红红的太阳。
让小树在冬天
也能快活地成长，
不会在寒冷的北风里
缩着身子，轻轻叹息。

假如我有一支
马良的神笔，

我要给树上的小鸟
画许多好吃的谷粒。
鸟妈妈再也不用
到遥远的地方去寻食，
让小鸟待在家里
苦苦等待，饿得哭泣。

假如我有一支
马良的神笔，
我一定给不幸的朋友西西
画一双好腿，

还他一个健康的身体。
他再也不会只坐在屋里
望着窗外的小树和小燕，
而是和我们一起

在操场上奔跑，在草地上游戏。

假如我有一支
马良的神笔……

[教学设计与专家评点]

[设计理念]

1. 目标明确。着眼课程标准、立足学段目标，确立清晰化的单元及课时目标。

2. 遵循规律。依据儿童认知规律，利用汉语言文字的特点，引导学生积极自主地识好字、写好字、读好书，习得方法、形成能力。

3. 策略灵活。基于学生发展基点，运用情趣教学策略，使学生趣味中求知、求知中得趣，达到教与学的和谐、情与智的统一。

[学习目标]

1. 认识9个字，会写8个字。其中只认不写5个（缩、遥、泣、健、康），会认会写4个（良、寻、食、操），已认会写4个（哭、体、场、双）。认字关注形声字识字规律的把握及自主识字方法的运用，写字关注书写习惯的形成及间架结构的安排。

2. 能正确、流利、有感情地朗读课文。做到不丢字添字、不重复颠倒、会停顿，并把体会到的关爱之情通过朗读自然地表达出来。

3. 能用联系上下文、结合画面、展开想象和联系生活等方法，了解重点词语的意思。注重本课数量词、形容词的正确使用及积累，背诵课文。

4. 在理解课文内容，想象描绘情景，仿照句式创作的过程中，产生关爱他人和环境、关爱地球的愿望。

评点：

低年级语文教学的主要任务是：认好字、写好字、学好词、读好文。作为第一课时的教学，目标定位主要指向设计理念第 1 条。在准确把握宏观、中观目标基础上，清晰确立课时具体微观目标，教有所依、学有实效。

（一）绘本导入、引发阅读兴趣

1. 阅读绘本《神笔马良》

（1）课前，我们读过绘本童话《神笔马良》。还记得这些故事情节吗，给大家讲一讲。（课件呈现绘本中马良画报晓公鸡、耕牛、石磨的画面）

（2）读完这个故事，你在想些什么？

过渡：是啊！假如能有一支马良的神笔，该多好啊！（课件出示孩子想象神笔画面，"马良"两字同时呈现）

评点：

引入绘本阅读，了解马良神笔的奇妙，为学生顺畅地进入课文学习做了很好的铺垫。针对年龄特点，在感受阅读乐趣的同时，增加阅读量。需要特别指出的是，绘本阅读是低年级孩子非常喜欢的，但老师的运用，往往是单一的阅读绘本，没有充分发挥绘本阅读的功效。将绘本阅读随机穿插运用于语文课文的学习，必将会成为今后的新常态。

（3）随机识记"良"字。

a. 还在哪儿见过"良"字？

b. 回想一下，我们学过的哪个字里藏着"良"？（出示课文《秋天的图画》，并聚焦句子：稻海翻起金色的波浪。）

c. 强调"良"的最后一笔是捺。

评点：将识字教学适时融入整个课堂学习中，渗透生活中识字、联系已知识字的方法，"良"作为学习"食"的基本字，需特别强调最后一笔笔画。

2. 揭示课题，导入新课

（1）导语：一个和我们同龄的小朋友，有着和我们同样的想法，她还把心愿写成诗歌了呢！

（2）板书并齐读课题。

（二）静心初读，遵循认知规律

1. 读准字音、识记生字

（1）交流预习情况。说说你是怎么预先学习的？

（2）同位检查生词读音掌握情况。互读词卡，了解生词读音是否准确，如有读不准的字音，用自己的好办法帮助对方。

（3）两位小老师分别领读生词。

（4）小老师提醒易错字，并介绍识字的好办法。

小结：用熟字加偏旁、换偏旁的方法可以很好地记住这些字。

评点：基于学生发展基点，引导学生自主识字。在学生预习的基础上，学生自主检查生词读音、交流记字方法，教师适时点拨、针对性指导，给予学生充分认知、分享的识字空间。

（5）重点指导。

健康：

①健康每个人都需要，我们走进医院会看到"给我一份信任，还您一生健康"，走进公共场所会看到"吸烟有害健康"，每位同学都有一份"健康体检表"。（课件出示各个场景及带有"健康"的文字）

②给过生日的爷爷、过教师节的老师、过"六一"的小朋友送上祝福的话，用上"健康"二字。（指导把话讲完整）

评点：

采用复现认字法整体识记，并引导学生善于在生活中认字。"健康"一词的理解，基于生活，用于生活，实现语文运用的功效。

（6）形声字归类。

① 说说"操"怎么记。

② 生字小游戏。

a. 图上的小朋友在做什么？（两幅图片中的小朋友分别在做操、洗澡）

b. 选字填空，说说为什么这样选？

　　做（　）　　洗（　）

　　澡、操

小结："澡"字还没学，我们就通过偏旁猜出它表达的意思，真不简单。

③寻找形声字。

导语：很多字的偏旁都带有字的意思。我们已经知道做"操"和手有关，所以是提手旁。

a. 说说今天学的生字中，哪些字的偏旁与字义有关。（遥、食、泣、健等）

b. 形象演示"缩"字。（课件呈现动态画面）左边绞丝旁表示衣物，右边在念 xiǔ 时表示夜晚。看，过了一宿、两宿……好长时间过去了，被洗来洗去的衣服变旧、变小，缩水了。

小结：借助形声字的偏旁，可以帮助记忆字形。

评点：

心理学研究表明，对儿童来说，识字的关键在于建立字形与音、义的联系。引导学生关注形声字的构字规律，利用形声规律对音形义有益识记，针对性指导会有助于学生理解掌握。

2. 读顺句子、关注停顿

导语：字音读准了，我们再把诗歌读流利。做到不丢字、不添字，注意句子中的停顿。

（1）指导读通一个小节。

①学生朗读。

②教师指导。逗号处有停顿，句号处多停一会。每个诗行没有标点的地方如同长句子中间的停顿，稍稍一停。（课件在诗句相应处用｜、｜｜、｜｜｜形象表示）教师范读。

③学生再次朗读。

（2）自主读通其他小节。

①学生自由练习朗读。

②三名同学分别朗读。

小结：把握好句子的停顿，能让别人听得更清楚、明白。

评点：依据低年级学生的学习心理，低年级朗读训练的重点应是正确、流利。其中包括：读准字音、不添字、不漏字，读出停顿，读出诗歌中的节拍、韵律等。

（三）情趣品读，感悟语言魅力

1. 整体感知 清晰表达

（1）默读课文，思考小女孩都画了什么。把相关的词句画下来。

（2）仿照句式，把话说具体完整。

①自由说。（相机板画太阳、谷粒、奔跑着的西西）

②选词填空

出示句式：我要画（　　　　　）太阳。

我要画（　　　　　）谷粒。

我要画（　　　　　）腿。（可借助板画进行）

学生将打乱顺序的词卡"一个""许多""一双""红红的""好吃的""健康的"，放到相应的位置。（以小组为单位合作完成，请一组到黑板上摆以作范例。）

小结：加上恰当的表示数量的词和好词，可以表达得更清楚。

评点：

利用整体感知课文内容的契机，适时引导学生关注范文语言的准确表达，为学生后面的自由表达："假如你有一支马良的神笔，会画些什么？"做好铺垫。

2. 创境想象 感悟诵读

第一小节：

（1）朗读段落，引发思考。假如有一支那么神奇的笔，为什么要画太阳呢？

（2）关注弱小，角色体验。

①寒冷的北风里，小树什么样子？标出动词（缩、叹息）。

②扮演小树，表演动作，体会当时感受。

创境语：（风声营造氛围）听，北风呼呼地刮着，好冷啊！可周围连个躲的地方都没有，小树只能缩着身子，轻轻叹息。

（3）关注文字，诵读表达。

①多可怜的小树啊！快来帮帮它吧。朗读第一小节。

②（课件中，"缩"字缩小）瞧，连"缩"这个字都冷得缩起来了。朗读三、四诗行。

③（课件文字背景出现太阳画面）谁能画出"红红的"太阳，给小树送去温暖与快乐。指导朗读三四诗行。（随着朗读，太阳的颜色依次加深，越来越艳丽）

④诵读全小节。

评点：紧扣关键词"缩"，通过创境体验、画面渲染、自由表达等方式，引发学生对小树的关爱之情，并将自己的感悟通过朗读表达出来。运用色彩浓淡变化强化"红红的"太阳，指导学生将美好情感表达充分。

第二小节：

（1）观察图画。小树有了红红太阳的照耀，在快活地成长着。（出示鸟窝里哭泣的小鸟画面）我们又看到了什么？读第二小节。

（2）随文识字。

①"遥"这个生字，刚才同学们用借助偏旁识字的方法记住了，"远"也是走之旁，两个走之旁，真够远的。

②想象：鸟妈妈会到遥远的哪里去寻食？

③画面创境。

鸟妈妈天刚亮就寻食去了。中午到了，没有回来；傍晚时分，没有回来；天都漆黑了，还是没有回来。（画面呈现从早到晚天色背景变化的过程。）鸟妈妈飞过花丛，穿过树林，越过小溪去寻食，路途可真够遥远的！小鸟一整天没吃东西，都饿哭了！

（3）感情朗读。

①妈妈没回来，让我们赶快帮帮哭泣的小鸟吧。读第二小节。

②（课件中，"哭泣"两字的点与三点水，像泪水般不停地滴落下来）三点水像眼泪一样流下来，"泣"字借助偏旁记可真形象。

③谁能让小鸟不再流泪，重点指导三、四诗行，读出急切帮忙的语气。

④朗读全小节。

评点：

抓住最能触动关爱情的重点词"哭泣"，运用观察图画、创境想象、文字演示等方式，将随文识字、内容理解、情感体验、朗读表达有机融为一体。

（4）背诵积累。

导语：有了大家的关心，小树、小鸟的生活一定会变得很美好。把我们的故事也编成绘本图书，讲给更多的人听吧。

①为绘本书填加文字。（依次出现一、二小节文字内容画面，每小节四幅图。）

②自己的故事，不看文字讲给大家听。

评点：

先将诗歌文字填加到绘本画面中，图文合一；再只借助图画讲故事，巧设台阶。使学生在不知不觉中背诵课文、积累语言。

第三小节：

（1）导语：我们帮助了寒风中缩着身子的小树、饿得哭泣的小鸟，又怎能忘记腿有残疾的好朋友。读第三小节。

（2）依文想象。我们生活中哪些习以为常的活动，腿有残疾的西西不能做？

（用上"我们能……可西西不能……"的句式）

（3）情景对比。我们可以尽情奔跑、可以跳绳、踢毽子，玩许多有趣的游戏。（课件依次呈现儿童开展活动的热闹场景）而西西呢，只能坐在屋里望着窗外单调的景色（一个窗框将多彩的景色框住，只在小小窗口中透出屋外的小树和飞燕），他多想能和我们在一起啊，哪怕只是拉着手跑一跑、哪怕只做个最简单的游戏。

（4）情感激发。假如你有一支马良的神笔，你会为腿有残疾的朋友做什么？

（5）感情诵读。关注"一定"，指导朗读。

评点：

"一定"要画，不容置疑，这是本小节诵读基调把握的关键点。通过联系生活、场景对比等策略，体验一定要帮助西西的情感与决心，并通过朗读表达出来。

第四小节：

假如你有一支马良的神笔，还会画什么？（评价关注两点：一是数量词、好词的运用；二是是否关注到那些不易觉察的、最需要关心的事物）

小结：生活中，我们的爱心和双手也会像马良神笔一样，给植物、动物、他人带来帮助和温暖。

（四）灵活指导，夯实写字目标

1. 两个带多个口的字：哭、操

（1）分析结构要点，提示写字姿势。

哭：两眼一样大，泪珠滴下来。

操：大口领操员，小口做学员。

（2）评议。

评点：针对低年级学生感知不精细的特点，对易错部分进行预防性提示，可谓细腻而精准。

2. 两个易混字：良、食

找准关键笔画，注意易混淆之处。

小结：下节课，我们将继续做小书法家，还会和生字做各种有趣的游戏，读其他有意思的绘本图书。我们的课堂学习也是丰富多彩，充实期待！

评点：

整节课的教学，遵循规律，富有情趣，富有成效。

遵循儿童心理天性，充分调动儿童的已有知识与生活经验，设计适切的梯度教学环节，运用极富亲和力的儿童话语与体态语言，抓住关键细节并完整呈现教与学的过程，随机引入绘本阅读，激发儿童的求知欲与学习主动性。

遵循语文学习规律，紧紧围绕低年级阅读教学的主要任务——识字，找准学生的学习起点，采用多种方式识字，并依据汉字的文化特点，以字义为核心，带动对字音、字形的把握。同时，适时在不同语境中复现，以巩固识字成效。

（滕春友）

六、境中感悟　读中品味

——《秋天》教学实录

[课文]

秋　天

天那么高，那么蓝，高高的蓝天上飘着几朵白云。

蓝天下是一眼望不到边的稻田，稻子熟了，黄澄澄的好像铺了一地金子。

稻田那边有个池塘，池塘的边上有棵梧桐树，一片片的黄叶从树上落下来。有的落在水里，小鱼游过去，藏在底下，把它当作伞。有的落到岸边，蚂蚁爬上去，来回跑着，把它当作运动场。

稻田那边飞来两只燕子，一边飞一边叫，好像在说："电报来了，催我们赶快到南方去呢！"

[教学实录]

师：同学们，上课前我们先做个猜一猜的游戏，猜猜图上画的是什么季节，看谁猜得又快又准。

（多媒体课件展现春、冬、夏不同季节的景色，不将季节的画面直接出现，而是让代表季节特征的景物逐步累加，使季节特点逐渐明朗，最终呈现出特征明晰的季节画面，增加游戏的趣味性）

师：猜一猜，接下来会是什么季节？

生：一定是秋天。

师：为什么这么肯定？

生：因为刚才出现了冬天、夏天、春天的景色。

生：一年有四个季节，我们猜出了三个，当然还剩秋天了。

师：大家的推测很有道理。不过，秋天的景色老师还没画完呢。快帮我出出主意，什么样的景色表明秋天到了？

生：秋天会刮风。

师：秋风怎么画呢？

生：画几条撇就表示风了。

师：噢，画几条撇就行了，还有什么主意？

生：树上掉下来叶子了。

师：树上的叶子落下来，说明风在吹。还可以画上秋天的什么景色啊？

生：大雁排成行了。

师：排成行要干嘛啊？

生：嗯，到南方去。

师：能不能把这句话说完整？

生：大雁排成行飞到南方去过冬了。

师：好，画上南飞的大雁。还有什么好主意？

生：树叶要画成黄色的，因为春天、夏天的树叶是绿色的。

生：树叶像蝴蝶一样飞舞，那才美呢！

师：好啊！我们让金色的叶子像蝴蝶一样翩翩起舞。

生：画上小动物们都在找东西吃。

师：哦，小动物们要准备过冬的食物了。

生：还有草地上小草也黄了。

生：秋天还开菊花。

师：同学们给老师出了这么多好主意，有的是大家亲眼看到的，有的是自己感觉到的。今天，我们就来读一篇写秋天的文章，看我们从文章中，从书中是不是也能得到很多关于秋的消息。好，上课！

学生甲：起立。

全体学生：老师好！

师：同学们好！请坐。今天我们要读的文章题目是——（板书：秋天）

生：（同学们齐声回答）秋天。

师：这篇文章又告诉我们哪些秋的消息，又介绍哪些秋天景色呢？就让我们用心来读一读。在读的时候如果遇到不认识的字怎么办？

　　（这时同学们纷纷举手回答）

师：怎么办？

生：可以问别的同学。

师：对呀，可以请教别人。还可以怎么办？

生：还可以圈起来。

师：把这个字圈起来了，怎么想办法知道这个字念什么呢？

生：可以下课请教老师。

师：在课上就可以请教老师，请教同学。除了请教别人还可以怎么办？

生：还可以查字典。

师：对呀，查字典是一个好方法。

生：可以看一看下面的认字表上有没有。

师：借助认字表的拼音来识字。

生：还可以按上下文猜字，可以看半边，用形声字的规律认字。

师：拿出你们最拿手的办法来仔细地读书，把字音读准确了，把句子读通顺。开始读吧。

　　（此时同学们开始大声齐读）

师：大家注意，如果齐读的话，就影响了你把不认识的字圈一圈，就影响了你要把这个不认识的字通过自己的方法来解决，所以我们不一起读，自己读自己的，圈一圈、问一问、拼一拼，好吗？

　　（学生们开始自由朗读课文）

师：同学们读书可认真了，相信又认识了不少字朋友，认识它吗？（出示生字卡：飘）

生：飘，飘扬的"飘"。

师：声音响亮，读音也非常准确。

生：随风飘荡的"飘"。

师：嗯，飘荡，这个词也很棒。

生：漂洋过海的"飘"。

师：想一想，漂洋过海要坐船，船要在哪里漂？

生：在水里。

师：那么漂洋过海的"漂"应该是什么旁呢？

生：应该是三点水。

师：这个字是什么旁？

生：是风字旁。

师：那么什么能飘动起来？（边说边轻轻吹动生字卡片，字卡轻盈飘动）

生：纸能飘动起来，叶子能飘落下来。

生：小女孩的头发也能飘起来。

生：白云在轻轻地飘着，蒲公英也能飘动起来。

师：那是蒲公英离开妈妈到别处安家去了。好，同学们，让我们记住风字旁的"飘"字。（出示生字卡：当）

师：谁能组词？

生：当，恰当的"当"。

生：当，当作的"当"。

生：当，适当的"当"。

生：当，当真的"当"。

生：当，行当的"当"。

师：谁能用它另外一个读音组词？

生：当，当然的"当"。

生：当，应当的"当"。

师：利用生字不同的读音，会让我们组出更多的词语。当然我们要注意，在这篇课文里，这个字是读四声的。

（出示生字卡：底）

师：谁有好办法能记住这个字？

生：海底下会有些鱼，可以当作那个点，这个点就不会落下。

师：还有什么办法可以记住这个字？

生：跟我们以前学的低头的低有点像，我们可以按偏旁记忆。

生：把低的人字旁换成广字旁就是底下的"底"。

师：是啊，低的右半部分藏在了广字头的底下，那么我们看一下在我们的铅笔盒的底下又藏着些什么呢？

（惊喜地叫起来）

生：是一个袋子。

生：里面有生字卡片。

师：哎呀，生字宝宝太调皮了，怎么藏在袋子里啦？快看看都有谁啊？

（学生自己边认边读）

师：这么多啊，生字妈妈要着急了，我们一起帮她找宝宝好吗？（扮演生字妈妈）金子的"金"在哪里呀？

生：找到了（学生纷纷举起生字卡片）。

师：找到谁了？

生：金子的"金"。

师：赶快大声地告诉生字妈妈。

生：金子的"金"在这里！（举起卡片齐声回答）

师：帮生字妈妈互相看一看，金子的"金"找准了没有，没找错孩子吗？

生：没有。

师：太好了。铺着的"铺"在哪里？

生：铺着的"铺"在这里。（学生纷纷回答）

师：很多同学都找到了，快看看找准了没有？

生：找准了。

师：电报的"报"在哪里？

生：电报的"报"在这里。

师：刚才呀，同学们找生字宝宝找得非常热心，但是我发现（老师边说边走到三位同学旁边），这组同学找得特别快，都来看一看，这组同学和大家一样热心，可是，为什么他们找得快呢？发现什么了？

生：因为他们把那些卡片都给分开了。

师：对，他们把这些生字宝宝非常整齐地排了一排，摆在面前，找的时候，是小组同学一起来找。有的同学可热心啦，自己拿着生字就在那儿找起来了。没有大家的帮忙，没有同学的合作，做事就比较慢了，是吧？下面我们再来找，看哪组找得又快又准，稻田的"稻"在哪里？

生：稻田的"稻"在这里。

师：这组同学找得最快。落叶的"落"在哪里？

生：落叶的"落"在这里。

师：请一位同学来帮生字妈妈找孩子。

生：当作的"当"（dàng）在哪里？

生：当作的"当"在这里。（齐声）

师：大家注意（课件出示多音字"当"）。仔细看，这个宝宝有几个名字啊？

生：两个。（齐声说）

师：来读一读这两个名字叫什么？

生：当（dāng），应当的"当"；当（dàng），当作的"当"。

师：真好，一下子就叫准了，我们再来叫叫它的两个名字。

生：当，应当的"当"；当，当作的"当"。

师：在这里它的名字叫什么？

生：当（dàng），当作的"当"。

师：再读一遍。

生：当（dàng），当作的"当"。

师：我们替妈妈找孩子千万不要叫错名字，来，接着找。

生：稻田的"稻"在哪里？

生：（齐声）稻田的"稻"在这里。

生：一望无际的"望"在哪里？

生：（齐声）一望无际的"望"在这里。

……

师：真是一群热心肠，同位两人一组，一起叫一叫，找一找。

（两人一个叫，一个找，老师巡视）

师：刚才的小游戏，让我们认准了生字的读音，如果生字藏在文章里，你能把它认出并读准吗？请四位同学分段朗读课文。

（确定四位读书的同学）

师：只有四位同学起来读书，我们其他人该干什么呢？

生：我们要看课文，看他们读得对不对。

师：对呀，要认真地看，看她们读得对不对；认真地听，听她们读得准不准。在检验别人的时候，也就在订正着自己的读音。所以说，我们都有事可做。好，让我们开始吧。

（学生分段朗读课文）

师：这四位同学读得怎么样？

生：我感觉读得很好。

师：为什么？

生：因为她读得很流利。

师：是不是把字音都读准了？

生：我发现她读这个"小鱼游过来，藏在底下，把它当作伞"，那个"当"读得很重。

师：她读得很重，是怕叫不清生字宝宝的名字。字音都读准了，而且特别注意到了"当作"的"当"。真好！下面，我们自己再小声地读读课文，边读边想，这篇文章都介绍了哪些秋天的景色呢？

（学生自由朗读课文）

师：文章介绍了哪些秋天的景色，杨老师可要把美景画下来。你们说，我来画。

生：落叶。

师：有落叶，（画在黑板上）还有呢？

生：有燕子。

师：有往南飞的小燕子，（板画）还有什么？

生：稻田。

师：对，还有金灿灿的稻田。（板画）

生：白云，小鱼。

师：好的。（板画：蓝天白云及小鱼）

生：还有蚂蚁。

生：梧桐树……（拖着长音儿抢说）

师：（板画）粗壮的、高大的梧桐树，几只蚂蚁在树下。

生：哇！

师：还有什么？

生：还有池塘。

师：对呀，（板画：池塘）还得有池塘，没有池塘小鱼不能生活在地上呀。（指着呈现出来的秋景图）原来文章描写了这么多美丽的秋天景色啊。你喜欢的景色在哪里？把你喜欢景色的句子画下来，读给你小组同学听一听。

（生画、交流自己喜欢景色的句子，师巡视）

师：来，把你最喜欢的景色的句子和大家一起分享。

生：我喜欢的句子是："有的落在水里，小鱼游过来，藏在底下，把它当作伞。"

师：喜欢小鱼，我们就来扮作小鱼。哪儿做我们的池塘呢？

生：走道里可以做池塘。

生：教室就是个大池塘。

生：桌子底下是我们小鱼的家。

师：小鱼们还等什么，让我们在池塘里自在地游起来吧！快瞧，这条小鱼的姿态真优美，那条小鱼的动作多灵活。（在"小鱼"游动时，教师出示一片桌面大的梧桐树叶教具）咦，一大片黄叶从树上飘落下来了，哪条小鱼游过来藏在底下？

（小鱼们争先恐后地游到梧桐叶底下藏了起来）

师：藏起来的小鱼，你们想和伙伴们说点什么？

生：这叶子好大，可够我们玩儿的。

生：你们能看见我吗？

生：伙伴们，快来藏一藏吧，这里可有意思了！

生：后面的小鱼不要着急，叶子一会儿就飘到你们那里去了，你们也可以在叶子底下玩儿一会了。

师：对，让小鱼们都在大大的落叶伞底下藏一藏。

（教师让宽大的"梧桐树叶"在"池塘"里漂动起来，让每条"小鱼"都有藏起来的体验）

师：我得采访一下可爱活泼的小鱼们，你们藏在落叶底下，心情怎么样呀？

生：我很高兴。

生：自豪。

师：为什么自豪？

生：因为我能躲在这底下。

师：找了个好地方，抢先进去了，所以自豪。

生：我很快乐。

师：我要找一条小鱼，悄悄地跟我说当时心情怎么样。然后，读读句子，大家猜一猜，看能不能猜中她当时的心情。来，悄悄说。

（学生与老师耳语）

师： 读读这个句子，让大家猜猜你的心情，看谁能猜得中。

生1： "有的落到水里，小鱼游过去，藏在底下，把它当作伞。"

师： 她当时什么心情？

（同学们纷纷边举手边说：听出来了，听出来了）

生： 她很高兴。

师： 猜对了吗？

生1： 对了。

师： 能不能把你刚才高兴的心情，读得再充分一点，让所有同学都能感受到你的快乐、开心。

（学生有感情地朗读）

师： 小鱼们，你躲在落叶伞底下，是什么样的心情？高兴、快乐，还是觉得有趣？练一练，读一读。

（同学们兴奋地一遍又一遍地读了起来）

师： 谁来读？（学生踊跃举手回答）

生2：（读句子）

师： 我听出来了，这是一条非常调皮的小鱼。

生3：（读句子）

师： 这是条悄悄藏起来的小鱼。勇猛地游过来，很快藏进去的吗？

生4：（读句子）

师： 听他读得多有意思啊，大家再来瞧瞧大屏幕，你又看到了什么？

生： 我看到屏幕上有一把小红伞和一片叶子。

生： 那把小红伞是"伞"字变的。

生： 句子中的"藏"字被一片飘下的落叶挡住了，让那个"藏"字藏起来了。

师： "藏"字还真藏起来了。原来不但我们做游戏觉得很有趣，这个句子也很有意思。我们一起再来读读。

（学生齐读）

师： 小鱼和叶子在一起玩可真有意思。你们还喜欢什么样的秋天景色？

生：我喜欢"有的落在岸边，蚂蚁爬上去来回跑着，把它当作运动场。"

师：小蚂蚁要开运动会！我们可要去瞧一瞧！（课件出示小蚂蚁身穿运动服在运动场般的落叶上准备赛跑的场景）比赛马上就要开始了，让我们当拉拉队为他们加油吧！运动员各就各位，预备，跑！（场上的蚂蚁运动员争相跑了起来，学生们大声呐喊加油）

师：能把蚂蚁开运动会的情景，读出来吗？（学生们积极举手）

（生有感情地朗读）

师：他读得怎么样？

生：我感觉他的声音很响亮，读得很有感情。

生：我们加油的样子他读出来了。

生：他把当时运动场上热闹的气氛读出来了。

师：咱们班的小朋友有没有在运动场上当运动员的？我们请运动员读出他们在运动场上的感受。

（生朗读句子）

师：我觉得他是一个很努力地运动员，那么用力地跑着为班级争光。大家在赛场上跑的时候还有别的感受吗？

（生朗读句子）

师：听了他的朗读，说说你感受到了什么？

生：他跑得很轻松。

生：他跑得不费劲。

师：跑得轻松，读得也轻松。让我们看看写蚂蚁和小鱼的句子在哪一段。

生：在第三自然段。

师：来，把第三自然段完整地读一读。

（生朗读第三自然段）

师：听了大家的朗读，我突然发现我画的这幅画和书中写的不太一样啊！快帮我找找吧。

生：小鱼应该藏在叶子底下，而您的画里小鱼没有藏起来。

师：书上怎么写的？

生："有的落在水里，小鱼游过来，藏在底下，把它当作伞。"

师：对呀！怪不得我看着这么别扭，小鱼怎么没藏起来呢。快快！藏起来，藏起来。（修改板画）

生：叶子太少了。

师：少了吗？书上怎么说的？

生：书上写的是一片一片的黄叶从树上落下来，画上却只有两片黄叶。

师：（将一片一片的落叶添加到画面上）同学们真会读书，会观察。片片落叶给小鱼、小蚂蚁带来了很多很多的乐趣。落叶给你们带来快乐了吗？

生：我用落叶贴了一幅画，放在家里，每次看到的时候就会很高兴。

生：我用落叶做过书签。

生：我有一张漂亮的照片，是站在铺满落叶的路上照的。

师：原来落叶不但给小动物带来快乐，也给我们带来许多欢乐。让我们看看落叶的"落"字怎么写。（板书：落叶）写的时候要注意它是上下结构，草字头要包住下面的一部分。

师：刚才我发现同学们特别喜欢小动物，有没有喜欢燕子的？（同学们纷纷举手表示喜欢）有这么多同学喜欢，我们三人一小组，合作读一读写燕子的段落，想想看，怎么合作就把当时的情景读出来了。

（学生分小组练习，老师巡回指导）

师：这组同学先读。

生：稻田那边，飞来两只燕子，一边飞，一边叫，好像在说："电报来了，催我们到南方去呢！"（三人分工朗读）

师：这组同学合作很有意思，一个人分一小节来读，每人读的分量一样。还有特别的读法吗？

（学生分角色朗读，一人读旁白，两人读小燕子）

师：他们组怎么合作的？

生：一个独白，两个人当小燕子。

师：你们分工时为什么不是两个人读旁白，一个人读小燕子呢？

生：因为课文上讲"稻田那边，飞来两只燕子"。

师：真会读书，把当时的情景恰当地表现出来。

师：还有别的读法吗？

生：（三名学生分角色表演读）

师：真形象。同学用各种方法读出当时的情景。听了大家的朗读，老师忍不住也想来读一读。请同学们轻轻地闭上眼睛，听了我的朗读，你好像看到了什么？（音乐起）"天那么高，那么蓝，高高的蓝天上飘着几朵白云。蓝天下是一眼望不到边的稻田。稻子熟了，黄澄澄的，像铺了一地金子。"你仿佛看到了什么？（音乐渐停）

生：我仿佛看到了高高的蓝天。

生：我看到黄叶子从树上慢慢地飘落下来，就像蝴蝶从树上飞下来一样。

生：云彩在蓝天上飘着，有的像小白兔，有的像一只飞翔的大鸟。

生：我还看到了金子。

师：金子金灿灿的，再仔细一看，那是什么？

生：是一些熟透的稻子。

师：对呀，像金子般闪闪发光的稻子，原来景色这么美，这么好看，你们大家都看到了。

生：（齐说）看到了。

师：老师也想看到啊，哪位同学的朗读能让老师闭上眼睛也看到这么美的景色？（同学纷纷举手）

（音乐伴奏下，一学生开始朗读，老师和其他同学一起闭上眼睛，用心聆听）

师：看到了，看到了！我看到的稻田无边无际，我看到的蓝天，高高的、蓝蓝的。可是听了你的朗读，怎么觉得白云还没有飘。哪位同学的朗读能让云彩飘起来？

（学生跃跃欲试）

师：告诉大家一个朗读的小秘密，边想象边读书，可就是不用颜料，不用笔，朗读就能描绘出一幅画。先不要急，自己再练一练。（在音乐声中学生投入练习）

师：怎么样？我们可以欣赏了吗？

（老师和学生们一起闭上眼睛，再次聆听学生配乐朗诵课文）

师：多么美的秋天啊！高高的蓝天，金灿灿的稻田，飘落的黄叶，还有可爱的小动物们。(老师边说边板书：蓝天、稻田、燕子)让我们再来读读这篇文章，把秋天的美记在心里。

(学生配乐朗诵，大屏幕投影显示这篇文章的动画和字幕)

师：谁愿意看着画面再来朗诵，不过这次没有文字提示了，行吗？

生：(学生们齐声回答)行！

师：先来朗诵第一段。

(此时大屏幕呈现相应画面，但没有字幕)

生："天那么高，那么蓝，高高的蓝天上飘着几朵白云。"

师：老师真的要为他鼓掌了。这位同学没有字幕也能朗诵出来。那谁愿意试试第二自然段？

(学生看画面诵读第二自然段)

师：真棒！第三自然段可比较长，谁能行？

(按画面提示诵读)

师：真美。第四自然段我们一起来。

(学生齐诵)

师：原来，从书中，从文章中，我们也能得到更多有关秋的消息，今天下课后，希望同学们走进自然界去观察秋天，走进书中去了解秋天，相信大家一定会有更多、更多的收获。这节课就上到这儿，下课！

生：(起立)老师再见！

七、一堂情趣盎然的语文课

——《秋天》教学评析

有幸聆听了全国著名特级教师杨屹校长的《秋天》一课，感触颇多，借用日本教育家斋腾喜博的一句话："教学是真正的创造性、探索性活动，它可以达到艺术般的高度，展示艺术般的魅力，给人以艺术般的享受。"来评价这节课，是不为过的。

在我们的语文教学中，常常用到情境教学、情景教学，那是作为一种教学方法提出来，取得可喜的成效。杨屹老师在此基础上提出了情趣教学，并且进行了十几年的潜心研究，构建了情趣教学思想。《秋天》这节课就是情趣教学思想的一个案例。突出的特点有以下几点。

（一）有深深的情，有浓浓的趣

这节课上教师的真情、激情和学生的热情、动情，达到了和谐与完美的统一。你看，教师一蹴而就，将课文描绘的一幅秋景图一下子展现在学生面前；你听："我们一起猜一猜。""请帮助老师一起出谋划策，设计一幅秋天的图画好吗？""去吧！走出课堂，走到大自然中，秋姑娘等着和你们交朋友呢！"这动情的描述，这热情的期待，一下子激发了学生学习的情趣与强烈的求知欲望，产生了探索的动力。

当教师请求帮助设计秋天时，学生纷纷举手："老师，您要在秋天图上画树，而且要有树叶落下来。""老师要画出大雁南飞。""树叶要画成黄色的，因为春天、夏天的树叶是绿色的。""树叶像蝴蝶一样飞舞，那才美呢！"

这种以课文的情为依托，点燃的是学生学习的情趣：他们挤在大梧桐叶子下充当小鱼，追逐嬉戏；他们情不自禁地为小蚂蚁充当啦啦队，助威呐喊，他们互相交流学习的体验与感受："你读得很流畅，要加一点感情。""老师，小鱼是该藏在落叶下的，你快让小鱼藏起来。"

在读中悟情，在说中激情趣，在画中引趣，在演中动情，我们看到了学生、教师与课文内容的共振共鸣；我们感到了和谐民主的学习氛围与积极向上的学习精神。

（二）有扎扎实实的语言训练，有浓浓的语文课味道

当下语文教学中存在一些偏颇，过于追求热热闹闹的场面，然而在热闹之余，回味一下，学生学到的却很少。

《秋天》这节课上，我感到了扎实的语言训练，例如，飘，是本课生字，教师要求学生自己读字音，分析字形。这时，教师把"漂"与"飘"放在一起，让学生进行对比，由字形学生分析出：飘——风吹的样子；漂——与水有关，在水面上浮着。学生进一步组成词：飘——飘扬、飘下、飘落、落叶飘舞；漂——漂浮、漂洋过海……这里进行了同音字、形近字的区别，积累了词汇，学会了应用，提高了学生独立识字能力。

再如，在理解"一片片的黄叶，从树上落了下来，小鱼游过去藏在底下，把它当作伞"时，老师拿出了一片大大的像伞一样的梧桐叶子，学生情不自禁地发出"哇！"的声音，老师把它举在头顶上，对同学们说："小鱼们，快来吧！"同学们纷纷"藏"在树叶下面，"你会说些什么呢？""这叶子好大，可够我们玩儿的。""快来吧，小伙伴，这里可好玩儿了。""我们'藏'在这把'伞'下，谁也找不到我们了。"这里不仅理解了"藏"的意思，体会了是小动物为秋天增添了无限生机，而且提高了语言感悟能力，发展了思维，更为有感情地朗读做了铺垫。

教育界的老前辈叶圣陶老先生非常推崇语文课上读的训练。叶老说："多读作品，多训练语感，必将驾驭文字。""在一节语文课上听不到学生琅琅的读书声，不能称一节好课。"在我们贯彻的新的课程标准中，对于读也提出了更新更高的标准。

在《秋天》这节课中，我看到杨屹老师给学生创造了许多读的机会，并感到了这节课中，学生朗读能力的提高，从初读课文，学生读得正确、流畅，到理解中体味地读，读得有滋有味，最后在教师导语的启发下，学生伴着课件与音乐声，在动情地读，在背诵，完全走进了课文的情景之中，陶醉在生机勃勃的秋色之中。

这是一节地道的语文课，学生在学、读、说、画、演中体验了情趣，进行了扎扎实实的语言文字的训练，同时培养了学生表达能力、想象能力、思维能力等。

（三）有匠心独运的设计，有艺术般的魅力

作为教育科学是有规律可循的，作为一门艺术，却要充满智慧，是创造性的劳动，杨屹老师的这节课，具有匠心独特的设计，有艺术般的高度，展示了艺术般的魅力，给人以艺术般的享受。

这节课是多元化的，是立体感的。教师一蹴挥而就，寥寥数笔勾勒出了一幅秋色图：又高又蓝的天空，一望无垠的稻田，高大的梧桐树，飘落的黄叶，叶下嬉戏的小鱼，叶上奔跑的蚂蚁，南飞的雁队，展示了无限生机，那动画化的课件设计，那动听的音乐，让学生在眼、耳、口、身、手等多种器官的共同参与中，得到了美的享受，得到了心灵的净化；得到了思想的启迪，语文课的思想教育，审美感受，

语言感悟，就是在熏陶、感染中进行的。

同样，坐在这样的教室中听课，看到教师亲切的教态，灿烂的笑容，听到学生真情的感悟，琅琅的读书声以及学生主动探索、积极向上的态度，真使人感到整个课堂其乐融融，同样是一种艺术的享受。

有人也在学习名师，我认为名师不是学出来的，也不是仿出来的，而是在教学实践中摸索出来的。杨屹的课堂艺术，杨屹的情趣教学思想，源于她对教育事业的热爱，德艺双馨，源于她潜心研究，锐意改革的精神，源于她深厚的功底，对美好未来的追求……

愿教育界出现更多的杨屹这样的名师；愿更多的学校都做到教育与情趣同在；愿更多孩子都体会到成长与快乐同行！

（杨丽娜）

《秋天》互动研讨实录

研讨背景：

2003 年 10 月，来自全国的 900 多名小学语文教育工作者、30 多名全国小学语文教育专家、名师在青岛召开了"贺袁瑢老师八十华诞，探语文教学新课程理念"教学研讨会。大会的中心议题是：在《语文课程标准》颁布两年后，用《语文课程标准》的理念来研究袁瑢老师的教育思想和教学艺术，树立青年人学习的楷模，传播先进的教育理念和教学方法。会议期间，全国当代语文四大名家：贾志敏、张玉恒、于永正、靳家彦现场执教示范课，全国近年来大赛一等奖获得者杨屹、曹永鸣、张立军、张陆慧也做了展示课，这些课展示了一代名师的教学风采。本次大会代表们参与评课，与专家现场对话，解决了课改中系列热点问题。

嘉宾简介：贾志敏　全国著名特级教师

顾家章　全国著名特级教师

研讨实录：

贾老师：崔永元先生离开中央电视台已经好长时间了，但全国人民都怀念着他，为什么呢？就是他的《实话实说》栏目，深入人心。就我们今天的评课，也想套用他的一些套路，不但我们两位评，我们也学习。另外呢，我随机地请下边听课的老师，也请两位上来，我们大家一起来实话实说。这样呢，有助于这个课的客观、公正地评论，也有利于我们当前语文教学的正常发展。有没有老师愿意自己上来的？请大家举手，好，这两位老师请到台上来。请这两位嘉宾做个自我介绍。

教师甲： 各位老师好！今天非常荣幸，我是来自湖南的一位小学语文教师，我姓赵，我非常爱小学语文教学这门事业，并且一直要为这项事业作出自己一生的贡献。

教师乙： 各位老师好！我是来自吉林省长春市第二实验学校的语文教师，我姓杨。今天，包括近几天非常荣幸，能够聆听专家，还有几位青年教师的课，我和大家的感想是一样的，听君一席话，胜读十年书。我们这次来，听君的是多少句话，无法数计了，我们胜读一辈子的书，非常感谢我们的专家和讲课的教师，谢谢！

贾老师： 坐在我身边的这位，就是上海市特级教师顾家章老师，她一辈子从事小学语文教学。她对小学的阅读教学，特别是生字教学，有独到的见解、独到的经验。今天杨屹老师讲的是二年级的语文阅读课文《秋天》，这篇抒情散文写得很美，里面有好几个生字，杨屹老师非常用心，运用多种教学手段，包括多媒体来教学。我们先请顾老师对杨老师这堂课的生字教学发表意见。

顾老师： 我觉得，杨老师教的这个班现在是二年级了，学生对识字方法已经有了一些掌握。因此，让学生自己来学习生字、运用识字规律识字，如把不认识的字先圈一圈，然后拼一拼，还发挥小组互助的作用，相互问一问等许多方法。我觉得，这样做是比较好的。另外，杨老师为每个小组准备了一袋生字卡片，这是非常有利于学生学习的。因为课本上的生字，都是印在那儿不能活动的，而把生字卡片装在一个小口袋，这个生字就能挪动地方，就能互相来读，你做小老师你读，他做小老师我读，有利于学生多读几遍，多巩固生字，所以我觉得老师在这方面是费了很多的功夫，但是下这个功夫是值得的。

每一样帮助学习的工具要运用得好，让它发挥最大的作用。今天杨老师在教学生借助生字卡片认字时就教给同学们一些方法，让学生把生字平铺在桌上，那么，你要找哪个字，一下就找出来了，用不着再去翻！这就是用最短的时间，发挥最大的效应，这些方法都是要培训学生的，养成一个习惯。老师先让学生自己认识一下生字，然后教师扮演生字妈妈，同位两人合作找一找，再请一位同学扮演字妈妈，其余同学认一认，最后同位两人相互找一找、记一记。我想，有这样一个过程的话，这个识字教学就比较踏实了。好，这是我的一点儿看法。

贾老师：顾老师，不愧是经验丰富的小学教育专家，她有独到的见解。刚才，我在听课的时候，我和袁瑢老师坐在一起，我请教袁老师说："袁老师，你对这堂课怎么看啊？"袁老师说："这堂课，杨老师做得很好，她依据新课程标准的一些观念、理念，运用多种形式激发学生的学习兴趣。"这是袁老师对这堂课的评价。那下面，我们请教杨老师，你对袁老师这个评价是怎么理解的，你将新课标的理念在这堂课上是怎样贯彻的，运用哪些方法，基于什么考虑，怎样去激发学生的积极性？

杨　屹：今天是令我非常难忘的，因为我有这样难得的机会，在袁老师80华诞这么隆重的时刻，把自己的一节课献给敬爱的袁老师。也许这节课并不成熟，或者显得有些稚嫩，但是它反映的却是一位青年教师探索的足迹，或者说是一种印迹。我从事小学语文教学已经有17年了，在这17年的过程中，历经反复实践、探索、思考、反思、再实践的过程。

在语文教学探索中，我深深地意识到，对于小学阶段的孩子，兴趣应该是他们最好的老师，教学应该由兴趣切入，不仅仅关注学生的智力因素，更应该关心学生非智力因素的发掘，引导学生从有兴趣地去做事开始，逐渐地，到有兴趣地去做一切他应该做的事。因此，教学中，我尽力体现情趣教学思想，让学习过程进入认知与情意相融合的轨道，面对具有多元智能的学生，采用更多灵活多样的方式，让具

有不同潜质的孩子，都在课堂上有机会显示自己智能的优势，使有着个体差异的学生真正能够全身心地投入学习过程，在趣味中求知，在求知中得趣，全面和谐发展。

教学中，主要设有以下环节：一、激发兴趣、乐学新知；二、培养情趣、主动参与；三、趣味练习，牢固掌握；四、引导拓展，情趣升华。教学中以读悟情，以说激趣，以画引趣，以演动情，多种灵活的方式激发学生的阅读兴趣，品味文中情趣，使教材文本情趣、教师教学情趣以及学生主体情趣发生联动共振，达到最佳的学习效果，求得课堂教学的省时高效。作为一个研讨课例，今天我非常高兴，得到全国著名教学专家——顾老师、贾老师的评点，以及来自全国的教育同人的建议，便于我进一步提升、完善，谢谢大家！

贾老师：在课堂里面有这么一个教学细节，是大家都注意到的，就是课堂上很热闹，两个地方非常突出，一个就是蚂蚁赛跑，咱们的小朋友喊"加油，加油，加油"那边画面上出来蚂蚁在赛跑，一个个小朋友在下面鼓劲。这是一个热闹。另一个就是让几个小朋友当作小鱼，躲在落叶下面，学生特别踊跃。问他们心情如何，有的小朋友说我很高兴，有的说自豪，有的说很快乐，这种场景出现，很热闹，我不知道赵老师您对这个课堂上这个热闹是怎么看的？

赵老师：先来点掌声好不好？我们不要太紧张了。谢谢大家，我这个来自于基层的实实在在的教学工作者，更注重实效、实用。说实话呢，我平时在我们湖南听课啊，我是很挑剔的人，我不喜欢花架子，很讲究实用，但是今天杨老师的课，令人耳目一新，我觉得有两点印象很深：

第一，杨老师能够让学生在热闹中体会，再到静下心来学习，如果说整堂课都很热闹，我就不欣赏了。但是，能从热闹的情境中静下心来，逐一体会，确实是高超。

第二，杨老师的素质让我欣赏，我觉得一个小学语文老师，他的素养很重要，不是说非要求特别全面，但是起码是比较高吧，今天体会很深的，杨老师素质确实很高，能说会画，我估计还能唱、还会跳，作为一个小学语文老师，要能够出众、拿得出手。

贾老师：我想打断一下，您是不是想表达这个意思？就是要上好课，要驾驭课堂，不要去追求一种形式，最本真的就是要为了素质。包括老师本身，能读、能听、能说、能改，还有能表演、能参与、能画画、能唱歌、能跳舞，是不是？如果老师整体素质提高，就可以举重若轻，是不是这个意思？

赵老师：我们要在新课程理念引领下，每一位老师真正从多方面提高自己的素养，除了教学以外，其他的功夫很重要。这次我们来参会，觉得收获太多了，我从来没听过这么好的课，特别是这些特级教师，一看他们的风采以后，我还真的是……我本来以为我很厉害，现在我找到了差距，我昨天和我爱人打电话，我说，我很激动，激动得眼泪都要下来了。原来我觉得我很厉害却没人用，但是我这次找到差距，我觉得自愧不如，知道得太少、太少，这都是实话，年轻老师需要提高的实在太多，谢谢各位！

贾老师：赵老师真的是实话实说了，说到大家心坎里了，大家都很高兴，你知道，台下在座的老师当中，谁听了这番话最高兴？

贾老师：是我们大会的组织者庞玉和老师，庞老师为这次盛会作了精心的安排，请到方方面面的专家和老师，做了大量的工作，我提议大家热烈地鼓掌表示感谢。

我感到这是个舞台，但确切地说这是个课堂，因为把课堂搬到这儿来了。舞台是表演的，课堂是教学的，舞台表演是门艺术，教学也是门艺术，但这两者之间我感到杨老师是有区别的，舞台表演追求的是一个美，它什么都要美，武术美、演员美、剧情美、唱腔美、服饰美、背景美，连台布也要美，但课堂教学追求的不仅仅是美，而是真，一切都要真。舞台表演我们看的是结果，演员千百次的锤炼、摔跤、重来，这些我们都没看到，我们看到的，是最后一次的成功。但课堂教学我们看不到这些，我们看到的是一个过程，要看老师是怎样教会学生，教懂学生，让学生掌握。

我感觉今天这堂课，很充分地体现了杨老师的循循善诱，让孩子们喜欢，让孩子们在这方面充分地发表意见，所以在这堂课里，我感到的是真实、是老实、是朴实，是真的课，不是表演课；是老老实实的课、是朴朴实实的课。就像刚才这位赵老师所说的，激动得眼泪都流出来了。的确是这样的，下面请来自长春的杨老师，从以学生为主体，充分调动学生积极性方面，发表一下意见。

杨老师：我能够自告奋勇地到上台上来，本身是心里忐忑不安。但是我在想，我们都是华夏民族一分子，中华民族是礼仪之邦，我们今天能够从五湖四海聚集一堂，是因为有袁老师，她卓凡的教学经历，卓越的教学才艺，还有令人敬仰的人品，把我们聚集一堂。所以出此拙句，以示对袁老师八十寿诞的祝福："五十余载育桃李，心香溢杏坛。八十寿诞庆典日，微霞尚满天。"祝袁老师福如东海，寿比南山。

刚才我们专家说，让我就杨老师的课，谈谈自己的感受，我想说：杨老师不愧为杨家将，杨家将多是武将，现在让我们看看杨家将文将的风采。

贾老师： 其实他也在赞扬自己，他也姓杨。

杨老师： 杨屹老师的课真正是以学生为本，我感受到有这么几点：

第一，她自然而然地引课，进入佳境。在出现自然景色春夏秋冬，让学生做游戏时，她就单单不出秋天的景色给学生，让学生有更多的思考空间。

第二，亲和自然。我觉得杨老师非老师了，她不是老师，在孩子们心目当中，她是一位大朋友。我们老师如果能够提升自己到这个水准的话，我想我们的老师就进入到一个新的层次，就进入到自由王国了。

第三，学生在玩中乐，在玩中学，这种理念的设计，是遵循低段学生身心发展认知规律的。比方说：对"藏"字的理解。板画留下没"藏"的伏笔，游戏感受"藏"的乐趣，读中发现文字"藏"的奇妙，辨析找出"藏"的问题。比方说：引导学生想象去读。教师读学生闭眼想象，学生读教师闭眼想象。教师充满童真的话语："这么美的景色你们都看到了，我也要看到。""飘动的白云我还没看见呢。"搭起师生平等沟通的桥梁。比方说：学生在不知不觉中的熟读成诵。先是分段的美读，再到看画面及字幕的品读，最后是只看画面、不出文字的背诵。我感受非常深，整个教学过程，我体悟到的是，渐入佳境，识字认读，图画解读，重点复读，配乐朗读。学生主体地位的落实到处可见，随处可得。我非常感谢杨老师给我们上的这堂课，谢谢。

贾老师： 不愧是杨家将！的确，杨老师这堂课，给我们耳目一新的感觉，春风扑面，有许多新的理念，有许多新的做法，值得我们学习研究探讨，继续发展。因为时间关系，下面我们的杨家大将——杨再隋教授将给我们作精彩报告。我们的讨论就到此结束了。

八、课堂在对话中演绎精彩

——《多彩的夏天》教学实录

[课文]

多彩的夏天

夏天是炎热的。火辣辣的太阳高高地挂在空中，把热尽情地洒向大地。我们不必穿着厚厚的衣服，显得笨手笨脚；也不必为大风沙烦恼。如果下起雨来，就在小雨中奔跑，洗一个痛快的凉水澡。

夏天是多彩的。盛开的鲜花，碧绿的草地，墙上爬满了绿色的植物，街上飘动着漂亮的衣裙。如果有朋友来，从冰箱里拿出黑子红瓤儿的西瓜招待他们，那感觉真好！

夏天是有趣的。白天，可以在浓浓的树荫下，听知了悠长的鸣叫，看点点光影在地上闪耀。晚上，可以到田边听青蛙的赛歌会，看萤火虫提着灯笼在草丛中游行。

夏天是悠闲的。我们扛着渔竿去钓鱼，提着水桶去捉虾，背着救生圈去游泳。还可以自制冰激凌，学做美味的凉拌佳肴。或者白天躺在竹椅上读书，夜晚望着星空畅想。

夏天是迷人的，是我们最喜爱的季节，一切都在夏天里走向成熟。

[教学实录]

师：一年四季中你最喜欢哪个季节？

生：我最喜欢夏天。

师：为什么？

生：因为夏天是炎热的。

师：你喜欢夏天的热。你呢？

生：我喜欢冬天。

师：为什么？

生：因为冬天飘着雪花，我可以在外面堆雪人、打雪仗。

师：你喜欢冬天雪花飘落的景象，还喜欢在雪地里玩耍。

生：我喜欢春天，因为春天吹的风是温暖的。

师：春天是春暖花开的季节，所以你喜欢。那你呢？

生：我也喜欢春天，我觉得春天有许多鲜花在开放，非常的多，五颜六色的鲜花，我特别喜欢。

师：你是喜欢春天那满山遍野的鲜花。刚才同学们有喜欢夏天的、喜欢春天的、喜欢冬天的，那有喜欢秋天的吗？为什么？

生：我最喜欢干燥的季节了，所以我喜欢秋天，秋天很干燥。

师：天气干燥，凉爽你喜欢，是吧？看来啊，春夏秋冬大家是各有所好。下面，我们一起来做个关于四季的游戏怎么样？

生：好！

师：你们看，这里有四幅不同色彩的画面，你想分别来表达哪个季节？你先来！

生：我想表现秋天。

师：你用什么颜色来表现秋天？

生：秋天应该是第四幅图黄色的。

师：他想用黄色来表示秋天。好，还有同学想来做这个游戏吗？你说！

生：我想表示冬天。

师：你想用什么色彩来表示？

生：白色的。

师：她想用第一幅白颜色的画面表示冬天。

生：我想来表示春天，春天应该用绿色的。

师：你为什么愿意用绿色来表示春天呢？

生：因为春天是春暖花开的季节。

师：哦，春天是生机盎然的季节，草绿了，树发芽了，是吗？那你们想用红色表示什么季节呢？

生：我用红色画面表示夏天。

师：能说说理由吗？

生：因为夏天很热，太阳照得火辣辣的，就像红色一样。

师：哦，她想用红色表示那种很热的感觉。同学们，看来我们不仅能用语言来表达我们的感受，用色彩同样能表达我们的感受。有没有别的选择了？大胆起来选。你来说！

生：我想改变一下。

师：怎么改？

生：秋天也可以用红色表示。因为秋天有落叶，枫叶就是红色的，所以用红色表示。

师：你想用红颜色表示秋天的枫叶，是吧？老师把掌声送给你！因为我们关注事物的角度不同，感受也是不同的，这位同学感觉真好！好了，课前游戏就做到这儿，我们准备上课。上课！

生：起立！

师：同学们好！

生：老师好！

师：请坐！同学们，咱们今天来关注一下我们置身其中的这个季节，是什么季节？

生：夏天。

师：对，是夏天。（板书课题：夏天）谁想来提醒大家，"夏"这个字写的时候应该注意什么？

生：上面那个部分里面是两笔横，不是一笔横。

师：哦，上面是"自己"的"自"，不能写成一笔横的白。还有要提醒的吗？

生：下面是"夂"加一个撇，不能写成一个"又"。

师：其实下面也是一个折文旁，我们可不能写错。那么我们今天阅读的文章，题目就是——（补充课题：多彩的）

生：（齐读课题）多彩的夏天。

师：刚才我们感觉夏天要用红颜色来表示，可这篇文章却说夏天是多彩的，这到底是怎么回事呢？我们一起来读读书，好吗？

生：好。

师：在阅读之前先来检查同学们的预习情况。先来看生词的读音。谁来读？（出示生字卡片）

生：拌，搅拌的拌。

生：淇，冰淇淋的淇。

生：烦，烦恼的烦。

生：佳，佳友的佳。

生：洒，洒水的洒。

师：看这个"洒"字，它容易和哪个字混淆？

生："酒"字。

师：是啊，最容易和"酒"混了，酒里有什么？

生：横。

师：怎么就不混了呢？你说"酒"里的横像酒瓶里的什么？

生：酒里面的水。

师：哦，酒瓶里面装水了，那是假酒。确切地讲酒瓶里面的什么？

生：酒。

师：是啊！同学们来看，这有一瓶装着酒的瓶子。（板演"酒"字，将字的右半部分象形成一个酒瓶的形状，而"酒"字的一横画成瓶中的酒水）一不小心，瓶里面的酒洒出来了，（擦去一横）洒出来了，横没有了！"洒"这个字记住了吗？

生：记住了。

师：好，继续读这面的字。

生：澡，洗澡的澡。

生：趣，有趣的趣。

生：厚，厚薄的厚。

生：浓，浓香的浓。

师："书上给"厚"和"浓"组的词是"厚厚的""浓浓的"，谁来说说"厚厚的"什么？"浓浓的"什么？

生：厚厚的衣服，浓浓的香味。

师：可以，还有吗？

生：浓浓的眉毛。

生：厚厚的书本。

师：说得好，我们接着来读。

生：辣，火辣辣的辣。

生：瓢，瓜瓢儿的瓢。

生：恼，气恼的恼。

生：肴，佳肴的肴。

生：椅，椅子的椅。

生：畅，畅想的畅。

师："畅"这个字刚才举手的同学不太多，谁来说说怎么记？

生：右边是个"杨"，（去掉木字旁）左边是个"申"，把手伸出去路就畅通了。

师：这个办法很形象。我们学过"飘扬"的"扬"，它是什么偏旁？

生：提手旁。

师：那我们可以采用换偏旁的方法来记。谁愿意用换偏旁的方法记记这个字？

生：畅想的"畅"可以换成飘扬的"扬"。

师：准确地说，是用飘扬的"扬"的提手旁换成申字旁就变成了畅想的"畅"。再说一遍。

生：飘扬的"扬"的提手旁换成申字旁就是畅想的"畅"。

师：好的，还可以用哪个字来换偏旁记这个字？

生：用肠子的"肠"的月字旁来换这个申字旁，就是畅想的"畅"。

师：还可以用哪个字？

生：还可以用广场的"场"，把那个土字旁换成申字旁就变成畅想的"畅"。

师：是的，同学们，你们看，我们学了很多字和很多偏旁以后，就可以用换偏旁的方式，非常有效地记住这个字，真不简单！来，继续读字。

生：笨，笨蛋的笨。

师：这个词好像不是太美妙，谁能再组个词？

生：笨，笨手笨脚的笨。

师：哦，看来我们要变得勤快一点。还有同学要组吗？

生：笨，笨拙的笨。

师：最后一个词，谁来试试？

生：知了。

师：这个字单独念是念 liǎo，三声，它是个多音字。在这里读什么？

生：知了（liǎo）。

师：读第三声，谁再来试试？（指三声读后，全班齐读）看来同学们预习的情况真不错，我们只有把字音读准了，才能把句子、文章读通顺。下面，我们就来比一比，看谁能把文章读得字通句顺？

（五名学生分段读课文）

师：这几位同学读得怎么样？

生：王一翔读得很好，可是他把"或者白天躺在竹椅上读书"读成"或白天躺在竹椅上读书"了。

师：看，听得多仔细啊，这个同学漏了一个字他都听出来了。总体来说，这五位同学句子读得非常的通顺流利。就这样，当我们在预习的时候遇到难读的句子和长句的时候，一定要多读几遍。下面我们就来看看夏天到底是怎样多彩的呢？请同学们来读一读书上写夏天多彩的段落，谁来读？

生：“夏天是多彩的。盛开的鲜花，碧绿的草地，墙上爬满了绿色的植物，街上飘动着漂亮的衣裙。如果有朋友来，从冰箱里拿出黑子红瓤儿的西瓜招待他们，那感觉真好！”

师：读的时候把字读清楚，不用着急。好，同学们，拿起笔来，标出这段描写颜色的词语。

（学生标注，教师巡视）

师：谁来说说，这段都写了哪些描写颜色的词语？

生：盛开的鲜花，碧绿的草地。

师：盛开的鲜花，（将课件上“盛开的鲜花”几个字变成五彩色）碧绿是表示颜色的（将文字“碧绿”变成绿色）。还有呢？

生：墙上爬满了绿色的植物。

师：哪个词是写颜色的？

生：绿色。

师：绿色，没错。（课件出示的文字相应变色）还有呢？

生：街上飘动着漂亮的衣裙。

师：是从漂亮的衣裙感受到的。（“漂亮的衣裙”变成五彩色）有补充吗？

生：黑。

师：黑颜色的。（“黑”字变色）再有没有了？

生：红。（“红”字变成红色）

师：同学们真不简单，从这些直接描写颜色的词语中能感受到色彩，从“盛开的鲜花”“漂亮的衣裙”中也能想象出颜色的多彩。我发现我们班同学今天衣服穿得就挺漂亮，让我们看看都有哪些艳丽的颜色！这位同学穿的是什么颜色的衣服？

生：是绿颜色。

师：你穿的什么颜色的衣服？

生：是粉红色。

师：哦，粉红色。那你呢？

生：我穿的是黄颜色，其中点缀着三个咖啡色的圆点。

师：原来我们整体看有绿颜色、粉红色、黄颜色，再仔细一看啊，里面还有许多丰富的色彩呢！夏天真的是多彩的！（板书：多彩）请同学把这段再完整地读一读。

生：（朗读）

师：原来，鲜花、草地、植物、衣裙，还有西瓜，在共同装扮着多彩的夏天。你还看到夏天里有哪些多彩的景物？

生：我看见在大海里有很多小朋友和大人在游泳，他们戴的泳帽、游泳圈，都是多彩的。

师：他关注了海面和沙滩，那里的泳帽、泳圈、泳衣都是多彩的。

生：街上冰糕店里冰糕的样式也很多。

师：外面包装的颜色呢？

生：也很多。

师：样式多，包装的色彩也很多。他关注了冰糕的颜色和冰糕包装的颜色。

生：我看到中山公园灯会里面的灯是多彩的。

师：现在中山公园正在举行夏季灯会呢！特别到了华灯初上的时候，颜色真是多彩漂亮。同学们，看了这么多绚丽的色彩，你想用什么词来形容颜色的多彩呢？

生：五颜六色。

师：这个词非常好，我们把它记下来，（板书：五颜六色）还有什么词？

生：夏天是多姿多彩的。

师：这个词也非常棒！（板书：多姿多彩）还有好词吗？

生：夏天是万紫千红的。

师：多美啊！谢谢这个同学，让我们又积累了一个好词！（板书：万紫千红）

生：夏天是五彩缤纷的。

师：（板书：五彩缤纷）同学们，当我们置身在这五颜六色、多姿多彩、万紫千红、五彩缤纷的夏天里，你想说点什么？

生：我觉得夏天我们这里是一个非常好的旅游景点。

师：非常漂亮是吧？带着你的喜爱来读一读这段话。

生：（有感情地朗读）

师：你还想对夏天说点什么呢？

生：我以前都没有发现夏天真正的美，以前我不是特别喜欢夏天的，现在听了这么多成语，我觉得夏天真是挺好的，比我以前喜欢的季节还好。

师：那你就带着赞美的语气读读这段，好吗？

生：（有感情地朗读）

师：夏天除了它的绚丽多彩，还有什么特点呢？请同学们默读课文，从文中找出写夏天特点的词语。

（学生读书、圈画）

师：谁来说一说，夏天还有哪些特点？

生：夏天有炎热的特点。

师：夏天是炎热的。（板书：炎热）接着说，还有吗？

生：夏天有火辣辣的太阳。

师：这都是说它的炎热，还有其他的特点吗？

生：夏天是有趣的。

师：它还挺有趣的。（板书：有趣）

生：夏天是悠闲的。

师：还挺悠闲。（板书：悠闲）我发现我们班同学挺会读书的，一下子就发现了每一自然段的第一句话里面，写出了夏天不同的特点。

生：夏天是迷人的。

师：是的，它还让我们觉得很着迷，（板书：迷人）先感受哪个特点呢？感受一下有意思的好不好？

生：好。

师：我们先来看看夏天的有趣。自己小声地读一读，一边读一边拿起笔来，用直线画出你听到的有趣的声音，用曲线画出你看到的有趣的事情。开始。（教师巡视）有的同学学习习惯非常好，画直线马上拿出了尺子。注意，要把句子画完整。我们先说一说，你都听到了哪些有趣的声音？

生：晚上，可以到田边听青蛙的赛歌会，看萤火虫提着灯笼在草丛中游行。

师：那是看到的，现在先来说听到的，听青蛙的赛歌会，还听到什么有趣的声音啊？

生：听知了悠长的鸣叫。

师：听到知了在叫。看到哪些有趣的事情呢？

生：看萤火虫提着灯笼在草丛中游行。

师：这是看到的。

生：看点点光影在地上闪耀。

师：听了这么多，看了这么多。说说吧，你觉着哪个最有趣？

生：我觉得听知了悠长的鸣叫最有趣。

师：为什么呢？

生：因为知了在夏天都会叫，我就喜欢听知了叫。

师：它们在叫的时候，仿佛在跟我们说些什么呀？

生：仿佛跟我们说："夏天到了，多美丽啊！"

师：它在告诉我们夏天到了，可真美！

生：知了还好像在跟我们说："热死了，热死了！最难熬的时候到了！"

师：你看，不同的角度，不同的知了，说出不同的话来。去听听它们都在说些什么就是件有趣的事情。你还觉得哪个最有趣啊？

生：我觉得是可以到田边去听青蛙的赛歌会。

师：为什么你觉得这个有趣啊？

生：因为把动物比成了人。

师：这几天中央电视台正在进行青年歌手大奖赛，没想到青蛙也在那儿举行赛歌会呢，确实挺有意思！

生：我喜欢看萤火虫提着灯笼在草丛中游行。因为第一是把动物比成了人；第二是萤火虫的尾巴上是会发光的，就想象成提着灯笼了。

师：想象力非常丰富，你觉得很喜欢。想想看，在举行啤酒节的时候，在欢度嘉年华的时候，我们都会举行游行活动。萤火虫也在游行呢，它们在过什么节啊？

生：萤火虫节。

师：自己给自己过节，有意思。

生：我觉得"看点点光影在地上闪耀"最有趣。太阳不是会转吗，而且光影也不是固定在一个地方的，一会儿到这儿，一会儿到那儿，看得你晕头转向，特别好玩。

师：把自己都要转晕了，它觉得很有意思。那你看到光影在闪耀，你好像看到了什么？

生：我好像看到了星星落在地上，一闪一闪的，很美丽。

师：挺奇妙的，是吧！还有知了会说话，青蛙在赛歌，萤火虫在游行，可真够有意思的。我们一起来听听这次青蛙大赛冠军歌手的参赛曲目，怎么样？

生：好！

师：演出开始了！请听！（播放模拟青蛙声音演唱的歌曲《嘻唰唰》）
（学生边笑，边随明快的节奏晃动着身体）

师：刚才在听青蛙冠军歌手演唱时，我发现同学在笑，笑什么呢？

生：青蛙在唱《嘻唰唰》。（生笑）

师：我们特别熟悉的一首歌，是我们流行歌手演唱的，没想到青蛙冠军也选了这首歌。你能把我们刚才感受到的有趣读出来吗？谁来试试？

生："夏天是有趣的。白天，可以在浓浓的树荫下，听知了悠长的鸣叫，看点点光影在地上闪耀。晚上，可以到田边听青蛙的赛歌会，看萤火虫提着灯笼在草丛中游行。"

师：你觉得她读得怎么样？

生：我觉得她读得很好。

师：好在哪？

生：有感情。

师：什么感情读出来了？你觉得这段应该读出什么样子来？这段写的所有的小动物，我们感受到都非常的——

生：有趣。

师：那我们该把有趣的样子读出来。她觉得这位同学读得挺好，挺有趣的，想比她读得还好吗？

生：想。

师：老师告诉你一个读得比她还要好的秘诀，就是你一边读一边去想象当时的画面。知了在说话，青蛙在唱歌，萤火虫在游行，多热闹、多有意思啊！边读边想象，读得还会更有趣。谁愿意再来试一试？

生：（感情朗读）

师：看来夏天确实是小动物们非常喜爱的季节。你在夏天什么时间、什么地点、又听到什么有趣的声音？或者是看到什么有趣的事情呢？快来说一说啊！

生：星期天的时候，我在山上看见有蚂蚱在草丛里跳来跳去。

师：它好像在那里干什么？

生：在比赛跳远。

师：哦，蚂蚱在开运动会。挺有意思！你呢？

生：今天，我在外面看到一大堆蜻蜓在飞，好像在进行捉蚊比赛。

师：还真有意思！还有呢？

生：上个暑假，我在姥姥家看见玉米田里有一些金龟子在啃玉米，好像在比赛谁吃得最多。

师：我们青岛的啤酒节有喝啤酒比赛，他们在那儿进行吃饭比赛呢，看谁的饭量最大。这种有趣的景象得到农村去看。

生：前几天，我在院子里看到蚯蚓们在玩钻土游戏。

师：同学们观察得很仔细，说了许多看到的有趣事情。有听到有趣声音的吗？

生：今天早晨，我在我们家的旁边听到小鸟在叽叽喳喳地唱歌。

生：星期天，我在山上听到蛐蛐儿在叫，好像说："快来玩儿啊！"

师：也很有趣！同学们，看来夏天的有趣也给我们留下了非常深刻的印象。我们再去感受夏天的哪个特点？

生：悠闲。

师：想去感受悠闲，好！长长的假期已经来了，让我们悠闲地做点什么吧！杨老师来读课文，同学们来表演你在假期做的事情，我们来合作怎么样？

生：好！

师："夏天是悠闲的。我们扛着渔竿去钓鱼……"

（学生纷纷表演扛着渔竿去钓鱼的情景）

师：停，停！我发现有的同学没扛渔竿就去钓鱼了，这好像是不太合实际的。

我们再来一遍。"夏天是悠闲的。我们扛着渔竿去钓鱼……"

（学生此时进入到表演状态，随着情景描述，表演扛起渔竿的样子）

师：好嘛，渔竿是扛着了，有的同学的表演，让人觉得不是扛着渔竿去钓鱼，
而是扛着枪去战场呢！夏天是悠闲的！要悠闲地做这些事情！再来！"夏天
是悠闲的。我们扛着渔竿去钓鱼，提着水桶去捉虾，背着救生圈去游泳。
还可以自制冰激凌，学做美味的凉拌佳肴。或者白天躺在竹椅上读书，夜
晚望着星空畅想。"

（学生十分投入地进行着情境表演）

师：在悠闲的夏日里，你还会做些什么呢？嘘，不要说，你做动作，我们猜。

生1：（做吃东西的动作）

生2：吃冰糕？

师：你在吃冰糕，对吗？

生1：（摇头）

生2：吃冰淇淋？

生1：（点头）

师：看来这会儿猜对了，你觉得冰淇淋比冰糕更好吃，是吗？谁愿意再来做动
作让我们猜啊？

生4：（做扇扇子的动作）

生2：他在扇扇子？

师：动词用得很准，对吗？

生4：对。

师：一下子就猜对了！再来。

生5：（做打蚊子的动作）

师：他在干吗？

生2：打蚊子。

师：对吗？

生5：（点头）

师：这位同学特别可爱，只有把家里的蚊子"啪啪啪"地打完，消灭光，大家
才能更悠闲地做喜欢做的事情，真好！同学们，刚才我们很开心地感受到

了夏天的悠闲，可是同学们总是不愿意提及夏天的炎热。我们班有特别怕热的同学吗？

生：有。

师：能说说自己热的时候的感受吗？

生：热得都睁不开眼。

师：这种感受真是很少有。

生：热得一天吃五支冰糕。

师：可得注意你的胃。天太热的时候，你身上有什么感觉啊？

生：满脸全是汗，眼睛都睁不开了。

师：哦，我知道那位同学为什么眼睛都睁不开了，因为汗"噼里啪啦"往下滚，弄得眼睛都睁不开了。

生：浑身上下黏糊糊的，很难受。

师：我们来看这个句子，（课件出示）自己读读。

（生自由读"火辣辣的太阳高高地挂在空中，把热尽情地洒向大地"）

师：你觉得从这个句子中哪儿能感受到夏天很热？

生：火辣辣的太阳。

师：从这儿让人感到夏天很热。大家看，（课件出示骄阳似火的画面）你能读出这种火辣辣的感觉吗？谁来试试？

生："火辣辣的太阳高高地挂在空中，把热尽情地洒向大地。"

师：（将课件出示句子中的"火辣辣"变化为两根辣椒的图像）看看几根辣椒？

生：两根。

师：如果一根辣椒是微辣的话，那两根辣椒是——

生：超辣。

师：谁能把这超级辣的感觉读出来？

生："火辣辣的太阳高高地挂在空中，把热尽情地洒向大地。"

师：一根半辣椒的辣度。火辣辣的太阳！谁能读出两根，甚至是三根、四根辣椒那种超级辣的感觉？

生：火辣辣的太阳——高高——高高的……（学生读得有些不流畅）

师：看看，辣得都读不下去了！没关系，再来一遍！

生："火辣辣的太阳高高地挂在空中，把热尽情地（di）洒向大地。"

师：是"尽情地（de）"，注意读音，再辣也要把音读准。同学们，大家想象一下，这时候的人们会在哪里？

生：会在海里游泳。

师：好，热会尽情地洒向海面，（课件画面中太阳射出一束火红的光芒）人们还会在哪里？

生：还会在家里。

师：躲在家里。热尽情地洒在屋顶上，热气从门缝里往里钻，（课件画面中太阳又射出一束火红的光芒）人们还会在哪里？

生：还会在树荫下。

师：热通过树荫的缝隙洒向大地。（太阳射出的火红光芒越来越强烈，将要充斥整个画面）我发现同学们都在躲着，一热起来就躲水里、树荫下、家里，还得正常的工作、生活、学习啊，来上学的时候你都是躲着来的？人们还会在哪里？

生：躲在……

师：人们会在哪里？别光躲去了！

生：会在空调房间。

师：哦，还会躲在那儿。但要注意，吹空调多了，对身体不好。

生：人们会在冰糕店里。

师：还躲在那儿吃冰糕呢！你爸爸妈妈需要上班吧，他们要在马路上走啊，那还有可能在哪里？

生：人们还可能在公园里。

生：人们还可能在沙滩上玩沙滩排球。

生：人们在工地上干活。

师：我们的太阳太热情了，它把热尽情地洒向大地。（强烈的太阳光充满整个画面）谁能把这句话再来读一读？

生："火辣辣的太阳高高地挂在空中，把热尽情地洒向大地。"

师：所以说，书中用了这样一个词，就是——

生：炎热。

师：谁来说说"炎"这个字怎么记？

生：因为太阳是很热的，所以是两个火。

师：哦，一把火不够，上面一把火，下面再来一把火，确实是够热的了。谁愿意把这两个句子完整地读一读？

生："夏天是炎热的。火辣辣的太阳高高地挂在空中，把热尽情地洒向大地。"

师：夏天都这么热了，你还喜欢夏天吗？

生：喜欢！

师：为什么还喜欢啊？

生：因为夏天可以游泳，还可以吃冰糕，还可以穿裙子，所以我还是很喜欢夏天。

师：联系下文，提到了我们悠闲的生活。

生：因为夏天不光是这一个特点，还有多彩的、有趣的、迷人的。

师：对，你也是联系下文。同学们，不要急，再来读一读第一段，写夏天炎热的段落，看看从这一段里能找到喜欢的理由吗？

生：我们不必穿着厚厚的衣服，显得笨手笨脚。

师：是的，不用穿厚衣服了。还有吗？

生：也不必为大风沙烦恼。

师：没有大风沙来吹我们了。

生：如果下起雨来，就在小雨中奔跑，洗一个痛快的凉水澡。

师：那是多么爽快的感觉啊！所以说，我们从不同的角度去感受，体验是不一样的，原来热也自有热的乐趣。刚才我们一起感受了夏天的炎热、多彩、有趣和悠闲，你觉得夏天是怎样的呢？

生：我觉得是美丽的夏天。

生：我觉得是多彩的夏天，当然那个多彩好像应该加个引号。

师：为什么要把多彩加上引号呢？

生：因为它不仅是颜色多彩，还是更多的多彩。

师：是什么呢？不仅是颜色的多彩，还指什么的多姿多彩呢？

生：人们吃的东西也有多彩的，人们穿的衣服也有多彩的，人们用的东西也有多彩的。

师：对，也就是说我们的生活也是多姿多彩的。同学们，快看，你看到了什么？

（课件展示配乐画面）

生：小鸟。

师：是小鸟，渐渐长大的小鸟要展翅飞翔了！

生：果实。

师：对，果园里的果子慢慢地长大了！

生：麦子。

师：这是稻田。稻田里的稻子抽穗儿了，稻粒逐渐地饱满起来！快瞧，这是什么？认出来了吗？

生：我们。

师：对啊，这是我们班同学的合影。经过了夏天，你们就要升入三年级了！孩子们，所以说，一切都在夏天里走向成熟。夏天的景物是绚丽多彩的，夏天的生活也是丰富多彩的，所以它是令人着迷的季节！（补充板书）其实，只要我们用眼去细细地观察，用心去好好地欣赏，无论春夏秋冬，每个季节都是迷人的，不管刮风下雨，每天的生活都是美好的！下课！

生：起立！

师：同学们再见！

生：老师再见！

《多彩的夏天》互动研讨实录

研讨背景：

2006 年 7 月，由北京师范大学教育学院、北京东方北师教育培训中心主办，《人民教育》杂志社、《小学语文教学通讯》杂志社、山东小语会等单位协办的"小学语文课堂教学实践与反思菁英论坛"在海滨城市青岛隆重举行。会上，山东省特级教师杨屹提出语文的"情趣教学"主张，并以其教育理念执教了观摩课《多彩的夏天》。课后，吴琳老师与特约嘉宾及来自全国各地的千余名听课教师，进行了一小时现场互动研讨。

嘉宾简介：

张　华：华东师范大学课程与教学研究所博士生导师、教授

李家栋：山东省小语会理事长

研讨实录：

吴　琳：记得 15 年前我来青岛观摩全国阅读教学大赛活动，当时对杨屹老师的课印象最深，她上的是一节低年级的课《要下雨了》，这堂课在那次活动中获得了全国阅读教学大赛一等奖。印象最深的是杨老师在与小朋友交流的过程中随手画出很多精彩的简笔画，什么池塘啊、鲤鱼啊，她三笔两笔，一蹴而就，我记得当时的这节课对老师们的影响是很大的。大赛之后，很多地区都组织老师们练习简笔画，还要求低年级的板书要图文并茂。可见，杨屹老师对当时低年级语文教学的影响。十几年过去了，今天我们又一次聆听杨老师上课，不光是她的简笔画让我们觉得情趣盎然，她制作的课件、组织教学的过程也都饶有情趣，使学生在愉悦的活动中学到知识。十几年来，杨老师不断探索，逐渐形成了以读、说、画、演为特色的教学风格。今天她执教的《多彩的夏天》，是专门为本次研讨活动准备的新课，今天是第一次公开献给大家。首先，让我们对杨屹老师表示感谢。

接下来，有请今天前来听课的两位特约嘉宾，也就是我们的教育专家张华先生和李家栋先生谈一谈自己的听课感受。

张　华：尊敬的主持人吴琳老师，上课的杨屹老师，台下的成尚荣老师以及我身边的家栋老师，还有台下远道而来的老师们，你们好！今天能够来到青岛，欣赏这么好的课，这么好的老师和学生，欣赏到这么美丽的风景，我真的非常高兴。原以为青岛只是山水醉人，没想到青岛的啤酒也是醉人的。（众笑）因为昨天来得很晚，和大家喝了两杯，所以今天上午是在晕晕的醉意中欣赏了杨老师的课。（众笑）尽管如此，我还是很认真地在领会和理解。

所以，我脑子里一直在思考着两个问题，一个是"有趣"；另一个是"有趣最核心的东西"是什么？

有趣和有道德的追求、有创造地追求，它们之间到底是什么关系？我觉得真正有趣的、精彩的人生，或者有情趣的人生、有情趣的教学，恐怕有两个东西是不能少的，一个是创造性；一个是道德性（德性）。要把创造性和道德性变成一个整体，

让人充满着爱心地、负责任地生活，同时这个生活又是富有创造性的，这样的东西是不是对"情趣教学"的内涵的理解能更深化一点？这是我对杨老师"情趣教学"发表的一些我个人的看法。

说到杨老师的课，我有两点印象深刻。

第一，泰戈尔在诗中说"儿童那个地方，有着成堆的金子和珍珠"。我把这成堆的金子和珍珠理解为儿童自己的思想和美好的体验。杨老师的课总是试图将任何一个词汇、一个其他的教学内容和学生自己的思想和体验结合起来。这种结合，使她的教学充满情趣，情趣不是你从外面找一个动画片，找一段音乐，而是让学习者自己的思想和情感与外部的内容融合成一个整体。在这一点上，杨屹老师做得非常之好，给我留下了深刻印象。

第二，人一辈子离不开阅读，人的一生应是一个阅读的人生。阅读是什么呢？用杨屹老师的观点来说，就是透过词汇展开想象。课堂上学生说，原来我们对夏天不大喜欢，听同学们讲了什么五彩缤纷呀这些词语之后，我又开始喜欢夏天了。这是为什么呢？因为在阅读中，这几个词汇帮助学生揭开了夏天对他的意义。本来生活在夏天里对夏天并没有什么反思，但读了课文之后，经过思考，觉得夏天这么有趣，这么有意思，很有意义，于是季节就有了意义，人生就有了意义。所以，杨老师通过阅读展开想象，或是用她的话说，通过词汇展开想象的这种做法和理念，给我留下深刻的印象。

吴　琳：下面，我们请李家栋老师谈一谈他个人的听课感受。

李家栋：首先感谢大会组委会给予我这样一个机会，和老师交流。也感谢杨屹老师做了研究课，让我学习。我是做教研工作的，教研工作有教研工作的特点，我下面发言的内容，希望大家能与我一起思考。

杨屹老师提出来的"情趣教学"也好，"情趣理论"也好，"情趣思想"也好，我的认识是，这既是杨老师对教育的一种追求，用她的语文教育去培养有情趣的人，同时也是提高语文教学效率的一个途径和措施。

今天杨老师的课关注的是学生的发展，关注的是学生语文素养的全面提高。老师们可以回忆一下我们刚刚听过的这堂课《多彩的夏天》，在学习第二自然段的时候，一个小姑娘的发言让我们心中为之一颤，非常受鼓舞。她说原来不喜欢夏天，现在开始喜欢了。为什么呢？就是因为她在老师的引领下真正读懂了文本，不仅开始热爱夏天，也开始热爱生活了。在这堂课上，关于知识的学习，学生经历了由不会到会的过程；关于学习方法，我们感受到了学生由不会学到会学的过程；关于思想认识，我们也感受到了学生的认识和情感是在由浅入深、由弱到强地变化着的。

这种"情趣教学"确实在促进学生和文本去积极地对话。"对话"也是《语文课程标准》里面提出来的。那么，怎样引导学生去对话，老师们想了许多办法。就我的观摩而言，在我所听的课里面，老师们经常采用的办法是检查、提问，是试图去对话，但并不是真正意义的"对话"，没有达到"对话"的效果。今天杨老师的这堂课，精心地设计，精心地思考，如第四自然段，夏天也是悠闲的，这样一段文字，老师采用了这样一个方法，（师读，让学生表演一下悠闲的事情，学生一边听读，一边做着吃冰激凌、扇扇子、拍蚊子等悠闲的动作）学生很快就走进文本了，都读懂了。而且小朋友是全体参与，老师有情趣地读，学生悠闲地表演，学生在笑声中走进了文本。这些措施和方式都非常巧妙，学生在不知不觉中，在有趣的读书中，就走进了文本，读懂了文本。

以上是我听了这堂课的一些思考。

吴　琳： 在听杨老师上课的过程中，老师们一定都注意到了一些有情趣的教学环节。比如，在教生字的时候，杨老师给小朋友讲解"酒"字和"洒"字的区别，她信手画出了一幅简笔画，以字理为依据，让学生轻轻松松地就记住了这两个字。

杨老师让学生读"夏天的多彩"这一段时，她让学生画出描写颜色的词，在反馈时，学生说到这些词语，她就在课件中把这些词语染成相应的颜色，因此，当她问学生描写夏天还可以用哪些词的时候，学生自然就说到了"五颜六色""多姿多彩""万紫千红""五彩缤纷"等词语，最后，当杨老师问到学生想对多彩的夏天说点儿什么的时候，有一个可爱的小女孩站起来说："以前我没有发现夏天还有这么多的色彩，现在看到这么多的成语，学了课文以后，我更喜欢夏天了。"

我们看到，这样的处理确实对学生的发展起到了积极的作用。刚才张教授在发言的时候说到，情趣绝对不是一种表面上的快乐，学生在学习语文中，能够真正感受到学习语文的幸福才是情趣教学的本质。家栋老师也讲到，今天的这堂课非常关注学生的发展，孩子们是通过这些愉悦的学习过程，体会到了语文学习的乐趣和幸福，从而爱上语文学习的。

我听说，在杨老师的班上，学生学习语文的兴趣是非常浓厚的，而且这种兴趣还延伸到了课外，很多学生在报纸杂志上发表过自己的习作。能否请杨老师就这堂课谈一谈教学方法与培养学生语文学习兴趣的关系？

杨　屹：好的，我就先从这堂课谈起吧。课前，我向老师们介绍了自己"情趣教学"的思想，刚才通过具体的课例，期待和老师们做进一步的交流。《多彩的夏天》这篇课文，是展示夏天风采的一篇文章，季节和学生的生活是息息相关的。现在又正值夏季，所以我选择了这样一篇课文来做观摩课。教学中，我想通过抓住季节的特点，来引导学生品味语言、感悟生活。

例如第一段，我先让学生联系实际感悟夏热。再采用诸如字形变化、课件演示、启发想象等多种方法感悟夏热。随之我抓住"炎热"的"炎"字，分析字理体悟夏热。最后是换位思考喜夏热，让孩子们说一说，你还喜欢夏天吗？让学生有理有据地表达他对夏天的喜爱之情。

在整个教学中，教学方法都是为了让学生透过文本知识引发情感的升华，最终达到知情意的和谐统一。方法的选择是为了三维目标的达成而服务的，不是为了热闹和花样的翻新而用的。

学生不是一进课堂就充满兴趣的，而是通过学习产生浓厚的兴趣，并带着可持续发展的推动力走出课堂，到更广阔的大课堂里去读、去思、去发展。

吴　琳：老师们，在杨老师执教的课文里面有这样一句话，"一切都在夏天里走向成熟"。我想，在语文教学探索的路上，或许我们还不够成熟，但是我们却用自己的真诚与执着，向着语文教育的理想迈进，我们在这个多彩的夏日里走向成熟。

九、如何有效地运用情趣教学策略，使课堂充满活力

——《一双手》课例研讨

[课文]

我握过的手多得不计其数，但均不曾留下太深的印象。

1988年5月份，小兴安岭上的雪化净了，树木睁开了惺忪的睡眼，林区人肩镐上山造林了。

　　我去岭丘的乌马河林业局采访。在林场我握过一只手，我敢说，今后不论在什么地方，只要再握到它，就能马上说出。那是张迎善的手。我们见面和素常采访一样，礼节性地先握手。在两只手握到一起的一瞬间，我惊讶了：我握的是手吗？活像是半截老松木！我本能地想抽回手来，可是没能得逞。那只有力的大手把我的手紧紧地裹住了。

　　我低下头去查看。翻过来看手心，掉过去看手背。

　　整只手呈木色，手的纹络深、粗，染着黑土色。很明显，为了这次见面、握手，他事先用肥皂把这双手认真地洗过了。

　　掌面像鼓皮一样硬，老茧布满每个角落，手指肥圆。一个手指似三节老干蘑。

　　左手大拇指没有指甲，长过指甲的地方，刻着四条形成上下两个"人"字形的黑且深的裂纹，手指各个关节都缠着线，线染成了泥色。

　　"指关节缠线做什么？"我问。

　　"治手裂。"张迎善说。

　　"手裂贴胶布涂手油多好？"

　　"栽树是手活。穴里的草根根、石块块得用手拣出来。保证苗苗不窝根，得用手拔苗根送进土里。栽一棵苗，手得往土里插三四次。贴胶布涂手油不管用。"

　　"你一天能栽多少棵树？"

　　"一千多棵。"

　　一天能栽一千多棵树！那么，他的手一天得往土里插三四千次！十天、二十天呢？……这双手亏得是肉长的，若是铁铸的，怕也磨光、磨透了。

　　"你等着。"我边说边去里屋取来米尺。

　　我出来时，他仍在那儿伸着手。

　　我丈量土地似的量起他的手来：长24厘米，宽10厘米，厚2.5厘米。这是我今生今世见到的天下第一号大手。

　　量完，我用自己的手在他的手掌上"哗哗"搓了几个来回。我的手火燎燎地痛，看看，红了。他的手仍呈木色。

　　林业局工会一位负责同志向我介绍说："这双手已经栽树26万多棵。仅1981年至1985年就造林33垧，改造迹地林和次生林44.5垧。这双手生产木材1300立方米，枝丫3500层积立方米。这双手让这位32岁的年轻林业工人，成为伊春林区最年轻的育林功臣，荣获全国'五一'劳动奖章。这双手栽的树，使小兴安岭上的西北岔河水，由浑变清。这是一双创建绿色宝库的手。"

看着这双手，我看到了一山山翠绿的森林……

教学设计：

《一双手》是北师大版教材第八册四单元的一篇课文，文章通过对林业工人"全国五一劳动奖章"获得者张迎善一双奇手的细节描写，透射出这位普通劳动者为绿化祖国，为大家的幸福甘愿奉献的高尚情怀。课文两次对手做了特写：

第一处：5～7自然段，作者从颜色、纹络、掌面、手指、左手、关节等几个方面进行了细节描写，并多次运用了比喻句："掌面像鼓皮一样硬""一个手指好似三节老干蘑"这些打比方的句子，凸显了这双手的与众不同。

第二处：17自然段："我丈量土地似的量起他的手来：长24厘米，宽10厘米，厚2.5厘米，这是我今生见到的天下第一号大手。"这里通过数字描写的方法让人感受到这双手是天下第一号大手。

这样一双手就在作者浓墨重彩之下像特写镜头一样展示在读者面前，透过这双手我们看到的是张迎善这位普通劳动者甘心奉献的高尚情怀和造福人们的美好愿望。

学情简析：

学生们思维活跃，个性鲜明，敢于质疑，乐于探究。他们喜欢也有能力运用已有的读书方法（抓住关键词句、联系上下文、结合生活体验等）进行自主阅读，并能初步把握文章的主要内容，体会文章表达的思想感情。孩子们期待着课堂上的智慧碰撞、自我展示，更向往着挑战的乐趣、知情的收获。

教学目标：

1. 学会本课生字，能正确流利有感情地朗读课文。

2. 了解张迎善一双手的特点，探讨这双手形成的原因，从而感受张迎善甘愿奉献的高尚情怀和造福大家的美好心灵。

3. 学习抓住关键词句、联系上下文、结合生活经验理解文章的阅读方法。体会数字说明的好处，认识以小见大，借手写人的写作手法。

重点难点：

文章两次对手做了特写，分别从颜色、纹络、掌面、手指、左手、关节等几个方面进行了细节描写，并多次运用了打比方和数字描写的方法凸显了这双手的与众不同。而这双手所透射出的是一位平凡又不平凡的林业工人甘心奉献、造福大家的美好心灵。所以了解这双手的特点，在探讨形成原因的过程中，感受张迎善的美好心灵应该是学习的重点和难点。

教学策略：

直观感受——拿按照张迎善手的尺寸塑成的手和学生的手进行比较，使学生对手大的特点有更直接形象的体会。

引入计算——学生通过自己算出来的一串串的数字，了解这双手与众不同的成因，感受张迎善辛勤的付出，使孩子们对手、对人的情感层层深入。

课件创境——运用多媒体将学生再次带入文本情境，使学生在联想中，情感得到升华，与作者产生共鸣，深刻的感受张迎善甘心奉献、造福大家的美好心灵。

教学过程：

（一）课前活动——猜手诱趣

1. 人人都有一双手，可他们绝对不会是相同的，老师这儿有四双手的具体描写，猜猜他们的主人是谁好不好？（出示相关的句子，鼓励学生积极参与，通过评价调动学生的学习兴趣）

2. 这四双手大家一下子就猜对了，有什么秘诀？（学生回忆活动过程，总结抓关键词句的阅读方法）

3. 小结：不同的年龄、不同的经历使每双手各有特点。今天我们学习的课文也是一双手。想了解他吗？（板书课题）

（二）初读感知，直奔重点

1. 把预习时发现读不准的，读不好的生字说出来，提醒大家注意。

2. 轻声读读课文，注意读准字音，读通句子，把具体描写这双手的句子用线画下来。

3. 把关于这双手的具体描写和大家交流。

（三）品读感悟，层层深入

1. 形象感知，联系生活，从外观的角度了解手。

（1）（出示学生画出的具体描写）把这些具体描写多读几遍，想一想这是一双怎样的手？你是从哪里知道的？（鼓励学生运用不同的阅读方式，例抓关键词句、结合

生活经验、联系上下文、角色转换、比较等大胆地谈出自己对这双手的初步感受）

（学生可能从不同的方面谈认识和感受，他们可能会说是一双布满伤痕的手，与众不同的手，木色的手，不可思议的手等，教师要鼓励学生谈出自己独特的体验并给予肯定。当学生谈到大、硬、粗的特点时，教师要根据具体情况，通过下面的方式方法给以引导）

（2）比手感知——大。

出示句子：我丈量土地似的量起他的手来：长24厘米，宽10厘米，厚2.5厘米，这是我今生见到的天下第一号大手。

①方法指导：抓住具体数字可以帮助我们理解课文。

②展示按照这个尺寸塑的一只手，先组织学生比一比，然后老师也来比。

（板书：大）

③指导学生根据自己的感受读一读。

（3）生活感悟——硬、粗。

出示句子：掌面像鼓皮一样硬，老茧布满每个角落，手指肥圆。一个手指好似三节老干蘑。

（板书：硬、粗）

①方法指导：这里运用了打比方的手法，把掌面比作_____，把手指比作_____。

②生活中你见过鼓皮和干蘑吧，是怎样的？你从中体会到什么了？（联系已有经验进一步体会出手的硬和粗）

③结合自己的体会进行有感情的朗读。

④出示词语"老茧"：指读。什么是老茧？见过谁长老茧？张迎善的手不仅磨出了老茧，而且布满每个角落。（学生通过对关键词"老茧"的理解，并拿生活中见到的长老茧的人的手和张迎善布满老茧的手比较，更深层地体会这双手到底坚硬和粗糙到什么程度）

⑤结合此时的体会再来读。

（4）小结：对这双手大家已经有了初步的认识，面对这样一双与众不同的手，你想说点什么？（学生们可以结合自己的认识，谈独到的感受，阐发议论，说自己的猜测，讲引发的思考，提不解的问题等）

　　学生可能会谈：这是一双令人敬佩的手；可能会猜：这双手一定干了很多活；可能会问：张迎善的手为什么会成为这样呢？等等，教师可以通过"张迎善的手到底干了些什么，让这位同学如此敬佩？"或"张迎善的手为什么会成这样呢？"等问题，请学生默读课文，自主学习。

　　（5）把你的想法说给小组的同学听，一个同学讲，其他成员要注意倾听，然后一起讨论，总结出一个大家认为最准确、最全面的答案。（学生在合作学习的过程中互相补充，互相完善，寻求准确、全面的答案）

　　（6）组织交流，及时评价。

　　2. 引入计算，关注数字，从价值的角度佩服手。

　　（1）计算启情。我们一起来为张迎善算一算，栽一棵树手往土里插——就算三次吧，一天栽一千棵，这双手往土里插多少次？十天这双手往土里插多少次？二十天呢？张迎善一共栽了多少棵树？这双手又往土里插了多少次呀？（780000万次）。

　　（把数学课的内容引进来，使学生在一次次计算的过程中，在得出的一串串数字的结论中，真正地感触到：这么多次呀，怪不得这双手会布满老茧，怪不得这双手会坚硬、粗糙得像鼓皮，像干蘑。从而体悟张迎善的勤劳、奉献、了不起等）

　　（2）圈数促情。课文中还有哪些数字给你留下了深刻的印象？把它圈出来，大声地说一说。

　　设计意图：课文中出现了 33 垧、44.5 垧、1300 立方米、3500 层积立方米这些生活中不常见的数字和单位，站在孩子的角度上想一想，他们认识起来是有障碍的。为了让作者的生活、主人公张迎善的生活和学生的生活进行多层面的接触，这里通过联系他们天天见的教学楼、学校，使这些数字具体化，从而帮助学生有真实、立体的认识。

　　①咱们学校占地 13 亩，这 33 垧有 38 个学校那么大，44.5 垧，就相当于 50 个学校这么大。

　　②把张迎善生产的 1300 立方米的木材，放在咱们的教学楼里，要盖 400 层。

　　（3）过渡：看呀，就是这双手，和土壤的几十万次接触，创造了如此这般的财富。静下心来再想想，难道这双手所付出的，所创造的就仅仅是这些吗？

　　（学生通过联系上下文和抓关关键词的方法，了解这 26 万棵树只是张迎善在 1988 年以前栽下的，这些木材、林场、枝丫只是 1981 年到 1985 年之间完成的，也

就是说如果张迎善今天仍然在工作的话，他付出的、创造的将不仅仅是这些，从而感悟张迎善的可贵和伟大）

（4）看看这些数字，再想想这双手，你又想说些什么？

（怎么想的就怎么说，鼓励学生说出自己独特的感受，并请他们来板书）

（5）拓展丰情。林业局负责人说：这是一双创建绿色金库的手。什么是金库？绿色的金库指什么？为什么说森林就是绿色的金库？

小结：这大森林啊，的的确确是绿色的金库，而这金库的创造者就有张迎善，就有张迎善的这双手。让我们再来重温这双手的具体描写好吗？有感情地读一读。

（四）借助课件，引发想象，从情感的角度赞美手，赞美人

1. 课件燃情。（出示树木渐渐连成林场、又连成一山山森林的课件，在音乐的渲染下教师语言描述）大家看，就是这双神奇的手，栽下了一株株树木；就是这双神奇的手，育成了一片片林场；就是这双神奇的手，连起了一山山的森林。

2. 联想升情——作者说：看着这双手我看到了一山山翠绿的森林，看着这双手，你看到了什么？

（此时透过这双手学生看到的已经不仅仅是手了；可能是一车车的木材；可能是一弯弯的清泉；可能是一群群的小动物，也可能是张迎善以及和张迎善一样的劳动者美好的心灵，幸福的笑脸……）

小结：张迎善，一个平凡的林业工人，用这双普通却又不普通的手，创造着不平凡的财富。

（五）作业

其实在我们的身边还有许许多多这样普通而又不普通的手，不怕风寒清洁工人的手，传递知识老师的手，勤劳能干爸爸的手，温暖细腻妈妈的手，还有你们，稚嫩灵巧的手等，课后请你仔细观察，试着把它写一写。

板书：

硬　　美丽　1天　3000次　26万多棵

粗　　一双手　创造财富　10天　300000次　33垧　44.5垧

木色　了不起　20天　600000次　1300立方米

大　　奇　26万棵　780000次　3500层积立方米

与众不同　创建绿色金库

教学研讨：

主持人：杨国青

参加人员：徐慧颖、于冰、邱皓琨、胡春玲、潘玮、刘倩、张春荣、刘佳佳

研讨过程：

主持人：各位老师：大家好！今天我们的语文教研活动轮到我来主持。相信大家和我一样，对参加每两周一次的同伴互助式主题教研活动已经迫不及待了。

老师们，随着新一轮课程改革向纵深发展，我们越来越清晰地认识到，传统的课堂教学观，根本的缺陷在于把教学从整体的生命活动中抽象、隔离出来，丧失了生命的活力。而"情趣教学"这一品牌课题的拓展实施，促使我们用动态生成的观念，重新、全面地认识课堂教学，关注学生的学习体验，让学习过程进入认知与情意和谐统一的轨道，使语文课堂重新焕发出生命活力。杨屹校长在多年的教学实践基础上总结、提升，初步构建起了"情趣教学"的理论框架。本学期我们在认识情趣教学的内涵、把握其来源、应用其基本模式的基础上，运用情趣教学策略完成成果转化。在此过程中，深感困惑的问题是：如何有效地运用"读、说、画、演"等基本的教学策略，引情激趣，启智陶性，让课堂教学充满活力。

今天我们就围绕"如何有效地运用情趣教学策略，让课堂充满活力"这一主题展开研讨。

感谢徐慧颖老师刚才为我们提供了一节可供研讨的课例，大家可以结合徐慧颖老师执教的《一双手》，也可以联系自己平日里的学习、实践、反思，畅所欲言，各抒己见。请刘佳佳老师注意做好记录。

我们先来说说在刚才的课堂教学中，徐老师是怎样体现情趣教学策略运用的，从现场学生所呈现的状态来看是否有效？

于　冰：我先来谈谈，徐老师在运用情趣教学策略的过程中，我觉得读的手段运用得很突出。我们在集体备课时，都认为这篇课文对四年级的孩子来说，篇幅较长，内涵较深，离学生的生活距离较远。而从今天的课堂看出，徐老师不是面面俱到，而是把握了重点内容，促进学生有效地阅读，徐老师，我认为你这样做是有道理的。

徐慧颖：在研读教材时，我发现这篇文章两次对手做了特写，分别从颜色、纹络、掌面、手指、左手、关节等几个方面进行了细节描写，并多次运用了打比方和

数字描写的方法凸显了这双手的与众不同。这样一双手就在作者的浓墨重彩之下像特写镜头一样展示在读者面前。而这双手所透射出的是一位平凡又不平凡的林业工人甘心奉献、造福大家的美好心灵。我想，如果孩子们对这双手有了认识和体悟，那张迎善这个人物的形象也就自然地立起来了。基于这点考虑，在整体把握文本的基础上，我决定把对这双手的具体描写作为课堂上学生学习的重点内容。

胡春玲：可不可以这样说，学生对文本的理解应该基于教师对教材的理解。看来，阅读教学首先要求教师对文本有独特的解读。

潘　玮：我同意你的观点。把握了重点后，在开课之初，教师让学生通过自读，画出具体描写"这双手"的语句，直奔重点，有意识地将重点内容推到学生注意力的中心，然后再引导学生品味、体悟。正所谓"含英咀华品真味，引咏体悟吸精髓"，这样有重点地读，确实使学生读得有效。

主持人：刚才大家都谈到了有重点地读。我是不是可以这样说：要指导学生有重点地读，必须基于教师对教材的理解。教师要依据教材特点，准确、深刻地理解教材，找准重点的训练点。

新课标强调关注学生个体的理解、体验、感悟。在指导学生对重点内容的阅读过程中，徐老师运用了很多方法的引领。那么，接下来，老师们是不是可以就这些方法的使用谈谈自己的理解和感受。

胡春玲：在感知手的外形时，教师巧妙地运用了多种方法使学生从外观的角度了解了这双手。例如：在比手感知这一环节，教师首先引导学生与文本进行了对话，在学生自读的基础上，教师引导学生运用抓重点词语、具体数字的方法，感知到了手的"大"。此时这种大在学生脑海中只是一种模糊的认识，并没有真正唤醒学生内心的情感体验。此时，徐老师适时地出示了泥塑的手，这里老师还有一个细节处理，老师先和学生比手，又和全班手最大的学生比，最后老师再和泥塑的手比，层层比较，我们可以从课堂的情形看出，学生情不自禁发出惊讶的感叹。

也就是说，老师这一环节的设置是有目的的，而不是盲目的。从课堂效果来看，它很好地引导学生理解了文章内容，调动了学生的直观感受，激发了情感。

潘　玮：文章多处运用了比喻句，如"老干蘑""鼓皮"等，徐老师运用引导学生联系生活实际的方法，设计了诸如"什么是老茧""生活中你见过谁长老茧"等一系列问题，调动了学生已有的生活经验，在学生心中激起了波澜，既渗透了方法的指导，又将有效地读落到了实处。

于　冰：刚才，大家谈到了直观、联系生活实际的方法。不知大家关注了没有，其实，引入计算，关注数字也是本节课的亮点。

张春荣：我赞同。比如在文中的"垧"，一垧是多少？不要说学生，就连我们一看也有些发蒙，而教师在学生课前预习查阅资料初步认识的基础上，引导学生进行计算，使原本与学生很陌生的数字，在与学生生活密切联系之后鲜活了起来，拉近了学生与文本的距离，使学生能够很好地理解文本，理解张迎善这双手所做的贡献，这其实也是在为读服务。

徐慧颖：读书时，我面对这 33 垧、44.5 垧、1300 立方米、3500 层积立方米时，感到很模糊，因为这些单位咱们生活中不常见，作为成人，我们都很难把握，站在孩子的角度上想一想，他们认识起来就更有障碍了。那如何让作者的生活、主人公张迎善的生活和学生的生活进行多层面的接触呢？我就想到了他们天天见的教学楼、学校。这样在孩子的眼里已经不再是这些陌生的 33 垧、44.5 垧、1300 立方米、3500 层积立方米了，而是 38 个学校、50 个学校、400 层教学楼。再来读书时，因为认识真切了，情感丰富了，书读得自然有滋有味了。

于　冰：刚才大家谈了这么多，其实，这堂课运用计算，圈画数字的方法，唤起了学生的生活经验，使学生对这双手的理解、认识更深入了，情感也发生了变化。也就是说，这种方法的指导促进了学生的理解发生了变化，朗读发生了变化。你看，学生先从为读而读，即只是正确、流利地读课文，到对人物有了理解后，体味着读，读得有滋有味。这时，学生的情感随之也发生了变化，教师注重读的过程指导，体现了层次性。

张春荣：还有，徐老师运用信息技术手段辅助教学方面做得也不错。经过前面的教学环节，学生们对手的认识已经从形象感知手大、粗糙等，到圈数计算明了这双手所创造的价值，学生的情感发生了变化，此时教师不失时机地出示课件：小树苗长成大树，大树变成一片树林，树林形成森林、林场……并且发问：看着这双手，你又看到了什么？从而激发和陶冶学生的情感，使之与作者的情感产生共鸣。

潘　玮：小学生正处于由形象思维向抽象思维过渡时期，他们的形象思维占主要地位，正如苏霍姆林斯基所说："儿童是用形象、色彩、声音来思维的。"他们容易感受具体形象的事物，而我们的阅读教学正是要激活学生的形象思维。使概括的东西变成具体形象的东西，把作者的语言转化为活脱脱的生活、人物，在头脑中活动起来，形成"脑海中的画"，甚至在此基础上想象出超乎语言本身的事物时，才有可能触景生情、浮想联翩，才能对词、句有具体的感受，产生语言的形象感，使学生最终真正理解文学形象所蕴含的思想内涵和艺术境界。

张春荣：总之，好钢用在刀刃上。运用电教手段创设情景，就是要把学习的主动权交给学生，让他们主动地学习、主动地感知、主动地领悟，从而达到很好的教学效果。

刘佳佳：刚刚听各位老师谈到了有重点地读，有层次地读，结合徐老师执教的《一双手》一课，我很想谈谈自己的感受。

在我实习期间，曾执教过《军神》一课，在讲课文时，我只是一味地让学生"以读悟情"，让学生体会刘伯承将军的坚强毅力，可是几遍下来学生谈得空洞无物，现在想想如果当初能够让学生抓住课文中的关键部分和关键词语，像"数清刀数、一声不吭、拒绝麻醉剂"等，让学生体会人物的坚强性格和惊人毅力，这样学生会谈得更深。

我对徐老师的数字处理方法也感触很深，如果我能将课文中的做手术用了 3 个多小时，换算为近五节课，这样让学生来体会人物的坚强毅力会更直接更有震撼力。

于　冰：刚才老师们谈到了这节课运用得很多方法，大家说得真热烈，是这些方法的有效使用引起了大家的共鸣。我想咱们不妨回忆一下刚才的课堂，比手感知使学生从外观上了解了手的特点：粗糙的、有力的、很大的。可这些只是表层的、粗浅的认识，于是运用计算、圈数、课内外结合的方法让学生认识到了这双手所创造的价值。孩子的体验更丰富了，再通过课件演示，启发想象使学生真切感受这是一双创造美好家园的手，一双不平凡的手。正像学生回答：创建绿色金库的手、创造财富的手、勤劳的手等。这时学生的认知达到了一定的深度，这就说明学生的认知是由浅及深、层层深入的。

主持人：我觉得这些方法的使用不仅使学生的认知不断深入，在比手引发内心体验；联系生活实际，丰富内心体验；利用多媒体课件，巩固内心体验的过程中，学生的情感也得到了升华。做到了情趣教学所倡导的：认知与情意的统一。这样充满情趣的教学，也使课堂充满了生命的活力。

于　冰：是的，由于种种原因，学生的理解、体验往往不能一步到位。在这种情况下，徐老师不因为强调学生的主体而忘了自己应该是"平等中的首席"，适时地运用多种教学方法、引导学生运用多种学习方法，积极开展"有层次的阅读"。

刘佳佳：太激动了，刚才咱们谈到了有重点地读，有层次地读。我还想说一点，新课标指出：阅读是学生的个性化行为，情趣教学的理念也强调尊重学生的个性体验。

邱皓琨：我们听课时，常看到这样的情形，学生在自读、讨论、交流汇报时，教师们缺乏必要的引导，任由学生自我发挥。有的教师充当了学生课堂活动的捧场人。这样一来学生发言的积极性是有了，但课堂教学的实效性却难以实现。而徐老师首先明确自己的角色地位，是学生学习的组织者、引导者。

刘　倩：当学生在自主学习的过程中走进误区时，教师通过有针对性地评价指导学生，如"抓住具体数字可以帮助我们理解课文"。"我发现这个同学很会学习，一边读书一边思考，还拿着笔对重点词语和关键句子圈圈画画"。还有"读书时遇到不明白的地方，就查工具书，是很好的学习习惯"。"查阅资料，多读课外书，会使我们的知识更丰富"。这样给予一定的提示，加以适当地引导和点拨。学生在教师引导下通过自读自悟，交流升华。

张春荣：在指导学生有感情朗读时，徐老师鼓励学生读出自己的感受。通过"我认为这几个同学不仅声音很美，更重要的是读得很投入，你们的朗读仿佛让我真的看到了一双了不起的粗糙坚硬的大手"。"我听出来了，同学们不仅仅是在读这双手，更是在欣赏它"。这样的评价语言使学生获得了成功的体验，增强了语文学习的情趣。

学生通过各种对话，从生活经验中找到与先前学习相配的直觉经验，在自主阅读中印下了属于自己的独特体验。

张春荣：有一千个读者就有一千个哈姆雷特。学生是个性鲜明的个体，他们的理解能力、朗读水平、感悟能力、感悟角度等也各不相同，我最欣赏本课这么一个教学环节——经过圈数计算学生对张迎善的手有了新的认识：光荣、伟大、创建绿色金库。教师就让学生将自己的感悟写到黑板上，我认为这是对学生富有个性的学习与体验的充分尊重和鼓励。正是这种尊重，我们才会发现孩子智慧的火花，才能静静地听到各种花儿开放的声音，才能欣赏到各种花儿盛开的美姿。

徐慧颖：为孩子提供个性化阅读的空间，鼓励他们通过个性化的阅读方式进行理解，产生个性化体验和感悟并通过个性化的朗读或表达再呈现出来。当然必须建立在准确理解文本的基础上，遵循作者要宣扬的正确价值取向。也就是要尊重，但绝不是放任。

主持人：在今天的教研活动中，我们每位老师结合《一双手》这节课和自己的教学实践、教学研究开诚布公地谈了自己的见解。大家由点到面，将新课程理念和情趣教学理念有机地结合在一起，深入研讨了"如何有效地运用读的策略，引情激趣启智陶性"这一主题。

大家在这些方面达成了共识：教学中要指导学生有重点地读、有层次地读和有个性地读，当然还要注重方法的指导。便能够有效地运用读的手段，激发学生情趣，使学生在阅读中产生独特体验，使课堂充满了生命的活力。

老师们，我们知道情趣教学还有许多策略，有效地运用这些策略可以引情激趣、启智陶性。我们今天对"如何有效地运用情趣教学策略，让课堂充满活力"这一主题的研究只是个开始，下一次我们还将结合情趣教学的其他策略进行研讨。请老师们在平常的学习、工作、实践和反思中注意收集资料，为下一次的教研做好准备。

我们的研究是为了更好地教、更好地促进学生的发展。在本次教研活动结束的时候让我们再来重温崔峦老师的一句话："简简单单教语文，本本分分为学生，扎扎实实求发展。"

十、如何有效地运用"说"的手段引情激趣、启智陶性

——《炮手》课例研讨

[课文]

一百多年前的一个冬日，法国军队向侵入巴黎郊外的德国军队发动攻击。

将军用望远镜仔细地瞭望着河对岸的小村。

"喂，炮手！"将军没有回头，高声叫道。

"是，将军！"一个脸色苍白的士兵应道。

"你看到那座桥了吗？"

"看得很清楚，将军。"

"看到左边的农舍了吗？就在丛林后面，那座红瓦白墙的房子。"

士兵的脸色煞白："我看到了，将军。"

"这是德军的一个驻地，伙计，给它一炮！"

炮手的脸色更加惨白了。这时，裹着大衣的副官们在凛冽的寒风中打颤，可炮手的前额上却滚下了大粒的汗珠。他服从了命令，仔细瞄准目标，开了一炮。

硝烟过后，军官们纷纷拿起望远镜。

"干得好，伙计！这座农舍看来不太结实，它全垮了！"将军连声喝彩，回头兴高采烈地看着炮手。

可是，他吃了一惊：炮手的脸颊上流下了两行热泪。

"你怎么啦，炮手？"将军不解地问。

"请您原谅，将军。"炮手低沉地说，"那是我家的房子。在这个世界上，它是我家仅有的一点财产"。

教材简析：

《炮手》是北师大版教材第六册十单元的一篇文章，课文记叙了一百多年前法国军队中一名普通炮手的感人故事。当时，德国军队已侵入巴黎郊外，当将军发令向德军的驻地——一座红瓦白墙的农舍发炮时，炮手毫不犹豫地执行了命令，而这座房子却是他家仅有的财产。全文以对话为主，人物的外貌、神态描写贯穿全文，所以主人公当时复杂的内心世界被形象地表现出来。

第一自然段交代了故事发生的时间、地点、背景。第二自然段到结尾是故事的全过程，尤其结果出人意料，令人回味无穷。第一自然段的交代很有必要，表明了这是一场正义的、保卫家园的自卫战争，也为后面的情节做了铺垫，巴黎郊外正是炮手自己的家。故事开始写将军向炮手发布命令，他们的对话完全是一个长官与严格执行命令的士兵的简短问答。

本课教学目标的确立源于对文章思想主旨的解析，源于对文章中体现的主要写作特点的把握。一方面，文章情节曲折生动，体现了炮手为了国家、为了人民的利益，默默奉献自我、牺牲自我的精神，作为一篇充溢着人文气息的文章，留给读者印象最深的莫过于炮手那句普通中满带着人性精彩的话语："那是我家的房子，在这个世界上，它是我家仅有的一点财产。"这是一个爱国者对于祖国真挚的爱，这份爱既深沉又凝重。

另一方面，文章讲究语言的艺术美。将人情感的细微变化准确地呈现在读者眼前，炮手的脸色由"苍白"到"煞白"再到"惨白"，又用对比的方法写出当时"裹着大衣的副官们在凛冽的寒风中打颤"，"炮手的前额却滚下了大粒的汗珠"。这些细腻的刻画使一个普通爱国者的形象跃然纸上，立体化、人性化地呈现在读者的眼前。

学情简析：

三年级学生经过几年的语文学习，已具备了初步的阅读理解能力。预习时，学生已能大体知道故事讲了一件什么事，甚至有的学生还能感受到炮手的奉献精神。但是因文章采用了一种白描的写法，再加上学生的实际生活与当时的时空距离远，往往很难理解在士兵神态变化下所隐藏的心理活动，感受他的内心变化与激烈的思想斗争，从而产生共鸣。

教学目标：

1. 认识汉字5个，学会写9个生字。

2. 能有感情地朗读课文，特别是人物间的对话。进一步培养学生的朗读能力。

3. 进一步培养学生的阅读理解能力。培养学生联系上下文理解词语的能力。

4. 通过学习，理解课文内容，体会炮手顾全大局，为了国家、人民的利益，默默奉献自我、牺牲自我的精神。

教学重难点：

1. 抓住表现炮手神态变化的句子以及两处对比描写，体会炮手为了国家、人民的利益，默默奉献自我、牺牲自我的精神。

2. 能体会说话人的心情，有感情地读出对话的语气。

教学策略：

1. 结合教学重点，创设情境，运用情趣教学中"说"的策略，引发学生进行辐射式的自主探究，由炮手神态变化的表层现象深入感受其精神实质，体味炮手复杂的内心世界。

2. 让学生在读文中发现问题，在读文中解决问题，也就是继续运用情趣教学"读"的策略，彰显语文教学人文性与工具性的和谐统一。

课前准备：

1. 学生预习课文，查阅资料，了解时代背景。

2. 教师准备课件、音乐。

教学过程：

（一）结合背景直接导入

1. 同学们，在一百多年前发生了一场战争，通过预习课文，你们知道是哪两个国家在打仗吗？它们是为了什么而打仗？

2. 今天我们就来读一个发生在这场战争中的故事。故事的主人公是一位士兵，我们不知道他的名字，只知道他是一位——炮手，（教师板书课题）齐读课题。

（二）初读课文，整体感知

1. 自由读课文。要求注意读准字音，读通句子。想一想你都了解到了些什么？如果有问题可以用问号标注出来。

2. 分享读书经验。在读书过程中，你认为哪些地方应该注意？（指名交流）

3. 有重点地检查生字的读音。"凛冽"和"黎"作重点指导。"凛冽"可造句，"黎"指导书写。（提示多音字的发音）

4. 读了课文后，你都了解到什么？并提出不懂的问题。教师把有价值的问题板书在黑板上。（学生的问题可能是"炮手知道那是自己的房子，为什么还要瞄准房子开炮？""炮手自己愿意开的炮，为什么还要哭？""将军冷得发抖，可为什么士兵却冒出了汗？""他可以跟将军说一说，不用开炮吗？"等。）简单的或无价值的问题自行解决或课后解决。根据学生问题调整教案，融入教学过程中。注意随时反馈问题。

（三）细读质疑，合作探究

1. 读书贵有疑，有疑我们就会有收获。让我们一起通过学习、探讨解决这些问题。

2. 刚才通过读书我们知道在一个寒冷的冬天，炮手跟随部队来到巴黎郊外。面对自己的家时，他却接受了要炸毁它的任务，他当时会是什么心情呢？请同学们默读课文，用曲线画出描写炮手神态的句子。

（1）指名说句子。

（2）再读读这些句子，你注意到他的神态都发生了哪些变化？

板书：苍白、煞白、惨白

对这三个词，能说说你的理解吗？

（3）为什么会发生这些变化？你体会到了什么？先自己读一读想一想，然后在小组中交流。

全班交流：

苍白——说说他当时是怎样想的。（担心、紧张、祈祷）

煞白——借助家园画面，回忆美好时光。（出示炮手家精巧房屋、幽雅环境的宁静景象）

大家看，这就是将军指的那所房子，这就是炮手的家。在战争爆发前，他和他的家人们在这所房子里生活着。你能想象得出他们每天会过着怎样的生活，他和家人曾经拥有哪些幸福时光吗？

小结：在这座房子里，他们曾经过着多么安宁、温馨、幸福的日子啊，这里有炮手多么美好而难忘的回忆啊。可是现在，将军的目标却指向了它，这时的士兵脸色怎能不变煞白呢。

惨白——听了开炮的命令后，你能感受到他此时的心情吗？他会怎样想？

一炮下去，炸掉的仅仅是一所房子吗？

是的，那里还有他的回忆、梦想与希望。因而我们看到，裹着大衣的副官们在凛冽的寒风中打颤，可炮手的前额上却滚下了大粒的汗珠。

（4）感受到了炮手复杂的心情，我们用朗读把它表现出来。（指导朗读）

正因为这是他仅有的一点财产，也是这个世界上唯一的家，要自己亲手摧毁它，我们从他的神态上，感受到了他种种复杂矛盾的心情，有紧张、难过、伤心、痛苦、不舍，这一切的表现都是因为他对家深深的爱啊。

（5）（出示农舍被炸的画面）炮手明明知道那是自己的房子，是他的全部，却仔细瞄准目标，开了一炮。它全垮了。他为什么要这样做？

（6）人们常说，男儿有泪不轻弹，只是未到伤心时。当将军为他喝彩的时候，炮手的脸颊上流下了两行热泪。这滚滚的热泪让我们看到了什么？

（7）指导分角色有感情朗读对话。

这是一位多么可敬的炮手啊！他爱自己的小家，更爱自己的国家。为了赶走侵略者，为了战斗的胜利，毅然舍弃了自己的小家。正因为有了千千万万个像炮手这样甘于为国家奉献的好战士，法国军队最终打败了侵略者，取得了战争的胜利。

3.（出示图片）大家看，当将军了解到士兵的一切后，将军给士兵敬了个庄严的军礼，此时，他会对士兵说些什么？

小结：同学们，无论是战争年代还是在和平时期，无论是以前还是现在，甚至我们的周围，依然有很多这样具有炮手精神的人，他们永远值得我们尊敬。

（四）总结升华，拓展延伸

战争结束后，炮手也可以回家了。当他再次回到故乡时，将会是一番怎样的情景，又会发生些什么故事呢？请大家展开想象，把你想到的写下来。

板书设计：

苍白　煞白　惨白　爱自家

炮手

瞄准　开炮　全垮　爱国家

教学研讨：

主持人： 杨国青

参加人员： 徐慧颖、于冰、王卓娜、胡春玲、张春荣、邱皓琨

研讨过程：

主持人： 各位老师：大家好！老师们，本学期我校在认识情趣教学的内涵、把握其来源、应用其基本模式的基础上，各学科开展了"情趣教学"的策略研究。在上一次语文校本教研中我们就"如何有效地运用读的手段，引情激趣、启智陶性"这个问题，进行了深入的研讨，总结出一些行之有效的策略，会后在教学实践中老师们还进行了一些新的尝试。

今天我们就围绕着"如何有效地运用说的手段，引情激趣、启智陶性"这个话题，结合自己的教学实践和胡春玲老师这节课展开讨论。看看我们能不能再提炼出几个教学策略来。哪位老师先来说一说，你认为刚才的课堂教学中，胡老师是怎样有效运用"说"的手段，从而引情激趣、启智陶性的。

张春荣： 这节课上课件运用得很不错，为学生创设了情境，激发了学生想说的欲望。比如在理解课文最后一部分的时候，教师利用了书上的插图。课文中并没有笔墨对插图进行描述、渲染，而教师巧妙、适时地运用，激发了学生的情感，为学生的说搭建了平台。

于　冰： 胡老师还非常善于借助多媒体课件创设情境。当学生在理解课文遇到困惑时，教师适时地出示美丽的农舍和农舍被炸成废墟的图片，引导学生展开想象，帮助学生深入理解课文，引发学生想说的欲望。同时凭借音乐渲染气氛，学生在音

乐中不知不觉地入情入境，心中自然涌动想说的冲动。

　　张春荣：不管是运用文中的插图，还是多媒体课件，这都是基于教师对文本的理解、把握，都是教师为学生精心创设的各种情境，在精心创设的情境中，不仅激活了学生的思维，还使学生特别有表达的欲望。

　　徐慧颖：刚才两位老师谈到了两点，就是教师对多媒体课件的使用，可以是自己对教材本身的挖掘运用，还可以是在把握理解教材的重难点后自己去设计课件。这样都为学生想说搭建了平台。

　　于　冰：那么我们是不是可以总结出这样一个策略：课件创设情境，引发想说的欲望。

　　徐慧颖：确实是这样的，一个人只有在宽松的氛围中才敢于展现自己的内心世界。那么学生怎样才敢说呢？在这节课上，胡老师保持良好的心态，在引导学生入情入境的同时，注意学生的情感变化和对知识的理解。教师的微笑、善意的眼神、摸摸学生脑袋的动作、亲切的话语、饱满的情感无不感染着学生。当教师发现学生的闪光点时，及时地进行表扬、鼓励，使学生获得了成功的体验。于是，学生感受到了平等和谐的氛围、民主融洽的师生关系，从而使学生敢说。

　　张春荣：学生有时往往是想说又不敢说，创设了这样的氛围，学生就把想说的表达出来了。课上还有个环节，在检查生字读音时，不是我们常见的那样，让学生根据出示的生字，出什么读什么，牵引性很强。胡老师是将6组生词同时出示出来，学生想读哪组就读哪组，给了学生自主的空间。

　　王卓娜：在分角色朗读课文时，胡老师要求学生你想读谁，自己选择，教师关注了孩子的感受。

　　于　冰：教师在创设氛围时，也关注到了不同层次的孩子。我注意到，有个孩子在老师提问时把手举得高高的，可是站起来又不会回答，胡老师就说："没关系，别紧张……"正是因为胡老师关注到了孩子的感受，我发现在后面的教学过程中，这个孩子又继续举手发言了。

　　王卓娜：看来平等宽松的氛围，促进了学生在课堂上敢说。这样我再总结一个策略：创设和谐氛围，激发敢说的勇气。

　　主持人：刚才老师们都谈到如何使学生想说、敢说。可是我们都知道对于语文学科而言，仅仅想说、敢说是不够的，更重要的是要训练学生会说。那么对于"会说"大家又是怎样认识的呢?

于　冰: 会说就是要说得清楚,语言清楚、有条理。

张春荣: 还要围绕着一个意思说。

徐慧颖: 会说还应该是说得生动、语言优美。

王卓娜: 我记得新课标中明确指出,对于中年级段的学生会说有三个要求:首先能就不理解的地方与人交流;其次能清楚明白地说出自己的感受和想法;最后就是努力用语言打动别人。

主持人: 新课标中对于中年级段学生的会说已经有了明确的要求,那我想问问胡老师,你在实践这节课时是如何确立说的目标的?你又是用了哪些方法做到的?

胡春玲: 其实在备课中我注意到了这一点,仔细分析了教材,《炮手》这篇课文主要写了在这一特殊的时期,炮手为了国家的利益,亲手炸毁了自己的房子、自己的家,为国家做出了贡献,但是全文对于炮手复杂的情感并没有进行深刻的描写,我们知道他不仅是一个炮手,也是一个有血有肉的、感情丰富的人,而课文中对于炮手只是进行了白描,描写出了他神态的变化,用了"苍白—煞白—惨白"三个词进行了描写,这其实也是课文的重点,对于孩子来说,也是理解的难点部分,如何处理这一部分呢,当时我的感受是要引导学生与文本进行深度对话,创设一种情境,带着他们走进炮手的内心世界,把课文中隐藏的描写炮手内心情感部分呈现出来,让孩子表达出来,让孩子对炮手的人物形象有一种深刻的了解。所以在设计时关注三个方面:炮手有哪些神态变化;为什么会有这样的变化;既然是自己的家为什么要开炮。

王卓娜: 三个问题层层深入。

主持人: 看来胡老师三个问题的设计还是独具匠心的。

徐慧颖: 我认为在课文的重点部分胡老师预设的三个问题具有两个共性:启发性和开放性。我们情趣教学就强调以情激趣,以趣诱知,如何激发学生的兴趣,在这节课上胡老师就巧妙地设计了这三个问题,用这三个问题激活学生的兴趣,使学生自己去探索,而且这个过程是由表及里,由浅入深,由内容到中心,由外在到中心,使学生始终处于一种兴奋的状态,积极地去思考、去表达,还迸发出许多智慧的火花,同时情感受到了熏陶,孩子和孩子之间,孩子和炮手之间进行了多元的对话,这样学生就自然融入其中,做到了以情激趣,以趣诱知,情知和谐。

王卓娜：不仅是这三个预设的问题，其他许多问题也具有启发性和开放性。

于　冰：课上还有这样一个问题：他炸掉的仅仅是一座房子吗？这样具有启发性、开放性的问题，引导着学生又回到了文本，从课上的效果来看这个问题非常有价值，从学生的回答来看情感也得到进一步的升华，有的孩子说"他炸掉的是他唯一的财产"；有的孩子说"他炸掉的是他自己的幸福"；有的孩子说"他炸掉的是快乐的时光"等。

张春荣：在教学最后环节设计的问题也具有开放性，在学生对课文内容有了充分了解的基础上，教师提出的问题是："当将军了解到真实情况后，向士兵敬了一个庄严的军礼，他会说些什么呢？"第一个孩子说"我非常敬佩您，您为了国家舍弃了自己的家"；第二个孩子说"作为一个军人，我为您自豪"；第三个孩子说"我会为您再建一所房子"；第四个孩子说"您虽然是一个普通的炮手，但是却做出了伟大的事情"；第五个孩子说"您是我们军队的骄傲"。学生在老师有价值问题引导下，思维活跃，情感升华，并将自己的情感尽情地表达出来。

王卓娜：正是教师预设的这些有价值的问题，引发了学生的情感，引导学生善于表达。我想咱们还可以总结一个策略：预设有价值的问题，激发学生的情感。

主持人：胡老师对问题的设计正是把握了情趣教学的一个来源，就是课堂上教学语言的情趣、教学组织的节奏、师生互动的性质与水平，它们是情趣教学的条件。因此这节课引发了学生的积极思考，使学生在品读文字中情感不断地升华。

在上一次的校本教研中，我们对于如何有效地运用读的手段，已经达成了这样的共识，形成了这样的策略：有重点地读，可以激发学生的情感；有层次地读，可以揭开文本表层，使学生体验情感；有个性地读，能够使学生产生独特的体验。

就这节课来看，大家认为胡老师对于读的策略运用得怎样？是不是有效呢？

于　冰：从这节课来看，读的手段运用得还是有效的，充分体现了有重点、有层次地读。教师引导孩子重点读描写炮手神态的段落，在阅读、理解的过程中还进行了有层次的指导，即带着问题读——体悟读——有感情读，体现了读的层次性。

张春荣："读"的训练并不是孤立的，"读"是与"说"紧紧地结合在一起，密不可分。

胡春玲：在这节课中，读和说结合得是非常紧密的，学生如果没读懂文章内容，就不会很好地表达，根本谈不出什么来。例如，学生先画出描写炮手神情的句子，借助一次又一次地朗读，学生走进了炮手的内心世界，感受到炮手复杂的心理变化。

徐慧颖：是的，说必须是在正确理解的基础上，今天就是在画、读句子的基础上，去理解、表达，这样就是将读和说进行了有机的结合。

张春荣：这样一开始捕捉到重点内容，直奔主题，有重点地读，是为说服务的。

胡春玲：开始的时候，读是为说服务的，后来通过对文字的理解、对情景的描述，当学生深入理解文本，走进人物内心世界，情感与炮手产生共鸣时，无形中受到了炮手精神的影响、感染。促使学生更好地读懂文字背后的东西。

徐慧颖：这也就是读和说的第二次结合。当学生谈了炮手的神态变化时再去读描写炮手神态的句子，这时说就为读服务。所以我们看到学生的朗读也发生了变化，开始的时候是大段的读，看到了美丽的农舍后给学生提供了说的机会，后来理解了炮手情感变化、看到炮手的家变成废墟后，让学生去描述，学生感受到了炮手的情感，然后再去读，我们看到学生读得非常有感情。

于　冰：从整体来看，学生一次比一次说得好，一次比一次读得好。读是说的基础，说又促进了读。

徐慧颖：这让我联想到执教《圆明园的毁灭》时的情景。课文最后一段主要讲了八国联军将圆明园内可以抢走的全部掠走，拿不走的就烧掉，大火整整烧了三天三夜，烟云笼罩着整个北京城，我国园林艺术的瑰宝、建筑艺术的精华就这样被化为乌有。因为文中描述距离学生生活太远，怎么能够让孩子们有真切的感受呢？我设计了两个说的环节，帮助学生理解文章内容，体会蕴含的情感。我先问："八国联军从圆明园里可能会掠走些什么？毁掉些什么？烧掉什么？"学生说了些文房四宝、书画、青铜器、珍奇异宝等物件。随后我又问他们："如果这些宝贝今天仍然留在圆明园里，它将给我们带来什么？"学生非常激动，有的孩子说"国家的强大"；有的孩子说"是国家的尊严"；还有的孩子说"我们国家有这么多财富，谁也不敢欺负我们"。这时候我说，这一切都毁在八国联军的手上，那时候我感到从孩子们愤怒的眼神、紧握的拳头、手握着书那颤抖的感觉，文章朗读得声情并茂，我感到不仅孩子们被打动了，也打动了我，不觉进入文章的境界中。这和我们今天谈的话题一样，读说结合，读是说的基础，说又促进了读。

于　冰：这样的读说结合拉近了文本与孩子的距离，拉近了孩子和时代的距离。而孩子在说的时候，思维又是联系着自己生活实际的，从而进一步理解了文本的情。

王卓娜：在读和说的过程中把文本中的情挖掘出来了，所以学生就读得更好，说得更好，学生的情感也就更加的强烈。总结形成策略：读说有机结合，体会文本情感。

主持人：这种文本情正是情趣教学的客观基础，也是"情趣教学"的又一情趣来源。也正是"读"和"说"的这种紧密结合才使学生将文本中所隐含的故事情节、人物性格、知识道理逐渐内化，引发自己的情感，形成自己的知识储备。

于　冰：我还认为，在上课的过程中，在课堂上学生随机生成的问题很多，教师要善于把握课堂生成因素。

主持人：俗话说"不破不立"，如果课堂上教师只是一味地走教案，那势必会出现"牵着学生走"的现象，而在今天的课上，我看到老师在学生的学习过程中机智调整，游刃有余。我认为这与教师灵活的把握课堂生成因素有着直接的关系。大家觉着呢？

张春荣：我们在课前预设有价值的问题很重要，但课堂并不是设计的，学生常常迸发出许多灵感。

主持人：其实在这堂课上也有许多生成点，胡老师你现在想一想课堂上生成点把握得怎么样？

胡春玲：现在回想起来，课堂上确实有许多生成点，有一些没把握住，其实学生的个性回答是对老师的一种极大的考验与挑战。例如，当有的孩子谈到了炮手流下了两行热泪，我问你体会到了他当时的心情了吗，有的学生说他很后悔，我刹那间感到应当点拨，可是当时时间很紧张，害怕会缠绕反复就把它忽略了。现在想起来要是当时引导孩子结合文本深入思考，他真的是在后悔吗？他真的是因为后悔才流泪吗？

张春荣：其实如果能够结合前面的理解，炮手爱小家更爱国家，孩子们一定会理解得更加深刻。

于　冰：它启示我们应当尊重孩子的差异，每个孩子的理解是不同的，我们应当允许孩子不同的认识。

胡春玲：我现在感到如果能够引导孩子们结合重点段落进行理解，就更好了。

王卓娜：也可以反问一句，他是后悔吗？他是必须要这样做。

徐慧颖：其实当时也可以引导孩子们展开一个小的辩论，孩子们通过对文本的理解，对炮手有一个更深的认识，让学生把这个意思表达出来，告诉那个孩子，他绝对不可能会有后悔的感觉，也会对当时炮手的感情有更深刻体会。

张春荣：也可能这不是孩子的本意，刚才于老师不是说要尊重孩子的差异嘛。

于　冰：我刚才谈到的尊重差异并不是要迁就孩子。我感觉这个生成点必须要把握，不能让孩子学完了课文仍然留有后悔这样的感觉、这种体验。

徐慧颖：难道再盖一个房子，又发生战争了，那他就不炸了，这个时候胡老师就可以往后退一退，让孩子们讨论一下，说一说，他流泪是因为后悔吗？然后结合课文内容再次去体会感受炮手当时的心情。

张春荣：我感到学生的这种说法不一定是他的真实想法，可能是受到自身表达能力的限制。他可能是体会到了炮手的情感，但是由于词汇量的限制，找不到合适的词去说。

徐慧颖：但是不管是什么原因，都不应当放过这样的生成点，要让孩子正确体会、理解人物的情感。

王卓娜：我们刚才不是说吗，学生在学习语文的过程中要学会表达。

主持人：真是"仁者见仁，智者见智"，大家对同一个生成点都有着各自不同的处理方式。大家都认为，无论怎样教师只要把握了课堂上的生成因素，就能够促进学生对文本的理解，对人物情感的体验。那么大家在平常的教学中，有没有把握课堂生成因素起到了恰到好处作用的例子。

张春荣：我记得前些日子在徐老师执教《一双手》时有这样一个环节，老师让画出描写手的句子谈谈自己的感受，一个孩子说："这是一双不像手的手。"徐老师立即追问："为什么这双手不像手？"并且引领孩子回归到文本，再读文本，再找句子，再深入理解句子，使学生对这双手有了更加深刻的认识。课堂上一个小插曲，不仅让学生进一步体会了文章的情感，而且在这个过程中，达到了说的训练目的。

王卓娜：也就是说孩子从不会说到会说，从说得不确切到说得更为准确。

张春荣：这恰恰也是把握课堂生成因素的结果。

于　冰：确实是这样，徐老师在把握课堂生成点的时候，就是这样引导学生再去读书，再去深入理解文本的。

徐慧颖：我当时在备课的时候考虑到孩子会说，这是一双大手，一双粗糙的手。没想到孩子却说"这是一双不像手的手"，我就让孩子继续说，孩子就说了"这双手太大了"，有的孩子说"这双手没法比"，有的孩子说"这双手上布满了老茧"所以不像手。这样孩子们又一次结合文本去说，其他的孩子也就明白了原来张迎善这双手的确是与众不同。

主持人： 今天参与我们研讨的还有许多外校老师，在教学中，您是怎样把握生成点的，您有什么好的方法，咱们一起来交流一下。

某老师： 刚才老师们谈到的都是回归文本把握课堂生成因素。我前两天出了一堂研究课，讲的是《放弃射门》，其中一段内容是讲世界级球星福勒在抬脚射门的时候，忽然间对方守门员扑出门来，面对这一危急时刻，福勒放弃了射门。我就问孩子们，该不该放弃射门？谁知道孩子们都说不该放弃，面对那么多球迷、面对教练员，这么大的压力，他不该放弃射门。这种一边倒的局面可是我万万没有想到的。我让学生们再去看书，他们从课文中找到"微乎其微"和"必然"两个词，这时有的孩子想到了应该放弃射门，不然对手会受伤。我又让他们谈如果射门了会怎么样，学生们说，对方守门员会受伤，还可能会造成终生的残疾，不仅这场比赛不能参加了，甚至今后都不能再参加比赛了。这时候再让孩子们去谈该不该放弃射门，孩子都说该放弃。这时我又问学生们面对这么大的压力，他还敢放弃射门，他是个怎样的人？孩子们说，他是个高尚的人、伟大的人。我感到把握课堂生成点的时候，让孩子联系自己的生活实际，更能使学生们体会到文章的情感。以上是我的一些粗浅的认识。

主持人： 非常的机智。我们刚才谈到的是回归文本把握生成，您给我们提供的是回归生活把握课堂生成。

看来我们可以运用多种方式及时把握课堂生成，把握了课堂上的生成，就有利于学生理解文章的情感。看来我们又可以总结出一个新的策略：把握生成因素，表达内心情感。

我记得情趣教学来源中也谈到了是特定教学情境中的问题因素、情感因素和认知建构水平，是情趣教学的内在决定因素。

王卓娜： 回顾刚才的研讨，在对"如何有效运用说的手段，引情激趣、启智陶性"，我们达成了共识，形成了五个策略：课件创设情境，引发想说的欲望；创设和谐氛围，激发敢说的勇气；预设有价值的问题，激发学生情感；读说有机结合，体会文本情感；把握课堂生成因素，表达内心情感。

主持人：我们知道在"情趣教学"阅读教学中还有许多方法和策略，这些方法和策略可以单独使用也可以结合在一起互为补充。有效地运用这些方法和策略可以使学生在学习的同时受到情感的熏陶，获得思想的启迪，享受审美的乐趣。

老师们，研讨的时间是有限的，而我们实践、思考、探索的时间是无限的，让我们在平日的教学工作中不断实践、不断思考、不断探索。用"情趣教学"将孩子们带入语文的情趣、生活的情趣中；也让我们的教学生涯、研讨生活在"情趣教学"中充满情趣，让我们共同期盼下一次语文教研。

热眼旁观

一、从战地黄花想到的

中国教育学会副会长　陶西平

曾经听过苏联卫国战争中的一个小故事。前线的工事里，战士们坚守阵地已经几个月了，其间，击退了德军一次又一次的进攻。他们面对的是饥饿、寒冷和疲惫。一天，一个战士忽然发现弹坑边有一棵小草，在风中瑟瑟地抖动，草尖还顶着一朵小黄花。于是，他冒着生命危险，把这棵小草移栽到工事的透气孔旁。所有的战士都像爱护亲人一样关心她，每天为她培土，浇上仅有的一点点水。终于，黄花绽放出了笑脸，给坑道带来了无限的生机与活力，而战士们也仿佛感受到了浓浓的春意，他们充满了对未来的向往，增强了胜利的信心。

生活的情趣是多么的重要！情趣是对生命的热爱，是对前途的信心，是对自我价值的欣赏，也是对和谐相处的认同；是愉快的心情，是美好的心灵，更是一种崇高的品格。

在市场经济大潮中，不少人对金钱的关注超过了对人品的关注。于是，无情的市场规律取代了有情的生命价值，技术规程取代了品德操守，急功近利取代了生活情趣。许多教育工作者都为在这种环境里耳濡目染的年青一代的健康成长担心。

于是，在推进素质教育的进程中，情趣教学诞生了。它起初基于使教师的课堂教学充满情趣以激发学生学习的兴趣，从而形成生动、活泼、主动学习的局面。后来，又逐渐深化，由情趣教学向情趣教育转变，即将培养学生的情趣贯穿到全部教育活动中，使学生的思想道德素质、科学文化素质和身体心理素质都能全面提高，从而实现全人教育。

这是一项了不起的实验，这项实验的深化又是一种了不起的提升。我想，这真是站在了素质教育的前沿。最近，在杨屹的学校，我看到了这项实验前进的足迹。

课堂教学的生动活泼，校本课程的丰富多彩，校园环境的童趣盎然，人与人之间的相互尊重，这一切让我兴奋。但是，特别使我受到鼓舞的是学校推进情趣教育的基本理念：没有有情趣的老师，就培养不出有情趣的学生。

因此，学校把情趣教育的着力点放在了教师情趣的培养上。我虽然只在学校里停留了两个多小时，但已经深切感受到这一理念的力量。

　　走进体育教研组，墙上挂着一张张运动员的大幅精美照片，我最初以为是些著名的体育明星，后来才知道，那是学校每位体育老师在展示自己的运动专长。走进美术教研组，墙上是巨幅的剪纸，洋溢着浓郁的生活气息，那是美术老师的集体杰作。音乐教研组墙上有在海边演奏的女孩子们的倩影，那上面的主人公可不是女子十二乐坊的姑娘们，而是本校的音乐老师。一个年级组的墙上挂着一个时钟，周边镶着的照片是全组教师快乐的笑脸……

　　他们的工作和生活就像他们办公室的"打扮"一样充满情趣，正如一位老师所说："我有两个家——学校和家庭，我在两个家里体验生活的乐趣，体现生命的意义。"老师们既孜孜不倦又津津有味地在学校这个"大家"里工作和学习。这种快乐的情绪，毫无疑问会深深地感染学生。

　　这所学校为老师组织了许多情真意切的活动，也于细微处渗透着对老师的人文关怀，更为教师搭建了一个和谐发展的平台。所以，我要在他们的理念的基础上，再加上一句话：没有有情趣的校长，也就难有有情趣的老师。

　　"战地黄花分外香"，愿我们的校长都有这样的格调，老师都有这样的品位，这样，学生才可能有良好的心态和高尚的志趣。

（此文刊登于 2007 年第 1 期《中小学管理》杂志）

二、情趣教学：素质教育百花园中的一朵奇葩

全国小学语文教学研究会理事长　崔　峦

前些日子，我去青岛参加了"杨屹情趣教学艺术研讨会"，听了杨屹老师那充满情趣的课，读了她有关"情趣教学"的研究文章、专著，感受颇多。

杨屹的"情趣教学"不是从天上掉下来的，是有其理论根基和现实需要的。它是在语文园地里，植根于理论的沃土，由现实需要浇灌的一朵奇葩。

杨屹老师课上的那一次偶然：寥寥几笔简笔画竟得到学生的鼓掌、喝彩，首先引起杨屹关注的恐怕是"兴趣"，有趣就能吸引学生，有趣就能增强教学效果。

的确，兴趣是人们认识、探究某种事物的心理倾向。它既是人类的一种基本情绪，又是个体活动的内在动机。兴趣可以唤起注意，是认识活动的启动器。

情趣比兴趣内涵更丰富，是兴趣的提升和发展。情趣的"趣"，不仅包含兴趣，还包含理趣、志趣；情趣的"情"，包括情境和情感。

让我们再从心理学的角度，看看情、趣在教学中的作用。教学的重要任务之一，就是引导学生产生新的学习需要，也就是不断激活学习动机，使学生有源源不断的学习的内驱力。而内在动机，依赖外界诱因的激发，需要外部不断创造条件加以强化。这外部的条件，有赖于教学内容（有趣、景美、情深的课文）作基础，有赖于教师来创造，主要指氛围、情境与情感，特别是情感。情绪、情感是学习活动的契机。心理学家汤姆金斯认为，人类活动的内驱力（学习动机）的信号，需要一种放大的媒介——起这种放大作用的就是情感。教师的情感是一种心理力量。它能激励学生，产生自尊、自信、自强的心理；它能以情动情，使学生入情入境地学习，大大增强学习效果。当然，外因要通过内因起作用。学习最持久的动力，是体验到成功的快乐。正如苏霍姆林斯基所说：兴趣的源泉藏在深处，你应当努力使学生自己去发现兴趣的源泉，让他们在这个发现的过程中体验到自己的劳动和成就。

可见，学习动机理论是情趣教学的理论基础之一。

我们再回到现实。语文教学呼唤情趣教学。一是长期以来的语文教学缺情少趣，原本富有情趣的资源，可以上得情趣盎然的语文课，变得过于理性，课堂上充斥着知识的讲解，充斥着机械、枯燥的单项训练，充斥着串讲串问，充斥着千篇一律的

烦琐的课文内容的分析。如此种种，把学生的学习情绪搞坏了，把好端端的课文肢解了，把学生丰富的情感磨灭了，剩下的只有烦，只有厌，本应最受欢迎的语文课，在许多地方成了最令学生生厌的学科。

造成上述局面的原因是多方面的，教学思想、教学方法不当是其中的一个原因，还有对课程定位的偏差，过于强调学科知识的系统性，过于强化评价甄别、选拔的功能。另外还有一个重要原因是理论指导上的唯一性和绝对化，如在学科性质上，偏重工具性，忽视人文性；在教育思想上，偏重科学主义，忽视人文主义；在教学模式上，以主智论为指导，冷淡主情论。于是，以追求语文课程工具性与人文性的统一、科学主义教育思想与人文主义教育思想的融合、主智论教学模式与主情论教学模式的互补为指导思想的情趣教学应运而生。它符合素质教育的需要，符合深化语文教学改革的需要。

情趣教学的研究目标、研究措施及研究成果，让我们真切地感受到情趣教学的研究价值。

情趣教学以情感为依托，以体验学习为基本途径，学生在学习的过程中达到认知与情意的和谐——产生浓厚的学习兴趣，激发强烈的求知欲望，投入主动积极的学习体验，发挥巨大的学习潜能，取得最佳的学习效果，提供不竭的学习动力，形成学习的良性循环，使学生越学越爱学，越学越会学，越学越聪明。

情趣教学追求的不是一般意义上的激发学习兴趣，也不是单纯的技巧、方法、策略层面的改革，它是由改变对教学本质的认识引发的学习的革命、教学的革命。人们对教学传统的认识是"传道、授业、解惑"，而情趣教学以学生发展为本，体现了"一切为了学生的发展，为了学生一切的发展，为了一切学生的发展"的先进教学理念，是在借鉴国内情境教学、愉快教育基础上的教育教学的创新与发展。

其研究价值主要体现在以下几点。

第一，情趣教学符合语文教学的特点与规律。语文教学内容本身是充满情、趣、美、理的，这就为情趣教学提供了凭借。不仅如此，"语文学习的外延与生活的外延相等"（美国教育家华特语）。师生有取之不尽、用之不竭的课程资源，使情趣教学有无限的资源，多样的途径，广阔的天地。语文教学完全可以上得有情、有趣、有美、有理。情趣教学注重营造有情有趣的教学氛围，激发学生的学习兴趣，采用多种方法、手段、策略，创设教学情境（形象情境、问题情境、探究情境），使学生十分投入地学语文，神采飞扬地学语文，情趣盎然地学语文，充满自信地学语文，寓教于趣，寓教于情，把学生获得知识、形成能力、习得方法、养成习惯，乃至获得审美体验、形成正确的价值观，贯穿于情趣之中，使学生学得轻松、学得主动，全面实现教学目标，取得事半功倍的教学效果。"儿童是用形象、声音、色彩和感觉思维的"（乌申斯基语），儿童少年形象思维活跃，想象力特别丰富，好奇心强，参与感旺盛。情趣教学符合他们的生理、心理发展的特点，"爱或激情越强烈、越充沛，认识就越深刻、越完整"（歌德语），情趣教学中创设的情境，描摹的形象，流淌的情感，必然对学生的语文学习起到催化、升温的作用。

第二，情趣教学能有效地促进素质教育的实施。面向全体学生，促进全面发展是素质教育的追求。而现实教育的一大问题是，面向尖子学生，冷落了多数学生；追求高分数，全面发展变成一句空话。情趣教学从激发兴趣、培植情感入手，从解决教育的根本问题"目中无人"着眼，关爱每一个学生，建立每一个学生的自信，促进每一个学生的发展。鲁迅说"教育是植根于爱的"。顾

明远教授指出"没有爱就没有教育，没有兴趣就没有学习"。法国教育家欧文进一步强调关爱学生对于成功教育的重要性。他说："教师对学生的爱和关心，比他的学识和才能更重要。"教师不爱学生，学生怎么会爱老师，怎么会爱老师教的课程？

"亲其师"才会"信其道"。情趣教学重情、重趣。这情与趣，源于对每个学生的爱。因此，说到底，情趣教学是爱的教育。如果通过情趣教学，人人爱学习，学校成为学生成人、成才的乐园，每个学生都成为热爱生活、乐观向上、心智发展、人格高尚的小主人，那离素质教育的成功还会远吗？

第三，情趣教学有个逐步完善、逐渐发展的过程。它不像有些教学实验那样，浮在方法、技巧的层面。它有明确的理论指导，有理论层面的追求；它起于方法、策略的探索，指向情趣教学思想的建构；它发端于语文教学，延伸到各科教学，进而辐射到教育教学的各个方面。这项实验有旺盛的生命力，企望创建有中国特色的

情趣教育理论和情趣教学体系。

情趣教学已经取得阶段性成果，情趣教学在发展。

情趣教学在实验中逐渐形成明确的研究目标：创建科学的情趣教学思想，探索行之有效的情趣教学策略，建构涵盖各门学科、沟通校内外的情趣教育教学操作体系。

情趣教学实验进行了理论层面的探索，归纳了有别于维持性学习的"四大特征"，即以建构主义学习理论为指导思想，在研究和问题解决的情趣体验过程中形成认知结构的"学习心理过程的特征"；以转变学生的学习方式为重点，在教学问题情境引导下的先学后放、重在探究过程的"学习程序的特征"；注重体现"三维"目标全面落实的"学习目标指向的特征"；在问题情境的启发引导下，追求师生之间真实有效的互动的"学习交流方式的特征"。还提出了实施情趣教学的"五项原则"，即"学生主体性原则""教师的情感教育原则""学习的兴趣性原则""教与研的一体化原则"以及"发展目标的两全性原则"（面向全体，全面发展）。

情趣教学实验经过长期实践，在语文教学中创造了体现"情趣融合、师生互动"的"四步走"教学模式：激发兴趣、乐学新知——培养情趣、主动参与——趣味练习、牢固掌握——探究拓展、智情升华。这样的教学模式体现了"以情激趣，以趣诱知，知情合一"的情趣教学特色。不仅为实施语文情趣教学提供了参照，而且对其他学科创造情趣教学模式有所启发。

语文情趣教学在实践中还归纳出一套比较成熟的教学策略和方法。在教学策略方面，有导入新课的策略、学法指导的策略、多维互动的讨论学习策略、探究学习的问题解决策略、教学预设与生成的策略以及激励性评价的策略。这六大教学策略，体现了情趣教学的思想，体现了对学习过程的关注，贯穿着对"你的感受是什么？你的问题是什么？你是从哪儿感受到的？问题是怎么产生的？"的叩问。

在教学方法上，摸索出一套行之有效的教与学的方法。诸如，充满情趣、符合低年级特点的"读、记、玩、写、用"立体识字法；体现师生与文本对话，用多种形式实行教师情、学生情、文本情三情共鸣的"读、说、画、演"的阅读教学法；引导学生体验生活情趣，感悟人间真情，提高审美眼光，表达真情实感的作文教学法。这些方法有一个共同特点，就是以趣诱知，以趣促学，以趣增智。情趣教学为学生思维创新、方法创新、能力创新搭建了宽广的平台，学生的读、思、说、写、画、演……无不闪现出智慧的火花。

　　杨屹和她的教师团队，在运用上述方法、策略进行教学时，还充满教学机智，展现了教师的教学艺术。比如，不仅在导入阶段用多种方式创设情境，使学生在不知不觉中投入学习，而且把形象情境、问题情境的创设贯穿始终，成为教学过程中的一条红线。一个个情境的创设，使学生始终集中注意力、非常有兴致地学习。又如，教师十分讲究"导"的艺术，艺术地导读、导思、导问、导议。导读，由披文入情，到以情动情，再到读文出情。教师自己先进入情境，进入角色，教师自己被课文的情、境所打动，再用声情并茂的范读指导，使学生通过朗读传达出作者描摹的情境、

表达的思想感情。导思，教师善于选择时机，引导思维路径：在学生愤悱处启发，在学生阻塞处疏导，在学生分岔处拨正，在学生徘徊处诱导……导问、导议，符合苏联心理学家维果茨基关于学生学习的潜力在"现有发展水平"和"最近发展水平"之间的说法（即最近发展区），问题提得难易适度，提到新旧知识的联系点上，学生"跳一跳，便可摘到桃子"。这样，学生便会在不断创设的问题情境中读、思、议、练，不断获得解决问题的愉悦，进而不断产生新的学习需要，形成良性循环。教学艺术还体现在教师的应变能力上。对突发事件的处置，对学生有启发性的提问、睿智的发言的应对，不成熟的教师会流露出措手不及的尴尬，成熟的教师会将它们化作宝贵的课程资源，形成教学的亮点。

（此文刊登于 2006 年第 3 期《山东教育》杂志）

三、走向有情、有景、有思想的境界

——杨屹情趣管理拾零

山东教育社总编辑　陶继新

　　2001 年第一次采访杨屹，此后又不止一次地对她进行过采访。可是，迟至今日，方才写成这篇仍然不尽如人意的文章。为此，几年来，我的心里时有愧疚之情。这期间，每次与杨屹不期而遇，总是感到有点尴尬。可是，她却一如既往地宽容地笑着，有时还会幽默地讲些逸闻趣事，使我如释重负，对她又生敬仰之情。于是，她的"情趣教学"和"情趣管理"，就又深一层地溢到我的心里。但囿于篇幅，记者只能对她的"情趣"做些掠影式的报道。但愿读者能够窥豹一斑，去自由地领略杨屹"情趣"中更加丰富的内涵。

（一）由"情趣教学法"向"情趣管理"延伸

　　关于杨屹"情趣教学法"的报道已有数十篇作品见诸报刊，记者在 2001 年也对其进行过采访与报道。但经过十几年的实践、学习、反思、再实践、再学习、再总结，"情趣教学法"已由最初的情趣教学延伸至情趣管理、情趣育人，这无疑为记者提供了一个富有思想与新闻价值的视角。

　　（1）"情趣教学法"始于"大意失荆州"的一次讲课

　　尽管记者将笔触主要投向杨屹的情趣管理与情趣育人，但对于"情趣教学法"的诞生不能不做一个简要地勾勒，不然，其现在的内涵丰富与外延扩展就无从谈起。

　　"情趣教学法"已经引起小学语文界的广泛关注，而作为它的创始人杨屹，认为是由她"大意失荆州"而始的。开始讲课时，才突然想起忘带教学挂图了。这时，她非但没有惊慌失措，反而灵机一动，在黑板上信手画下了课文中所描绘的意象图。

虽仅寥寥数笔，却因自然天成与惟妙惟肖而吸引了全班同学的眼球。"心有灵犀一点通"的杨屹，由此便萌发了进行情趣教学研究的念头。

此后，杨屹便以此为突破口，开始了"情趣教学法"的构建工程。从以读悟情、以说激趣、以画引趣、以演动情等激发情趣手段的灵活运用，到逐渐形成适应时代发展、人的基本素质发展及语文教育特点的"情趣"教育思想，一套完整的教学新法就诞生了。

对于"情趣教学法"的定义，杨屹有着言简意赅的理论述说——"所谓情趣教学，就是以情感为依托，以体验为途径，让学习过程进入认知与情意和谐统一的轨道。学习中运用多种教学手段，充分调动与激发具有多元智能学生的求知欲望，挖掘其智慧潜能，使有着个体差异的学生都能产生浓厚的学习兴趣和积极的情感体验，并在教师富有情趣的教学艺术诱导下，生动活泼、积极主动地学习，在趣味中获知，在求知中得趣，促进学生的全面和谐发展"。

（2）"管理"与"情趣"联姻

2003年，正当杨屹的"情趣教学法"影响日益深远的时候，一纸委任，她走上了校长的位置。

角色的转变，并没有中断杨屹的情趣教学实验，她依然执教小学语文课。不过，她感到情趣不应当只是小学语文教学的专利，还应当向教育管理等更多的层面扩展。

因为情趣不仅应是一种教学方法、教学思想，还应是一种教育境界，用之培养学生高尚的情趣，达到一种有情、有景、有思想的境界。

于是，杨屹有意识地把"管理"与"情趣"联姻，提出了"情趣管理"的理念，即"积极有效地情感沟通，以人为本的隐形制度，灵活多样的激励方式"。让每个教师在工作、生活中都感受到情趣，从而以积极的态度，主动自觉地投入到教育教学中去，最大限度地发挥潜能。简单地说，情趣管理就是营造一个有情、有景、有趣的工作环境、生活世界，激活团队成员内心真善美的因子。

正是基于这样的思考，学校将学科课程、活动课程、校本课程与隐性课程有机结合，开始了情趣课程与情趣育人相结合的新一轮教育实践，让明礼与体验共存，自信与机会共舞，智慧与参与共生、健康与生活共求，以文化浸润提升学生文化素质，在"淡化教育痕迹"中"深化精神轨迹"，让爱伴随学生健康、快乐地成长，让情趣充满学生人生成长的历程，从而达到"学习与情趣同在，成长与快乐同行"的教育目标。

（二）教师因情趣管理而工作更加主动

学校管理离不开规章制度。学校具有完备的、刚性的制度。例如，教学巡视制度、作业批改机检查制度、备课制度、师徒结对制度、专用教室管理制度、一日督导听课制度等，旨在使教育教学中的每一个环节和细节都有章可循，有规可依。但仅有这些制度是不够的。如果把学校比作一栋正在建设的高楼，那么，刚性的制度是钢筋，有情的激励就是水泥，只有钢筋水泥刚柔相济，无缝融合，才能为教师和学生构建出有效的发展空间。

1. 为教师提供温馨和谐的人文环境

杨屹认为，情趣管理的目的之一就是为教师提供一个温馨、和谐的人文环境，使他们在这个环境中感到放松、自主，从而释放出更多的奋进因子和创新因子，主动不断地完善自己，提升生命的质量。

记者第三次采访杨屹，是在学校的教师阅览室里进行的，那种感觉是别有情趣的。白色的布艺沙发，小圆桌旁的椅子，隔出大小不同的空间；高高的书架上既有教育专著，也有文学小品和流行电视剧本；屋角的咖啡机、矿泉水机全是自助式的……教师可以在此开展小组教研活动，也可利用课间来此小憩。老师们看着《时尚》杂志，喝着雀巢咖啡，听着理查德·克莱德曼的钢琴曲。杨屹认为，这种休闲状态下的学习更有效率。真不愿意打破这种幽雅的环境，不过，可以轻声采访，可以随心所欲地找自己认为可以谈的教师交流。因为，他们在阅读的时候，有的时候也在悄悄地交流。

为了激励教师爱校如家的主人翁意识，体现"工作是快乐的"情趣工作状态，学校还举行了"温馨处室"的评选活动。学校自筹资金，发放给各个处室，作为美化办公室环境的经费。老师们群策群力，集思广益，精心布置，巧妙构思，使自己的办公室各具特色，充满了浓郁的文化艺术气息。音乐组的教师结合专业特色，在办公室墙上挂上用乐符制成的装饰，窗户上挂着用CD制成的风铃；美术组的办公室则是动静结合，有色彩相宜的静物装饰，鱼缸里还有几只活泼的小鱼……于是，在"温馨处室"的评选中，就有了"装饰多余（鱼）"奖、"上搭下挂"奖、"绿茵片片"奖、"农家小院"奖、"浪漫风情"奖等名目繁多又情趣横生的奖项。

在这种温馨处室工作的老师们，时刻有一种审美的快感，有一种高雅的情调。于是，他们在紧张繁忙的工作中找到了心灵的归属和情感的依靠，工作更加充满激

情与活力。

2. 检查与考核变成了平等和谐的对话与交流

学校对教师的考核与检查非常必要，可是，过多甚至是通过考核与检查来惩治教师的行为也并非新闻。情趣管理使得考核与检查拥有了浓浓的人文情调。

学校弱化了硬性检查形式，将教师工作中常规性的检查与考核变成管理者深入各教研组与教师进行平等和谐的交流与对话，共同探讨与梳理教学中遇到的困惑与问题，然后，再由每位管理者和教师各自写出交流学习札记。形式的变化，使管理者与被管理者处在同一个尊严的平台上，可以彼此交流自己的看法，更多的问题是在相互商榷与彼此信任的情景下达成的共识，而不是成为处理哪一位教师的惩戒依据。整个过程公开、透明，被检查的教师对自己教学中的优劣都能了然于胸，也就没有了任何顾忌。甚至经常会在检查的时候，管理者与教师相互幽默调侃一番。所以，有的教师说，我们是在快乐中被检查的，舒心而又颇有收获。

3. 弹性管理的积极作用

杨屹认为，情趣管理具有弹性和隐性的特征。可是，也有人担心这种管理形式会影响学校的纪律和教学质量。对此，杨屹轻松地一笑，向记者举一个例子——去年，两位老师的孩子参加中考，学校为方便他们照顾孩子，允许他们在孩子参加考试的三天中自己调课。两位老师非常感动，可他们不但没有调课，反而早上7点便提前到学校，为的是用早晨的时间处理班级的事情，生怕因为自己的孩子而耽误了班里孩子们的学习。可见，他们非但没有自由散漫，工作反而更加积极主动。

据这两位教师讲，孩子考试的时候是忙了些，可是，由于心情愉快，工作效率特别高，甚至因孩子参加考试而产生的焦虑情绪都被这种和谐快乐的氛围冲洗掉了。

（三）学生的自主与情趣相得益彰

学生活动的相关课程学习需要教师的指导，但孩子们又是一个个富有创造力的人。教师事必躬亲，往往是出力不讨好。在很多活动与有关课程中，给予学生充分的权力，才能让他们在自主中发挥才智，感受特殊的快乐。

1. 情趣飞扬的"国旗下的演讲"

每周一次的"国旗下的演讲"，是对学生进行教育的好时机。但如果一味地灌输，大多事与愿违。而情趣的介入，使升国旗活动的教育作用日趋彰显。

升国旗的时候，学校一改以前那种让学生单一朗读或者背诵文稿的形式，围绕爱国主义教育、诚信教育等德育主题，创新使用小学生喜闻乐见的演唱、快板、三句半、讲故事、演课本剧等形式，为学生开创了一个展示才智的舞台。而且由各班自主申报，自主确定形式与内容，自由竞标。学生的选材多是发生在同伴间、校园里的事件，鲜活而真实，形式也不拘一格。申报成功的班级带着极大的热情，自主排练，使"国旗下的演讲"高潮迭起而又情趣飞扬。于是，思想教育也就"随风潜入夜"般驶进学生的心田。

采访时，谈起"国旗下的演讲"，孩子们个个眉飞色舞。那是他们经历的情趣化历史，也是他们的自我创造史。所以，在他们的习作中，有关这方面的内容就特别地丰富与鲜活。

"国旗下的演讲"活动形式因学生的主体确定而丰富多彩，活动内容因学生的自主选择而真实生动，演练因学生的自主申报所得而刻苦努力。这种灵活的、创新的"国旗下的演讲"方式构建出了独特的"国旗文化"，孩子们对国旗的认识进一步加深，对祖国的热爱进一步增强，小学生乐于表现自己和体验进步的天性得到满足，并在展现自己的同时，得到情操的熏陶和能力的锻炼。

2. 将"六一"节还给孩子

"六一"是孩子的节日，可是，有的学校却越俎代庖，使孩子不能自主而又富有情趣地安排自己的节日。杨屹倡导将"六一"节还给孩子，让他们着实感受到属于自己节日的快乐。

"六一"节前，学校正式宣布，由孩子自己决定过节的内容与形式，各班撰写活动方案，并在全校大会上公开竞标，优胜班级承办全校"六一"活动。消息一出，孩子们欢呼起来。为了竞标成功，每个班级都精心设计了投标方案，有的甚至还做了一些广告宣传。有的孩子摩拳擦掌，等不得学校统一的竞标时间，便直闯校长室，陈述自己的设想。竞标异常激烈，过关斩将而夺得承办权的班级狂欢不已。于是，全班学生八仙过海，各显神通，甚至调动了他们的父母，大家心齐力聚，自然会有丰硕的收获。

孩子们在节日中所展示出来的才能，让教师与家长始料不及。活动内容丰富，形式新颖，特别是在突出儿童情趣方面，有许多独出心裁的地方。据孩子们讲，那一天，学校真正成了欢乐的海洋。英语休闲吧、谜语乐园、跳蚤市场、古诗擂台赛、巧手大比拼、欢乐大寻宝、快乐网吧着实让学生们乐了一把。

在采访教师的时候，他们说，"六一"节，老师们则有了一次被学生领导的过程。在孩子们的指挥下，他们被分配到不同的地方，各司其职地做着配角的工作。可这种感觉特别美，因为他们看到了孩子们主办的节日，超过了老师们的预期。古人说："青出于蓝，而胜于蓝。"老师被自己的学生超越，心里自然就拥有了一种特殊的幸福。

3. 将国防教育融入劳技课的手工制作中

青岛地处沿海，对学生进行国防教育，则显得尤为重要。但现在的国防教育课程，往往与学生的实际生活较远。让情趣走进国防教育之中，就成了学校探索的课题之一。

杨屹认为，男孩与女孩爱好不同，但都对手工制作有浓厚兴趣。将国防教育巧妙地融入劳技课的手工制作中，让男孩子制作古今中外的武器装备，女孩子则可以绣十字绣。

当记者走进劳技课作品展厅时，顿时被孩子们制作的作品吸引住了。那一架架形象逼真、型号齐全的飞机、舰船，一幅幅精巧细致的十字绣，令记者感到美轮美奂，但其中的奥妙却所知甚少。看到我的困惑，几位灵通的小男孩便主动担起讲解员的任务，滔滔不绝地向我讲起各类飞机舰船的性能。问及何以每架飞机上都写有"强我国防"四个大字时，他们就会讲述国防教育的重要性。几个女生也不甘示弱，自豪地向记者叙说她们是如何自己查资料、画图纸，然后制作的生动过程。

孩子一旦有了情趣，也就有了自信与从容，制作作品与接受教育就成了"不令而行"的自觉追求。

杨屹不仅在课堂教学与教育活动中挥洒"情趣"，在日常生活中，也是"情趣"横溢，让老师们感受情趣的无处不在与别有洞天。这种"情趣"甚至不断蔓延到群体教师与学校之外。于是，拥有"情趣"与创造。

（四）"情趣"，就成了师生们的审美追求

1. 校园网上的幽默帖

幽默诙谐可以创造快乐的环境，而要想让快乐因子在校园里回荡不去，就需要

更多的幽默与诙谐。而杨屹无疑是创制幽默的快乐公主。

新学期伊始，杨屹的一则即时帖在校园网上闪亮登场："在新的一年中，愿欢歌笑语常伴你我左右，愿幸福愉悦跟随我们同行。现奉送幽默几则，让我们在快乐中启程！"后面便是几则情趣高雅的幽默笑话。老师们一边阅读，一边捧腹大笑。于是，有老师回帖说："本来刚开学回来挺累的，你的礼物让我们在笑声中度过了一天。"

"三八"妇女节，杨屹在向女教师送去节日祝贺之前，在校园网上向男教师发了"批评"式的"通报——男同胞们，请别假装不知道今天是什么日子，怎么还不赶快祝我们女同胞节日快乐?"

杨屹的"通报"刚一出笼，体育组的男老师立即回帖："我们代表学校全体男同胞向所有女同胞致以节日的祝福，下午你们回家休息吧，活由我们大老爷们来干。当然，你们的钱也由我们男同胞代领了。"接着，又有其他男老师回帖："男同胞们，说到不如做到，让我们以实际行动向'三八'节献礼吧，从给女同胞倒一杯水做起。"此后，女教师的回应也别有情趣——"钱可以代领，由我们女士暂为保存而已。""早在办公室里恭候男同胞的光临，可否在供水之时，也带上一包香茶?"

就连总务处给教师发东西也不再是一个简单的通知："在积极备战高温酷暑的同时，为使每一位老师能够在高温环境中降温解暑，保持充沛的体力和精力，圆满高效地完成教学任务，同时感受学校情趣教育的魅力所在，品味炎炎夏日中的一份情意、温馨和凉爽。学校精心为全体教师选购了舒适时令的全棉透气毯、简便实用的电子灭蚊拍、防暑消渴的天然绿色食品绿豆、补钙健体的牛奶……"

阅读这种通知，未饮防暑佳品，教师心里已经清爽了许多。

2. 傅龙的"情趣"婚礼

2005年10月29日，是学校傅龙老师举行婚礼的大喜日子，不过，他并没有预先将婚礼的具体程序告知爱妻，他想以特有的情趣给她一个惊喜。

没有豪华的车队，也没有如云的宾客。在第一海水浴场的半圆形大理石舞台上，傅龙与爱妻不但进行了传统的婚礼仪式——证婚、许愿、交换信物、喝交杯酒等，还一起放飞了和平鸽，放生了海捕鱼，并配合2008年奥帆赛举行了用帆船投放漂流瓶活动等。这些活动让他的爱妻和现场嘉宾感到既新奇又有意义。

当日下午，新婚夫妇又先后去青岛市社会福利院看望孤寡老人和孤残儿童，去青岛市慈善总会为失学儿童捐款，到奥帆建设基地慰问加班加点的施工人员，为学校赠送并种植了一棵寓意桃李满天下的四季常青紫叶李。整整一个下午，傅龙的妻子一直沉浸在深深地感动中。她无限感慨地对傅龙说："你让我深深地体验到，一个人不论在多么快乐和幸福的时刻都不应忘记，还有许多不幸的人，还有许多需要帮助的人……"

婚礼之后的第一个工作日，傅龙即将婚礼当天的录像发布到校园网上，全校百余名老师通过电脑观看了婚礼实况。

两周后，傅龙的婚礼被青岛光辉文化网作为成功案例，发布在国际互联网。当晚，傅龙在美国读书的好友、在中国台湾的姐姐都先后收看到了傅龙的婚礼录像，并发来电子贺卡表示祝福。

妻子万分激动地对傅龙说："这简直就像做梦一样，真是太有趣了，太特别了，太让我感动了，你真伟大！"

傅龙则深情地对妻子说："我虽然没有万座金山，也没有显赫的地位，但我能够给你更多的是不能用金钱来衡量的东西，比如说充满志趣的人生态度和卓越的人生境界。"

采访时，异常帅气的傅龙对记者说："如果说我的婚礼富有创意的话，那绝对与我校无处不在的'情趣'密不可分。现在，'情趣教学'与'情趣管理'不但普遍应用于我校的常规教育教学中，还渗透到了每一位教师的日常生活中。"

（五）杨屹是一个很恋家的人

在数次采访杨屹的过程中，我深感她是一个很真实的人，没有任何的高调大话，她对记者说："我一直是个很恋家的人。对我而言，我首先是一个女人，然后才是一名教师和校长。"

是的，谈起老公与孩子，杨屹立即快乐起来，她会眉飞色舞地向你叙说他们的事业与学习，特别是她与他们在一起时的特殊快乐。她会在老公生日的时候，抱着一大束鲜花，出其意料地出现在老公的办公室。她还经常在深夜老公写论文的时候，坐在抬头即可看到老公的地方，一声不响地在那里"伴读"。但凡老公需要茶水或水果的时候，未及启齿，杨屹便心领神会地送到老公的面前，让老公永远感受到温馨爱人永远伴随着的爱。

老公累了，杨屹会挽着老公，在海滨，在树下，幸福地缓缓而行。她说，老公是她的感情港湾，是她的精神栖息地。所以，不管工作多么忙，也要留有陪伴老公的时间。

杨屹之忙是有目共睹的。可是，她却忙且幸福着。周六周日，她还会像往常一样早起，大凡这个时候，她的先生大多还沉浸于梦乡之中。她会轻声地将房间打扫得一干二净，然后才叫醒老公。她说，这样可以让老公醒后的第一眼看到的家是那么整洁而美丽。

在采访杨屹的老公时，我才知道他不但长得很帅，而且文质彬彬。他说，他事业的成功，有杨屹的一半。我分明看到，这时的杨屹，笑得特别开心，因为那是一种纯然流自心中的美。

杨屹认为，一个充盈着爱的家庭不但不会影响事业的发展，反而会成为宝贵的力量源泉。当爱人在她一夜陪伴下顺利完成课题的准备工作时，当儿子因为她的呵护和疼爱而说"妈妈，我在你心目中第一重要，我真幸福"时，她觉得自己是最幸福的人。而这巨大的幸福感，恰恰是推动其事业发展的最大动力。

现在，杨屹的先生已经读完了博士后，成为中国科学院海洋研究所责任研究员、博士生导师、所长助理，担任中国科学院重点实验室主任、"知识创新工程"重大项目首席科学家，多次主持国家和中科院重大项目的多学科综合性海洋调查。而她，也成为青岛市的十大杰出青年、师德标兵、学科带头人、专业技术拔尖人才、山东省优秀教师、特级教师和全国模范教师。

其实，一些女强人固然可敬，而如杨屹一样，既可以在事业上取得成就，又能够游刃于家庭之爱中的女人更加可爱。是的，两者不是"鱼和熊掌不可兼得"，因为"兼得"的结果是生命个体在工作与生活中都能感受到幸福的存在。

（此文刊登于 2007 年 7 月 23 日《现代教育导报》）

四、三尺讲台　情趣人生

《中华儿女》记者　王　海

[摘要]

她向许多人证明，只要喜欢，只要投入，任何平台都可以变得无限广大，足以实现人生的价值。

[正文快照]

小学的讲台，究竟有多大？有人认为不过三尺，有人认为无限广大。

1986 年师范毕业的杨屹，1991 年就已在全国出名——全国教学大赛中荣获一等奖，那年她 23 岁。当时，《中国教育报》报道过她，标题是"有志不在年高"。

此后 20 年，在小学语文教学乃至小学教育领域，杨屹这颗新星，越来越明亮。

她的教学风格，被命名为"情趣教学法"，在业界不断被研究、被效仿；她著述颇丰，逐步形成了"情趣教育"理论，该理论后成为全国教育科学"十一五"规划课题。她本人，也很早就被誉为"青年教育改革家"。

从 18 岁师范毕业开始，杨屹已从教 25 年。期间，她曾是山东省最年轻的特级教师；还曾作为全国模范教师代表，受到党和国家领导人的接见；35 岁那年，她成为所在学校历史上最年轻的校长。

今年，杨屹已经 43 岁。

但是，1 月 8 日，在 2011 年度山东"青年榜样"颁奖现场，记者见到杨屹时，不禁错愕——铃般的笑声、年轻的面容，加上有些"顽皮"的举止——不像四十来岁，倒像二十多岁。

对此，她开心地说，我天天跟孩子们在一起，怎么会老！杨屹向许多人证明，只要喜欢，只要投入，任何平台，都可以变得无限广大，足以实现人生的价值，且不必错过缤纷的生活。

（一）她已经"痴"了

上幼儿园时，穿着白兜兜的杨屹，就做梦将来要当个老师。

她说，幼儿园有个女老师，每次看自己时，总是眯着眼睛，眼神里充满爱意。"那种感觉真的很独特"，杨屹还清晰地记得，当时她会悄悄模仿老师的样子。当然，她现在已经知道，老师之所以眯着眼，是因为高度近视。

那位女老师，总让孩子们排排坐好，然后带领大家唱歌。此时，杨屹就在下面使劲拍手，使劲唱歌。秋天来了，幼儿园里大片的葡萄成熟了，老师站在凳子上，一边摘葡萄，一边给下边等着的孩子吃。

那是个海军系统的幼儿园。幼小的杨屹，在那里度过了一段美好的时光，也埋下了教师梦的种子。

初中毕业，1983 年，15 岁的杨屹报考了青岛师范学校。杨屹说，那时，作为一个师范生，坐在教室里一脸崇拜地看着教学录像里名师的教学示范，模仿着偶像们的举手投足。业余时间，她还总是支起画板，享受自己的美术天分。

1986年，18岁的杨屹从青岛师范毕业，进入青岛市实验小学，开始了她的教书生涯。

青岛市实验小学是青岛最著名的一所小学，前身是德国总督府小学，始建于1901年。创办之初名叫"胶澳总督府小学校"，只招收驻青德军的贵族子弟。此后，校名相继更改，解放后定名为"青岛江苏路小学"，1960年被确定为山东省重点小学。

真正走上讲台，杨屹才发现自己有多喜爱、多适合教师这份职业。每上一节课，之前的期盼、其中的投入都是发自内心、乐此不疲的，灵感、智慧也被充分激发，许多的小想法、小创意，都在课堂上绽放出一朵朵会心的花儿，激起一层层快乐的涟漪。

《小小的船》一课，是一首非常有韵味的小诗："弯弯的月儿小小的船。小小的船儿两头尖。我在小小的船里坐，只看见闪闪的星星蓝蓝的天。"

"在明朗的夜晚，你看见过月亮吗？你看到的月亮是什么样的？"杨屹问。

"圆的。""半圆的。""弯弯的。"学生们争相回答。

"如果现在是夜晚，你抬眼望去，看到了什么？"杨屹边说边画了一个弯形的月亮。

笔未停，学生们脱口而出："弯弯的月亮。""像什么呢？""像镰刀。""像香蕉。""像小船。"学生展开了丰富的想象。

"噢，月亮像小船，多有创意的想象啊！看着可爱的月亮船，你想做些什么？""上去划船！""坐着它遨游太空。"充满童稚的话语回响在教室。

"好，说去就去。"一个小男孩的形象被画在了月亮上，女孩子看后直嚷嚷："还有我们呢，我们也要上去！"于是，女孩子的形象也出现在上面，这时再看学生们都高兴极了，觉得坐在月亮上的就是自己，正在领略遨游夜空的乐趣。

杨屹趁机说："有位爷爷专门为你们写了一首诗呢，想读读吗？"学生们迫不及待地翻开书，兴趣盎然地跟着读起来。

这就是杨屹的课堂。她已经"痴"了。在她的课堂，学生也跟着这个语文老师的画笔或教具变"痴"了。很快，她仿佛天生的教育才气在学校内外出了名。

（二）"成功"带来的"起步"

从1988年开始，杨屹在职进修了大学课程，学的是美术专业。此后，在语文课堂，她的绘画功底更是大派用场。

1991年4月，23岁小姑娘杨屹，在全国第二届小学语文中青年教师教学比武中获得了一等奖。她的天才的简笔画，以及美丽的笑容征服了所有的评委和观众。当时，在场的山东省教育厅领导几乎当即决定在山东全省开展教师基本功训练和测试。

杨屹成功了！因为擅长绘画，她的语文课总能表现出她对教育艺术如痴如醉的追求；也因为特有的亲和力，她的语文课总能够让每一位小学生陶醉和愉悦！

此后，获得全国一等奖的杨屹，几乎马不停蹄地参加了全市、全省和全国的公开课、观摩课、示范课，甚至有两堂录像课被全国"小语会"选送到国外参加文化交流。

23岁，职业上就获得如此突如其来的成功。对许多人来说，这已经来之不易，许多人也就止步于此，

然而，杨屹却在"成功"的喜悦中开始了思考，展开对自己这种教学风格进行潜心研究，并从此进行积累和沉淀。

得奖以后，因为要反复介绍自己的教学方法，她将自己的风格取名为"情趣教学"，并结合一节阅读课，为"情趣教学"总结出了几个大的特点。

并且，她在教学中将"情趣教学"不断完善，从阅读课扩展到了识字、习作，不断总结、提升。随着自己越来越多文章的发表，以及经验的总结，情趣教学越来越有了影响力。

《秋天》一课，是一篇写景的文章。文中有这样一段话："一片片的黄叶从树上落下来。有的落到水里，小鱼游过去，藏在底下，把它当作伞。有的落在岸边，蚂蚁爬上去，来回跑着，把它当作运动场。"课文表现了欢快的小动物给秋天增添了无限生机。那么怎样引导学生理解文中所表达的内容，特别是体会小鱼藏在伞下的情景呢？

杨屹将文中所描写的景物一一画到了黑板上：清澈的池塘，高大的梧桐树，飘落的黄叶，机灵的小鱼，可爱的蚂蚁。此时，有一处没有按照书上写的画，那就是

没有让池塘的小鱼藏在落叶底下。在读课文时，学生来当小鱼，教室做池塘，杨屹扮演落叶。小鱼追逐着落叶，在落叶下嬉戏、玩耍着。学生尽情表演小鱼藏在落叶下面，充分感受小鱼的调皮、有趣。

杨屹说，情趣是一种生活态度。她还说，情趣教学初始于对语文教育理念的本真认识。任何一种成熟的教育都是充满人性、人情、人道的，在人的基点上，语文教育力求引导我们过上心灵所需要的那种快乐、幸福的生活。

对于杨屹来说，情趣并不仅仅是一种教学方法。因为杨屹本身就是一个饱含情趣的人。游泳、爬山、买书、逛街、喝咖啡、看电影、朋友聚会，她都喜欢。

杨屹总说，情趣教育不是我发明的，它本身就存在。不是我们选择了情趣教学，而是情趣本身就属于我们。

2000年，杨屹成了山东省最年轻的特级教师。2001年9月，她成为全国模范教师。在此后，杨屹相继出版个人专著《情趣教学艺术探索》《情趣教学风景线》《教育的温度》等。

在杨屹眼中，事物都是美好的，尤其是孩子的笑容。和孩子们在一起，是发自心底的幸福。

（三）超出预期的收获

2003年，杨屹的"情趣教学法"影响日益深远，她也走上了青岛市实验小学校长的岗位，成为这所百年老校第十六届校长，也是历届校长中最年轻的一位。

走上管理岗位，让杨屹的"情趣"有了更大发挥空间。情趣教学在各个学科进行了拓展，并提升到了情趣教育的层面。2005年，"情趣教育的理论与实践研究"，成为全国教育科学"十一五"规划课题，并且在青岛实验小学开题。从此，杨屹开始了情趣课程与情趣育人相结合的新一轮教育实践。

学校是孩子度过童年的地方，要给孩子不断制造情趣。在杨屹的学校里，海底世界被搬上了墙壁，有可以找到自己星座的"阳光空间"，有启迪思考的"智慧空间"，有名师手模和名生脚印的"亲情空间"，还有誓言柱、韵美楼和校史博物馆。孩子们的自尊心会得到最大满足。

少先队干部带有臂章，这引起小伙伴们多少向往！杨屹就做了一批精美的臂章，上面设计有花仙子、孙悟空、黑猫警长、蓝精灵，分别标志着卫生好、劳动好、学习好，等等。

从 2005 年开始，每年元旦，学校都会组织老师给学生送礼物的活动。她说，2005 年元旦，是学校第一次给孩子送礼物。当时，好多孩子不知道老师做什么，都不敢伸手去接。

几年下来，元旦成了孩子最盛大的一个节日。每到这个时候，学校被精心布置，老师迎候在学校门口，许多家长也带上相机，记录下这美好的一刻。

2008 年夏天，杨屹来到南京路小学担任校长。情趣教学、情趣教育又在南京路小学生根开花。

今年元旦之前一个升旗活动上，杨屹给孩子们讲述了一个七色花的故事，并且告诉孩子们，新年七色花会落到我们的校园，大家可以把自己的新年愿望写到七色花瓣上。

元旦，南京路小学的圆拱门被装扮成一个童话里的大门，半开半掩，给人一种纵深感。通过圆拱门，面前的教学楼被一幅巨大的背景遮盖——蓝天，雪地，雪屋，雪人，雪地上奔跑嬉戏的，是各种各样的卡通动物和卡通形象。

杨屹说，这么多卡通形象，总有孩子钟情的一个。自己站在那里，看着孩子从老师手里领到一个花瓣，欢天喜地地写上自己的新年心愿，幸福感浸满了全身。

就这样，一千四百多个学生，每人都得到了一个花瓣。红色的，绿色的，蓝色的……走进校园，走进教室，到处是硕大的七色花的大花瓣。在兴奋和新奇中，孩子们在花瓣上写上自己的新年愿望，交给老师，换到甜蜜的糖果。

杨屹说，情趣教育，就是给孩子们很多美好的东西，让他们将来有更多美好的回忆。

《诗大序》曰："在心为志。"志趣是一个人的心意所向，它的生成使人拥有了一种境界，有着这种境界，人生才不会漫无目的，才会萌生上下求索的动力，才会获取成功的事业和美满的人生。

杨屹说，26年来，自己体会到了工作带来的快乐，体会到了教师职业带来的快乐，人生价值得到了体现，甚至超出了自己的预期。

杨屹喜欢在工作的8小时以外，过自己安适宁静的生活。在这段时间里她可以充分地放松自己、充实自己、调整自己。讲究生活的"情趣"，不必时时都很疲惫，这样也有利于更好地工作。

她说，自己很恋家。

杨屹会在丈夫生日的时候，拥着一大束鲜花，出其意料地出现在他的办公室里。

她还经常在丈夫深夜写论文的时候，一声不响地坐在抬头可见的地方，但凡丈夫需要茶水或水果，未及启齿便心领神会送到面前。

周六周日，她还会像往常一样早起，轻声地将房间打扫得干干净净。她说，这样可以让丈夫醒后第一眼，看到家是那么整洁温暖。

（此文刊登于2012年第3期《中华儿女》杂志）

五、在情趣中享受教育的快乐

——青年校长杨屹的教育探索

青岛市教育科学研究所　王宪廷

很喜欢肖川博士的这句话：

留一份闲适给自己，享受生命的从容与韵律；
留一份闲适给自己，聆听心灵的悸动和低语。

在杨屹的职业生涯中，正是以这种心境进行着执着的探索，她信奉："有情有趣，才是人生。"因此，她始终是在情趣中享受着教育的快乐，在热情洋溢的性情中抒写着人生。

（一）情趣教学——让学生在快乐的世界里自由呼吸

杨屹语文情趣教学意识的萌生是源自教学生活中遇到的一个现象，刚踏上工作岗位不久的杨屹，发现孩子们弹玻璃球的兴趣远远大于上语文课，自认为充满乐趣、富含灵动生机的语文，孩子们为什么不愿意学？杨屹陷入了沉思。几天之后，她终于觉悟了，玻璃球对孩子们来说太有滋味了，而语文课上孩子们没有品尝到语文应有的滋味！问题出在哪里呢？从小就爱琢磨事儿的杨屹开始了自己的思想之旅。年幼的孩子当然没有那么好的悟性，他们不可能自己咂摸出语文的味道，问题肯定出在老师身上。于是她开始反省自己讲过的语文课，自己对那些鲜活的文字的确深有感悟，在课堂上也确实把自己的想法表达得淋漓尽致，好像自己也没有什么问题。

于是，她开始进行更为细致的课堂观察，一次偶然的教学机会，谜底解开了。

那一天，为了让孩子们更好地理解课文，她特意设计了一个挂图，可是当她做好了所有的铺垫、同学们都拭目以待的时候，她却发现自己把挂图落在办公室里了，已经有了一些教学经验的她没有慌乱，而是利用学生时代的绘画功底在黑板上画起了简笔画。"杨老师会画画！""杨老师画得太棒了！""杨老师真了不起！"……她的画还没有画完，教室里就由窃窃私语变为欢呼雀跃，同学们的热情感染了杨屹，她惊喜地发现当学生的情趣被唤醒的时候，他们的思维变得相当活跃，语言格外有灵性，对课文的情韵也有了未曾有过的感觉。一个灵机一动采用的教学方法竟能调动起学生这么大的兴趣，产生这么好的效果，如果每一堂课都能这样……杨屹为这节课兴奋了好几天！兴奋之余，她没忘记琢磨自己的事情："低年级的学生比较喜欢感受形象性强的东西，如果把教材里的童话、儿歌、韵语等教学内容辅以形象、色彩、声音来设计，就很容易感染和调动起学生。"杨屹全身心投入其中展开了一次次尝试，于是，"以画引趣、以趣引学、强化动感"的低年级语文情趣教学策略诞生了。慢慢地，她形成了自己独特的教学风格。

在充分意识到绘画对小学语文教学的价值之后，杨屹开始自学美术专业，随着绘画水平的逐渐提高，画与文的完美结合也成了她的语文教学品牌。22岁时，她参加了全国中青年教师阅读教学大赛，在获得一等奖的同时，她也获得了"会画画的语文老师"的美誉，在她的语文课上，呈现给学生的是一幅幅与课文内容相吻合的连环画，学生在欣赏画韵的同时品尝着课文的韵味。画成了她调动学生情趣的有效工具，她用画进行情景的创设和渲染，把书面文字活化为形象的、动态的、可感的事物。随着多媒体的普及，她把绘画与多媒体配合得天衣无缝。教学《秋天》一课，为了体现课文描写的秋天的景色，她用了简笔画，为了表现小鱼把梧桐树叶当作伞，她制作了一张像伞一样大的梧桐树叶，还用多媒体来表现一眼望不到边的黄澄澄的稻田、小蚂蚁在梧桐叶上跑来跑去把它当作运动场，用多媒体的图像与音乐共同创设朗读情景等。听她的课，犹如进入了童话王国，自然流畅，没有丝毫的做作和矫情，孩子们意趣盎然，在对自然的奇思妙想中自由呼吸。

杨屹在课堂上不是展示自己的绘画才艺，一切教学手段的运用都是为了引导学生更好地品味与感悟。她深谙"空白艺术"的魅力，时常给自己的画留下几处"空白"，当学生说某某事物没画上的时候，她会充满惊奇地说："我怎么没有把梧桐叶落到池塘里呀！你再好好读读书"……直到让学生从读课文中真正地找到简笔画的"疏漏"为止。就是在一次次填补中，学生的学习兴趣发挥到了极致，阅读水平、理解能力、写作功底等都有了较大幅度的提高。

在对情趣教学的策略驾轻就熟之后，立志要做一个教育思想者的杨屹琢磨着应该建构起一种教学模式，让其他教师也能享受到情趣教学的快乐。于是，她一边实验一边学习，阅读了大量的教育典籍，试图在历代教育家的思想中觅到情趣教学的理论根基。

在孔子那里，她找到了"知之者不如好之者，好之者不如乐之者"，杨屹的解读是："好"就是激发学生学习兴趣，"乐"就是让学生陶醉课文中，主动学习乐此不疲。于是，她开始挖究两个问题：怎样激发兴趣？课文中有哪些因素能让学生"乐此不疲"？

在朱熹那里，她觉得"既学而又时时习之，则所学者熟，而心中喜悦，其进自不能已矣"。杨屹对此有自己的理解，"学而时习"如果说是一种方法，也是被动的技术层面上的事，"心中喜悦"则体现了主动学习的思想，教师的责任恰恰就是研究能够让学生"心中喜悦"的方法。如果学生能够对所学内容"心中喜悦"，那么他的进步如何能够停止呢？

从陆九渊的"读书切戒在匆忙，涵咏功夫兴味长"到王阳明"今教童子，必使其趋向鼓舞，心中喜悦，则进自不能已"，直至曾国藩的读书有"诙谐之趣""闲适之趣"，杨屹沿着前人的足迹一路追寻，从中汲取着营养。

当读到朱光潜的"情感思想和语言的三位一体论"时，杨屹的眼前一亮。朱光潜批驳了那种先有思想情感再有语言之类流行的看法，认为这三者是同时发生的，是三位一体的，并无先后之分。杨屹把朱光潜的思想进行了移植，她感觉朱光潜的"情感思想"和自己教学中的"情趣"是契合的，按照朱光潜的思路，情趣和语言应该是同时发生的，情趣就蕴含在语言之中，语言表现的就是情趣，通过语言及其呈现的声音、意象等环境来表现情趣。所以，情趣、语言以及作为语言呈现环境的声音、意象就是同时产生的四位一体。这不正是自己"情趣教学"策略的内涵吗？这一发现让杨屹更加坚定了自己探索情趣教学模式的信心。

王柏勋教授的《语文教学情趣论》是杨屹展开语文情趣教学模式构建的最有力

的理论支柱,她开始从哲学、美学、心理学等角度对语文教学情趣化作深度挖掘。她最终形成了自己的语文情趣化教学思想。她把"情感"作为教学的先导和主线,主张教师要利用这条主线精心串起趣味横生的教学内容,创设一种令学生感到亲切和愉快的教学情境,使每次教学活动都能在师生之间的情感线上行进。学生对语文的学习态度要建立在对语文教师及其教学内容的情感之上,教师教学必须让学生对语文学习的需要转化成一种兴趣、一种真情,这样才会对语文学习产生真正的注意力而获得真正的学习效果。

　　以这一思想为基础,她总结了自己实践中的情趣教学策略作为情趣教学模式的主体。第一,识字教学坚持多认少写,先认后写,通过自主识字的实践,培养学生的识字能力。注重识字方法的指导,引导学生领悟汉字的特点,词语的内涵并注意积累。鼓励学生自己创造识字方法、自主选择适合自己的识字方法,综合运用韵语识字、电脑识字、字族文识字各种方法主动识字。采取编字谜、编儿歌、口诀、讲故事、做游戏等生动有趣的方法在活动中识字,培养识字兴趣。优化随课文识字中的"课文前学音——学文中学义——学文后学形——课后运用"的课堂识字结构。加强环境识字、生活
识字,扩大识字量,拓宽识字时空,将儿童熟识的语言因素作为主要材料,充分利用儿童的生活经验,教给识字方法,识用结合,在听说、读写、观察中识字、用字,在家庭、社会、学校环境中识字。运用现代教学手段创设丰富多彩的识字教学情境,让学生开开心心学语文,轻轻松松识汉字。第二,阅读教学优化课内阅读过程,建立课外阅读指导序列,形成开放式阅读操作结构。坚持以读为本,在读中学习理解与领悟表达,提高阅读理解能力,坚持课内得法,课外应用的原则进行阅读教学。课内阅读注重"课例"教学,坚持"在导读中感知——在课文中渗透——在读写例话中总结——在基础训练中运用——在课外阅读中实践迁移"的教学思路,形成了别具特色的"初读课文、诵读语句、整体感知——精读课文、抓住重点、读懂品读——熟读课文、指导诵读、积累内化——读好课文、创新运用、迁移反馈"的阅读过程，强调实践运用，引导学生"读——悟——用"。扩大学生的阅读量，培养课外阅读习惯，运用听、记、写、诵、讲等各种方式加强语言积累，引导学生走进图书室、阅览室，走出校门自主阅读，搞开放式大阅读教学。第三，作文教学走向开放。建立以研究性学习为主要方式的作文训练体系，培养观察生活、评价社会、收集处理信息的能力。主张创设更为宽松的学习环境，尊重学生的童真、童趣、童心，激发表达欲望；减少对学生习作的束缚，给学生充分自由的空间，培养作文的能动性，激励学生想说、想写、爱说、爱写，帮助会说、会写，引导学好、写好；形成了"激发生情、了解要求——观察思考、自由练说——分小组说、互相帮助——全班汇报、师生评议、评中指导——小组交流、再次修改——动笔成文、完成初稿"的开放作文教学过程；引导学生走出课堂，走入社会，走入生活，认真观察，丰富积累，使作文贴近生活，在此基础上，引导思维拓展，支持独到见解。构建了由趣入手，表达方式多样不拘，习作内容虚实并重，习作时间突破课时的开放式作文教学体系。第四，在语文综合性学习中强化学生的情感体验。坚持以活动促发展，把学生在课内外的学习同校内外的社会生活紧密结合起来，以兴趣需求为原则，以主体实践发展为主线，构建语文实践学习板块。课堂教学中增加学生的自主实践时间，加大语文实践，采取自主活动、交流式活动、互动式活动、探索式活动、情趣活动、合作活动等结构方式让学生在课堂语文学习实践中动起来。课外加强语文实践，采取阅读活动、识字活动、礼仪交际活动、听说训练活动、表演创意活动等多种形式将语文实践具体化，调动学习自觉组织实践的积极性、创造性。引导学生到社会、自然、广阔天地中去学语文、用语文，在探索与研究中提高语文素养。优化书报认识课、推荐介绍课、讲评指导课、交流评论课、自我阅读课五种实践课型，综合读书汇报类、口语交际类、写作类、书面作品类、趣味游戏类、社会实践类、信息广播类等语文实践内容，开拓渠道，营造实践活动、活动实践的学语文、用语文环境。

在现实中，杨屹走得更远，她不仅把语文情趣教学模式推广到自己学校的各学科教学当中，而且巧妙地把它作为自己的学校管理理念，因为，在骨子里，她就是一个充满情趣的人。

"情趣管理"——使教师在和谐的氛围中体验幸福

从一线教师到校长，一路走来，杨屹清楚地知道教师所承受的压力到底有多大，尤其是事业心强的教师。她觉得自己应该做些什么，让老师们在一种和谐的氛围中体验自己职业的幸福，在紧张的工作之余舒缓一下压力，甚至让他们不觉得工作是种压力，而是一种职业生活的享受。于是，她又开始琢磨了。既然已经把情趣教学打造成了自己学校的特色，何不尝试一下情趣化管理呢？充满情趣的教师才能真正领悟情趣教学的真谛！

她的探索是从教师阅览室开始的。优雅的环境、温馨的氛围给老师们宁静的心境，丰富的书籍报刊及便捷的茶点成为大家向往之处。这种人文化的改善，有效实现了学校管理的根本宗旨："不仅为了学生的全面发展，也为了创造教师的幸福人生；不仅把希望的种子播种进孩子的心田，而且把收获的愉悦嵌入成人的价值体系之中；做情趣的主人，在学校中发展，和学生一同成长，成为有情趣的人，并撒播更多情趣的种子，哺育更多情趣的新人。"做一个有情趣的人，过有情趣的生活，培养有情趣的下一代，构筑一份充满情趣的事业，逐渐地，教师阅览室成了教师们每日生活的调剂滋补品，也成了学校最具磁力的资源凝聚场。

成功的尝试坚定了杨屹的信念，她开始了更大规模的情趣化管理的探索。她设立专项美化教师办公室环境经费，为教师创设一个更加舒适温馨的工作学习场所，教师们可以根据自己的喜好，在有利于学生发展、有利于教师发展的前提下，自己设计工作区域内的环境，不必追求整齐划一。于是，绿野仙踪、田园雅阁、实味居、幸福小屋……这些洋溢着温馨、诗意的字眼成了教师办公室的名字。她倾力创建情趣独具的校园文化，营造学校浓厚的文化气息和富有情趣的育人氛围，建造学校的主体文化墙、"蕴美楼"，"蕴美楼"楼梯的"腰线"用孩子们喜欢的乐曲《让我们荡起双桨》铺成，孩子们每天哼着歌就上楼了。学校图书馆、"亲情空间""智慧空间""文化空间"等主题文化建设，使学校独具人文气息的情趣教育思想、轻负高效的办学特色、情趣盎然的校园文化，渗透在学校的每一个角落，每一个细节。

解读杨屹就像她自己解读文本时所说的那样，"我们将发现这是怎样的一个瑰丽神秘的情感与精神的世界，在这里你将感受到人性的温度和人格的高度，触摸到精神的硬度和情感的细腻，聆听到历史的脚步声和心灵的呼唤"。

（此文刊登于 2006 年第 10 期《现代校长》杂志）

六、做自己

青岛市市南区第二实验小学校长　张　璐

杨屹如是说："不上课我还是自己吗？"

2007 年 7 月在名师荟萃的全国小学语文教学研讨会上，杨屹笑盈盈地与学生们一起学习《多彩的夏天》一课。这是一个显露出原生态般魅力的课堂，没有刻意地粉饰雕琢的痕迹。教师融情于自然而然，激趣于水到渠成，学生入境显童真，品读悟真情。杨屹依然故我，执着于三尺讲台。

作为年轻的特级教师、全国模范教师，杨屹在近二十年的探索中，让"情趣教学"在教学改革的浪潮中独树一帜。面对接踵而来的荣耀，杨屹没有飘飘然，依然将根深深地植入培育她的教育沃土。

做名师先得做自己，才能影响别人，带动别人。杨屹对这一点认识得很清楚，她把执教于课堂看成是生活的一部分，管理的一部分。

我跟杨屹的结识是从她踏上工作岗位的第一天开始的，她总是记忆犹新地向别人这样介绍我：这是我师傅，我们在一个级部，是她带着我去总务处领开给学生的学费收据单、粉笔之类的材料，开始听的也是她的课，对我的影响很大。尽管我已经不记得这些了，更没有正式收徒，只是在一次普通话比赛前，学校指定我做她的师傅，指导她训练、参赛。杨屹的谦逊可见一斑。

　　我比杨屹早工作了五年，那时作为青年骨干教师，经常会接到执教"对外接待公开课"的任务，每到这个时候，杨屹总是发挥她的绘画才能，帮我准备教具。她画的《我要的是葫芦》一课的插图非常传神，特别是我在讲《称象》一课时，杨屹帮我设计的活动图片，对于激活学生的思维起到了非常好的效果。当她提出让图片动起来的建议时，我的眼睛亮了起来，当时我就认定这个新教师将来一定很出色，因为她在用脑工作，是行动着的思想者。

　　后来我做教研员，我们在一起研课、探讨一些问题。尽管这时的杨屹已经功成名就，成为全国模范教师，但她依然勤奋如初。2002 年在山东省小学语文教学年会上，杨屹执教了不同学段的两节课，为上好四年级古诗《咏柳》，杨屹到书城捧回了一大摞有关古诗的书，白天晚上地背诵，直到随便说一首她就能成诵。为了该课教学设计中的一个问题，她会一大早到学校与同事探讨。下午又赶到其他学校，与正

　　在那里组织区教研活动的我进行切磋，当问题得到解决，杨屹轻舒一口气，脸上绽放出孩童般的笑容。那天在杨屹离开时，我发现她走路有点跛，原来飞机遇到恶劣天气在烟台迫降，为了第二天能赶回学校上课，杨屹连夜赶乘长途车，路上不慎将脚扭伤。

　　再后来杨屹做校长，我做副校长，我们在一起管理一所学校。这是一段难忘且快乐的日子。善于吸纳各方意见，整合资源是杨屹做管理成功的一个很重要的原因。每次开班子会杨屹总是静静地认真听每一位成员的发言，她特别善于让身边的每个人将自己的优势最大化。她的身边自然而然地会凝聚起一群充满智慧，踏实做事的人。她所倡导的情趣管理已具雏形，内外部智囊团成为学校巨大的隐性资产，拥有强大执行力的干部、教师队伍成为优质教育的保障，这所百年名校在更高层面上得到了进一步发展。

　　现在杨屹又接受了新的挑战，作为首批名校长到有着发展潜力的一所小学执掌帅印，打造新时期的名校，为区域教育均衡发展创新经验。

　　在别人眼中杨屹是名师，是名校长。在我看来杨屹就是杨屹，一个努力活出自我，实现更大价值的杨屹。

七、追随情趣教育的足迹

——记我和师傅的二三事

青岛市实验小学　刘佳佳

请您捧起手中的青瓷茶杯，和着缕缕茶香，让我先给您讲述一段关于童年的故事。

那时，她还年轻，把自己整个情怀全扑在了孕育桃李的事业上。一个明媚的夏日午后，她站在教室门口微笑着等候体育课归来的孩子们。是的，下一节课是她和孩子们的语文课。当那悦耳的音乐奏响了上课的铃声，她发现虎头虎脑端坐着的小家伙们，无一例外地赤红着脸颊、淋漓着汗水，她清楚孩子们此刻的焦渴难耐。

从此以后，她不仅清楚地记得哪节课是自己的语文课，她还清晰地记得哪节课是体育课，因为每当这时，她都会提前悄悄地走进教室，给那些可爱的孩子们的水杯倒满白开水，看到那氤氲的水汽袅袅升腾，她就会情不自禁地流露出幸福的微笑。当疯玩了一节课的孩子回到教室时，他们不会因排队而着急口渴，也不会因水热而不停地吹气，而那时的水温刚刚好。

当我还是一名师范生的时候，在一次讲座中听到的一个关于师爱的故事。后来才知道，故事中的那位女主人公的名字叫杨屹——山东省青岛市实验小学的一名语文老师，也是这所百年名校迄今最年轻的校长。毕业后我成为市实验的一员，并在一年后有幸成了她的徒弟。

而那定格在二十年前并贯穿了二十年光阴岁月的倒水细节，如同她在教育事业上倾注和灌溉的"情趣"之花一样，不知曾温暖过多少学生的童年，感动过多少老师的心扉。

（一）一杯清茶泡开了青春的懵懂

青春的成长之路，不会是一帆风顺，总会经历风雨坎坷。

初为人师的那段日子，满怀理想却避免不了青春的浮躁，一次次盲目的横冲直撞，让我在人际关系中处处碰壁。

师傅得知后，让我经历一周的"闭门思过"后，开始了那次谈话。我永远记得那个午后，我沉重而又忐忑的心事让脚下的那道门槛变得好高，可出乎我意料的是，当我坐定，师傅只是温婉地朝我微笑，顺手递给了我一杯清茶。师傅并没有提及我平时的一些做法，而是语重心长地谈起了她的成长历程。聆听着师傅的成长之路，我沉默不语。"作为过来人，我允许年轻人犯错误，但我不希望你们用错误为青春埋单。""成功之路并不平坦，鲜花掌声的背后更多的是汗水的付出，磨砺的提醒。""做人是做学问的基础。"……是啊，越成熟的稻子，头低得越低，师傅的经验之谈叩动着我那颗年轻躁动的心，心情在波澜溯洄之后归于的淡定，成为我日后工作的一种态度。

似乎与师傅的谈话只有序幕，就到了尾声。低头看着手中的这杯清茶，我明白了师傅的用意：成长之路只有经历各种磨难，才会像被沸水洗礼的茶叶那样，清香缕缕，自由灵动。

一次心灵之旅，成就了一个温暖的下午；一杯清淡的绿茶，泡开了青春的懵懂。而我的这段桀骜不驯的青春岁月，在师傅润物无声地教诲下，逐渐步履铿锵。

感谢师傅让我在最冲动的年龄阶段明白了：批评与荣誉要平衡，否则生命就会失重。

（二）一树绿茵播撒下情趣因子

十年树木，百年树人。师傅曾说：她喜欢校园中的那株榉树，纵使往事越百年，可它却依然苍翠葳蕤，不坠青云之志。岁月轮回，它记载了这所百年名校的风雨兼程；春华秋实，它庇护了无数未来花朵尽情享受知识的甘霖雨露，也让每一个耕耘于此的园丁幸福地进行着自身的专业化成长。

我想，师傅就是这样一棵大树，她也希望我们都苗壮成长为这样一棵顶天立地的大树。

2008 年，在师傅的指导下，经过层层选拔，我参加了青岛市的优质课比赛，后来顺利取得了赴泰安参加山东省优质课比赛的资格。而比赛前发生的一幕，令我终生难忘。

比赛前一天的下午五点，我们才试完场地。回到宾馆，饭桌前大家都在等待我们的归来。次日清晨，吃早餐时，我发现师傅没有下来就餐。问了随行的分管领导，得知师傅今早不想吃早饭。因为9：50就要上课，心里慌慌的，没吃几口，我就回房间熟悉教案了。宾馆离上课的地方仅有几分钟的路程，所以我决定9：30出发。为了缓解紧张，我在宾馆里熟悉着教案。这时，手机铃声响起，电话里传来了师傅的声音："你在哪？"我听出师傅的声音有些急促。"我在宾馆。""等我，马上到。"

9：00，师傅竟然和学校的计算机老师抱着投影仪出现在我面前。正当我愣住时，师傅说："马上试！"只见计算机老师麻利地接好了投影仪，顿时清晰的画面赫然投影在墙壁上。那一刻，我呆住了。

师傅笑着说，可以上战场了。师傅对计算机老师说，只给你一分钟调试机器的时间。可计算机老师仅仅用了几秒钟就顺利地对接上了多媒体。9：50，我顺利地用上了清晰的投影仪。40分钟的课堂，在大家的掌声中画上了一个完满的句号。

当我走下场时，我才知道。师傅凌晨四点就和随行的司机赶往了济南。原来，由于我们前一天试场地迟迟没有归来，师傅从随行的分管领导那得知，比赛会场多媒体的清晰度较低，课件的播放达不到最好的效果。这时，她立即决定让青岛学校的计算机老师租到最好的投影仪。由于当晚没有直达泰安的火车，计算机老师只能连夜乘坐赶往济南的火车。师傅没有让其他人去济南接计算机老师，而是凌晨四点亲自从泰安赴济南接应。由于，在去往济南的高速路上遇到堵车，为了抢时间，师傅果断决定下高速后搭当地的车，在前面带路，司机殿后，就这样如同接力般顺利地接到了来自青岛的计算机老师，并在我上课之前赶到了宾馆。

师傅之所以在她没有回来之前告诉我，是不想给我造成任何压力。师傅说，即使我们迟到了，课还可以正常上，不会造成太大影响。而师傅那句"能做好但没有做好是我们的能力问题，能做好却不去做就是思想问题"，深深地印在我的心中。

这次赛课，我得到了方方面面的认可。其中，很多省市的老师会不远千里打电话问我要教案，并不忘询问，在近一千多人的大礼堂里，我上课使用的课件为何如此清晰？在心里我默念：因为我有一位心底澄澈的师傅。

记得郁达夫曾说，"一粒沙里见世界，半瓣花上说人情"。而这件事，我真切地感受到了师傅独特的人格魅力和积极的人生态度。

比赛归来的那段日子，师傅仍旧马不停蹄。在安排好学校工作后，师傅又出发了。一位数学老师赛课，她去了黄岛；一位代课体育老师赛课，她去了胶南；一位英语老师赛课，她又去了黄岛……当一位位老师凯旋时，她也又一次次地出发了。

那段日子，我们看见的都只是她的背影……

（三）一条幽径记录着前行足迹

校园中有一条小径，距离很短，师傅却把它延伸成了一条深远的情趣之路。从秋到春，从冬到夏，这条路，师傅一走就走了20年。

总会忍不住问师傅："为何如此忙碌，每个学期还要担任课程。"师傅的回答从未改变："虽然我是校长，但我最终还是一名语文老师，是课堂给予了我前行的力量。"

记得，刚刚走上三尺讲台时，为了弄清什么是"情趣教学"，我将它的定义背诵地一字不落。可当我融入课堂后，我发现师傅对于"情趣教学"的诠释不仅仅停留在书面，而是浸润在每一个不经意的瞬间，流淌在每一位师生的心间。

置身师傅的课堂，一个细节的情趣生动会让我在不经意间变成了一个无邪的孩

子。每当看到孩子们跃跃欲试高举的小手、满面红光凝思的深情。我竟有一种按捺不住想举手的冲动。原来，课堂中把老师和学生定位成同样的高度，当我们蹲下身来倾听花开的声音时，体味着时光和成长酣畅淋漓的自由嬉戏，那样的时刻，也许你真的可以拥有整个世界。童年曾栖息在这般的课堂、着染过这样的教育，谁的人生还容得下阴霾和哀伤的栖身之地？

当然，没有平时的教学积累，就不会有课堂的汩汩流淌、妙趣横生，也不会有将来的厚积薄发、异彩纷呈。难忘每次研课，为了正确解读文本，师傅严谨的治学态度；难忘为了设计出更为合理富有情趣的教学策略，师傅苛刻地将教学设计视为艺术精益求精。

从"情趣教学"到"情趣教育"，时至今日，"情趣思想"的构建，师傅将自身对学科教学的探索与感悟迁移延伸到整个教育教学领域，又能将这种感悟与先进的教育思想相结合，去思考学校各个领域层面的发展，并将时代发展、学生发展、教师发展和学校发展和谐地融为一体。

流连这一路的风景，徜徉这沿途的旖旎，一路情景交融、趣味盎然。

（四）一份情怀追逐情趣人生

也曾经问过师傅的理想，她笑而不答，良久，师傅郑重地说："我想做像斯霞那样的老师。"这不由得让我想起了师傅的专著《情趣教育艺术探索》的封面上，有一张她与斯霞老师的合影。

那年师傅还是个 22 岁的小姑娘，一路过五关、斩六将，获得全国语文优质课比武一等奖，于是有了和斯霞老师的这张合影。如今，斯霞老师早已离我们而去，可当年斯霞老师对晚辈们的谆谆教导和她人格的光辉却影响了一代又一代的教师——斯人已逝，为霞满天。一位好的老师，就是凭借并保持一个平凡的姿态默默耕耘在三尺讲台，避开纷纭，只系花朵。从师傅淡定的眼神中，我读懂了为师的幸福是什么。

"让孩子在世界观、人生观构建的初期有着更多真、善、美的初始体验；让教师在年复一年的职业生涯中享受更多的职业认同感、事业成就感和人生幸福感。"师傅是这样说的，也是这样做的。

蓦然回望，自己四年成长之路，师傅丰富的人生阅历和德艺双馨的人格魅力在潜移默化中浸润着我的性情，不事雕琢却是深远。春天初临人间，信使总是漫山遍野次第绽放小花，倘若我的生涯中也绽放开几朵的话，我要感谢我的师傅，是她，用她长者的情怀和大家的风范给我温暖出一个有情有趣的春天。

我，她，还有他，更多的青年教师追随着师傅情趣教育的足迹，于是滋润出一个幸福而恒久的春天。在春和景明深处，师傅已不仅仅是在享受幸福，更是在不停地提升着幸福的境界，因为师傅告诉我：幸福不是一个点，而是一个方向。只要肯追，每个人都会接近幸福。但"弱水三千，只取一瓢"，这样，幸福才会相伴相随。

八、难忘师恩

青岛大学学生　余承翰

作为老师的一个学生，我只能说很庆幸在这样一位老师的点拨下走过了启蒙教育的六年时间。《亮剑》中李云龙说"兵熊熊一个，将熊熊一窝"。带学生好比带兵，一个班主任的特质将影响到一个班全体学生的特质。因为小孩子最强的学习力并非体现在其数理化专业的学习上，而是体现在对周围人言行举止的惊人的模仿能力。所以，对于一个六七岁白纸一样的孩子，第一位影响自己的人生导师就极其重要，所以，我是幸运的。

在流行抓素质教育的 20 世纪 90 年代，待人彬彬有礼，为人谦卑和蔼，这些为人师表的基本素质几乎每位教师都在做很好的榜样，当然杨老师也不例外。但如果

杨老师仅仅具备这些大家都拥有的良好素质，也就不能从人群中如此地脱颖而出，她的学生们更加不会一个个对小学老师感恩戴德，时刻准备抓住一切机会回报恩师。杨老师具备的是一种特质，一种影响到六年级一班全体学生未来发展的特质，一种影响到自己事业未来发展的特质。

对我而言，小学六年从杨老师身上收获最大的特质就是一身浩然正气，正是这身正气，让我在最叛逆的年龄安全上岸度过危险期。刚上初中的时候，因为不适应新环境，几乎每天下午放学我都会再走一段路回到小学找杨老师聊天。那时我很困惑，感觉从一潭清水中被揪出来丢进了一个鱼龙混杂、乌烟瘴气的染缸里。积极争取和过强的表现欲会让你遭到同学白眼；打篮球会被高年级的赶走；班里的男同学会在下课后偷偷去厕所抽烟……这一切让本来充满自信的我突然觉得在新环境里变得很弱势，所以经常回去找老师沟通，那时正好赶上杨老师最忙的一段时间，所以大多数时候我是自己坐在杨老师办公室里等老师开会回来。那时，杨老师会抽出时间讲一些"物竞天择适者生存"的故事引导我，但说实话，这些道理在我初中生活上起到的效果微乎其微，当然那时自己只是跟着感觉走，并不知道为什么回去，现在再回想分析才明白我想去得到的只是杨老师在身边的那种安全感和自信心而已。杨老师这种给人希望激活别人的能力，也是到现在我仍在向老师学习的。而在初中生活中，我并不能改变环境，自己却被改变了。我的性格中从小有一种逆来顺受的因子在里面，也因为这种性格因素，初中时经常被高年级学生欺负却从不吭声。但越是不吭声，心里的仇恨感和不安全感越是与日俱增。当这种不安全感和仇恨感达到一定程度时，心里就有这样一个概念：想不被欺负只能自己变成欺负别人的人，索性我也欺负别人得了。于是上初中不久后，我混进了学校里那些专欺负别人孩子的行列，从那时起，我开始了老师同学眼里的浪子生涯。正是在这非常时期，六年从老师身上学到的正气才没有让我误入歧途。三四年的痞子生活除了跟别人一样习得一身匪气，唯一不同的就是别人不认为自己在做错的事情，但我却知道这么做并不符合正义，我这种深藏心底的愧疚感和正义感在这三四年中就化身成一种道德底线或者说是辨别是非的能力，让我虽然逼上梁山却一直在边缘徘徊。我知道自己在走一条弯路，在合适的时候拐回大路也能奔赴终点，只是和其他人看到的风景不同，但如果一直在弯路上走下去，结果就是越走越远，付出的代价就太大了。事实也证明，这种正义感让我知对错、知是非，让自己有能力把控自己的人生，17岁时的悬崖勒马浪子回头让我至今对杨老师花六年言传身教给我的正气感激不尽。

在我眼中，杨老师还是个为人大气有大格局的人。古人云"口乃心之门户"，一个心胸狭小、目光短浅的人是不可能讲出大格局的话；同样，一个心中充满大志，有大格局的人也不会天天讲废话。而在六年的小学生活中，杨老师每天带给我们的都是积极的，给人希望、予人思考的金玉良言。在语文学习上，杨老师并不完全看重课本上所学，记得从三年级开始杨老师就鼓励我们脱离课本去背一些诗词，如《将进酒》《长恨歌》及毛泽东的一些有大格局的诗词。"君不见黄河之水天上来，奔流到海不复回"，这些让那时候的自己充满力量的词句，到现在还记忆犹新。在教育教学上，老师的大气只体现了一方面，更重要的是杨老师在做人上的胸襟气度曾给我上了很好的一课。由于时间很久，具体哪年的运动会我记不得了，总之那次我们班得了个级部第三名的成绩，体育成绩如何我们并不计较，让人难过的是我们居然没拿到精神文明奖，这曾是我们班历届运动会的囊中之物，关键是并非因为我们这届运动会表现不好，而是因为班级与班级评分员之间的一些个人恩怨导致我们痛失这张奖状。因此全班同学都很窝火，有的说要报复，有的说要上报申诉……对于把团队荣誉看得第一重要的杨老师来说，原本也可以跟我们一起发发牢骚，给我们这次失利找些顺理成章的借口，而杨老师却在班会中只字未提那些众所周知的"内幕"，反而一个劲地检讨自己，检讨我们班的美中不足。在那次班会中，让我学到一个有大格局的人遇到任何问题永远不会责怪别人而是检讨自己的那种胸襟气度。在对于金钱的态度上，虽然并没深入到杨老师的生活中，但从她经常掏自己腰包给我们积极参与的学生活动雪中送炭，给我们的班级环境添砖加瓦，可以看出杨老师在钱财上也绝不是个小气之人。

除去正气和大气，杨老师身上最令我尊敬的就是她虽非男儿却堪比男儿的勇气。这种勇气我并非指硬碰硬时的霹雳手段，虽然这有时同样重要，但对于杨老师来说，更值得我学习的是那种面对压力困难的勇气，那种敢于信任别人的勇气，那是大勇。小学六年，在我印象中，我们班好像是级部中唯一一个六年没分班没换班主任的集体。六年时间的朝夕相处虽然有时会因为经常不写作业而惧怕杨老师的眼神，但从杨老师眼里得到更多的是一种永远积极向上挑战困难的生活态度。杨老师刚接我们班的时候仅仅是我们班的一个班主任，六年级毕业的时候已经是主任级干部，我们毕业两年后就知道杨老师已经升到了校长，所有杨老师的学生都以此为荣为傲也时常炫耀。但在辉煌背后，我相信八年时间杨老师取得这样的成就，其面对的竞争压力，重重困难，不得而知，因为没有一种成功是随随便便的。那些给自己的失败找借口，给别人的成功找理由，只懂得抱怨的人是最没骨气的人。在这八年里，吃过的苦只有杨老师最清楚最明白，但在八年中，我却从没在杨老师的眼神中，看到一丝消极的情绪，她永远都是乐观的、积极的，给人希望的笑容。在杨老师这种特质的影响下，小学班里这几个和我从小一起长大的朋友到现在都有一个共同特点——能扛事。这也是恩师给予我们这些"80后"年轻人的一笔最大的财富。

从一年级开始，我就加入了一个不怕事的集体，不管是平时私底下小孩之间的对抗，还是班级与班级之间的友谊竞赛，我们一班就从来没怕过。说来奇怪，即便知道对手实力远远超过我们，比赛前我们却好像知道冠军就是我们一样的有信心，哪怕输了也从不气馁，气势上永远都是全校唯一的那种压倒性胜利。这些归根结底都要感谢杨老师六年来潜移默化对我们的影响。正气、大气、勇气也演化成直至今日我做人的唯一信条。

在这些重要的特质背后，我眼中的杨屹也是一个有责任心，有幽默感，对事认真专注的好老师。我小时候最不喜欢完成作业，这个恶习到现在也没改过来，在班里也是个调皮捣蛋的高手，绝对不是老师心目中喜欢的那类孩子。最关键的是小时候并不懂事，那时候对杨老师的批评恨得咬牙切齿，这样一个麻烦多事的孩子换作别的老师早就不管了，而杨老师却用六年的时间把我变成一个虽然不是学习一流，却也正直善良的一个孩子。

我眼中的杨屹，就是如此，她也许不是最真实的杨屹，但她是我眼中的杨老师。也许杨屹有缺点，但我眼里看不到。因为她身上的优点我都学不完，哪来得及看缺点？最后，感谢恩师，并祝恩师节日快乐！

2008 年 9 月 10 日

（2000 年毕业生，17 岁时出版《十七岁我走路中央》一书）

九、路

北京大学学生　冉　辰

从小学毕业到现在，已经整整七年了。看着自己七年的变化，不禁又有一番感慨。人们都说，我是幸运的，小学、初中、高中、大学都是不错的学校。然而，在我整个终生发展中，究竟是谁，起到了什么样的作用，大概我自己还是最有发言权的。七年时光说起来不算短，但我仍然记得七年前的一幕幕：为排演《舌战群儒》《空城计》的课本剧，是她坐在艺术楼一楼，给我们一点点解析电视剧——《三国演义》；四年级竞选大队委员，是她给我一字一句地修改演讲稿，耐心地听我一遍遍地试讲；每年冬天，天气渐渐冷下来的时候，是她拿着簸箕，去北边的煤堆那儿搬煤为我们生炉子；在我们把实习老师气哭的时候，又是她写下了不多而有力的几个大字"一日为师，终身为父"……六年小学时光，她，我的杨老师，带给我的实在太多。

在我们眼中，她是老师，也是母亲。毕业的时候，我们全班同学曾郑重相约，每年大年初四，大家都要回家和杨老师团聚。于是，每年新年"全家"团圆成了我们期盼的时刻，每每此刻，老师还会在校园中带我们玩儿时"老鹰捉小鸡"的游戏，杨老师张开双臂站在前面，她的身后，是一串串"小孩子"紧紧地抓着她……

这个情景，令对生物比较敏感的我，容易想到动物的印随。的确，在我们自己是非判断能力还不够成熟的时候，对于一切同类的行为，几乎都是全盘接受。记得儿时的我总在家里说杨老师是怎么怎么讲的，那种感觉，就好像现在在论文里面引用一段经典的文字论证一样。如今的我，写起优良中差的"优"字，总是带着杨老师的字体。儿时"印随"的标准有优有劣，但是儿时"印随"的黄金时机却一去不返。能遇到杨老师，我是幸运的。杨老师不但言传，而且身教；她所教的不仅是书本上的文化知识，更重要的，则是把我们这一棵棵刚刚栽种的小树扶得笔直。儿时所受她的影响，言谈举止、待人接物不可胜举。

在我的眼中，杨老师总是那样年轻而又充满活力，老师对待生活和工作，都是积极主动，而又全身心地投入，她总是以十足的热情，对待她需要面对的每一个细节。整个班级，就在这种热情中，迸发着青春的朝气。学校里的每一个奖项，我们班都要不遗余力地争取；别人不敢干的事情，我们班就能上。她的这种热情是一种动力，一种精神，却绝不是为我们包办一切。相反，她总是给我们以最大的空间，让我们最大限度地开展属于自己的生活。然后，再恰到好处地给予必要的指点及帮助。记得当年我还是课本剧《空城计》的导演，组织了自己的演出班子，还招募了形形色色的演职人员。当明确分工后，整个演出队伍突然觉得无所适从了。毕竟，每个人都是新手，面对这样一个有些艰巨的任务，大家都感到吃力和彷徨。这时候，老师借来了电视剧《三国演义》的光盘，跟我们一同研究电视剧中的情节，取其精华；在正式演出之前，老师又帮忙借来了演出服。在老师的必要帮助下，整个排演进行得十分顺利，着实让我过了一把导演的瘾。

如今身处北大，又学了生物，学术似乎是最重要的。也许有人会说，一个小学的班主任，又能对学生的学术研究有多大的影响呢？其实不然。古人所说的"传道授业解惑"，"传道"是老师最大的责任，杨老师所带给我的，对于学习的浓厚的兴趣及锲而不舍的钻研精神，势必会使我受益终生。在我眼中，老师自己便是一个快乐而富有童趣的人，因而我们的学习生活才能快乐；老师自己遇到问题就不会轻易放过，因而我们才会在学习上刨根问底。所以说，老师带给我们的，大概就是这样一种"道"——懂得了学习的魅力，养成了好提问、肯钻研的意识；而具体让我们一群小孩子做出些什么"成绩"来，的确不是当时的我们力所能及的了。

即使在北大，很多老师都把教学当作一个十分苦恼的事情，而杨老师不是这样。这样的效果即是，作为学生的我们，上杨老师的课就成为一种享受。当时还小，自然不知道情趣教学法的理论，只知道在上课的时候，寂静的课本外面，还别有一番天地。好像是一篇写秋天的文章，有一句话，至今印象深刻："有的落到水里，小鱼游过去，藏在底下，把它当作伞。有的落在岸边，蚂蚁爬上去，来回跑着，把它当作运动场。"杨老师就找了各种道具，还在黑板上借助于美术的天赋，绘制了各种图片。当时的我似乎对黑板上的图画有格外的兴趣，当一个个抽象而枯燥的文字变成一幅幅形象而具体画面的时候，令人仿佛身在其中，自己时而变成小鱼，时而变成蚂蚁，伴随着杨老师亲切的笑容，对学习的兴趣油然而生——有谁不会把上这样的课，当作最为快乐的事情呢？

老师给我们培养的学术意识，直到如今才慢慢地发觉。尤记得四年级的时候，有一篇文章，讲一个船长的儿子，从船的桅杆上跳了下去，一群水手跳下去救。记得我们为了课文中几乎是不经意间的几个记叙时间的词语"一秒，两秒"争得面红耳赤——当时已经下课很久了，而老师，依然兴致勃勃地听着我们争吵那些"无关紧要"的东西——也许对于任何一个没有童心的人，或是任何一个不喜欢钻研问题的人，我们的争吵，实在是那样的幼稚——而在杨老师看来，培养这种学术的争论，勇于坚持自己观点的意识，正是求之不得的啊！

小学时候，"研究性学习"还远远没有流行起来，在小学里面开展研究性学习听起来更像是天方夜谭。然而在杨老师的带领下，我们几个小毛孩，居然能选择自己的课题，研究起了举世瞩目的环境问题——赤潮。我们几个人分小组，前往海洋研究机构请教专家，又在网上查阅了大量的资料，最后还写出了论文，做出了演示文稿。如今翻开当年做的课题，在一个已近成年的我眼里，已经是那样的幼稚，甚至可笑，而正是这些，启蒙了我对科学的探究意识。

如今，坐在北京大学的实验室里，整日与最前沿的生物学研究为伴，而这种学习的兴趣、研究的意识、科学的正直，则是那时在杨老师的手中一点一点养成的。如今，胸前戴着名校的校徽，挂着国际竞赛的金牌——倘若这算是如今的我在"学术"上取得一点点成绩的话，我想，最该感谢的，就是领我走进这个大门的老师。

（2000 年毕业生，获十八届国际生物学奥林匹克竞赛金牌）

十、橙色的回忆

北京电影学院学生　李　漠

橘红色的夕阳，轻轻地洒在斑驳的红色墙壁上。石砖错落地铺在蜿蜒回旋的小路上。高大古旧的基督教堂背靠着夕阳，把它的影子缓缓地映在石砖路上。小路是弯曲的下坡路。路的尽头，是藏蓝的大海，泛着夕阳印下的金光。

一个孩子，在这路上孤独地走着，一个黑色的书包轻巧地挂在他的背后，一把银色的钥匙折射着夕阳的余晖，在孩子的胸前左右飞舞。

这就是我记忆中的童年，这一幅画面，是我记忆中最美好的场面。

它就像是一把钥匙。每当它在我脑海中被轻轻勾勒的时候，回忆的门不自觉地会被打开，而所有的回忆就像一条清澈的小溪，涓涓地向我涌来。涌得细致入微，涌得毫不遮拦。

我是个幸运的孩子，在那个素质教育刚刚开始的年代，几乎所有的小学生都不堪重负，可我的小学生活，却是在轻松与愉悦下度过的。

学校那时校舍很古旧，有着浓郁的欧式建筑风格。当我第一天踏进这个校园的时候，园中的柳树正抽着新芽。我就这么被分到了一班，这个让我快乐过六年的地方。也认识了我立誓这辈子都不会忘记的老师——杨屹老师，有着柔和目光、温暖笑容的杨老师。

小学时光里，她从未离开过我们，这致使我幼稚地认为老师就是不会更换的，就是不会离开我们的，就是无论什么时候都可以依靠的那种大人。

与她有关的记忆实在太多太多，即使是终生难忘的那种，也依然数来不少。那时的我很外向，很向上。在小学的课堂上非常踊跃，踊跃到回答问题会站起来举手。

　　这一定与我的老师脱不开干系，大概不会有很多老师在那时对一个个还不懂事的孩子那么鼓励，那么关心。在杨老师的这种关怀下，我们的心理世界形成了一种良性循环。越积极，得到的鼓励就越多，从来没有侮辱，从来没有憎恶，有的只是开明的关怀和温暖的微笑。

　　我是个自小就没有好嗓子的孩子，唱歌这件事直到现在还是我的遗憾，可就在我那年少无知的时候，一副简直令人发指的嗓子却得到了杨老师的鼓励，歌舞表演，成了我小时候最愿意在大家面前做的事情。每当我表演完，都能看见她那温柔的笑容和竖起的大拇指。

　　因为重点学校的缘故，我们时常会有上公开课的机会。往往这种课都会被预先彩排。甚至连对白都预先编好。就像是一出时常被点到的火爆话剧。而杨老师的公开课，我们却从未排练过；而杨老师的公开课，却是所有讲课的老师中最被刮目相看的。

　　我甚至在小学时代就体验了我第一次的表演经历。杨老师将我们的文言课文，排演成了舞台剧片段，《空城计》《舌战群儒》。或许那时候并不太明白剧里究竟在说些什么。念着晦涩的文言文对白的我，就像是一只学舌的鹦鹉，根本不懂那么认真表演的究竟是什么。可那一次次的排练，一次次的当众演出。我好像慢慢地明白了空城计里诸葛的从容，好像慢慢地体会了舌战中孔明的智慧。

　　对于一个孩子，还有什么比穿着飘逸的古装，排演着游戏般的戏剧更有趣呢？

所有人都兴趣盎然。这本该是枯燥的文言文，就这么在游戏般的课堂上，被我们背得烂熟。

那段日子总是快乐的。即使是哭泣也是快乐的。

五年级时，我已不太在学校出现。基本奔波于北京与青岛之间为音乐学院的考试做准备。对于功课也不太上心。

只记得有一次不知为什么被杨老师留校谈话，谈得我痛哭流涕，愧疚万分。赌着气咬着牙嘶喊着我要做音乐家，我要用我这一生的时间把我热爱的音乐进行到极致。

老师笑了。在哭得稀里哗啦的我面前，笑得很满意。

那一幕我永远都无法从记忆里消逝。它太过清晰了。一个少年之后数年的努力，都只因为这一次痛苦，都只因为这对老师的一个承诺。

小学的日子就那么远去了。悄悄回过头看去，早已过去了 10 年。一幕幕却就像发生在昨天一样，映衬在那橘红色的夕阳里。

时过境迁，小时候，是怎么也回不去的。可那一件件事，那一个个人，那一幅幅场面，变成了一场橘红色的梦，从未消失的、闪现在我的灵魂中。

（2000 年毕业生，多次荣获全国民族器乐专业组金奖）

致　谢

　　将我在"中国教育学会小学语文教学研究会成立三十周年庆典"上的发言作为致谢，以表达对小学教育这片沃土的感念之情。并将此书献给我成长路途中爱我和我爱的人。

　　转眼三十年。能为小语会三十周年生日送上真诚的祝福，是我的幸福。

　　"三十年"是个什么概念？我尝试着用自己的经历做出回答。

　　27年前，我是一个懵懵懂懂的师范生。坐在教室里一脸崇拜地看教学录像里名师的教学示范，憧憬着有朝一日出现在那里面的会是自己。

　　19年前，我是一个初出茅庐的语文教师。参加了第二届全国中青年语文阅读教学观摩活动，感受到了小语会专家老师们期许的眼神。

　　10年前，我是山东省最年轻的特级教师。在全国小语会二十年庆典上出观摩课，展现自己探索多年、独具特色的"情趣教学"。

　　我曾设想，如果我不是一个深爱自己专业的小学语文老师，如果我没有参加那次全国优质课比赛，如果没有一次又一次观摩课、研讨会的历练，今天的我会是怎样一种状态，又会经历怎样一种生活？不只是我，我相信，每一位热爱小学语文教育者的道路，都会由这样一个又一个不断经历着的"节点"串联起来，并逐渐延伸成为每个人的人生轨迹。这些轨迹或许不同，但背后都有一股强大的原动力，那是来自小语会的力量。我们活跃在小语会为我们搭建的平台上，回味着专业交流与碰撞的火花，见证着自己和周围同行的专业成长，也见证了小语会三十年来的发展壮大。因此，在庆祝小语会成立三十周年的日子里，请允许我代表所有在小学语文教学领域孜孜以求的人们，向这片培育我们的沃土，传递我们最诚挚的感谢。

　　感谢小语会三十年走过的道路。我们在这条路上看到了小学语文教学研究灿烂的风景，也收藏了自己漫漫求索的足迹。

　　感谢那些曾经和正在为小语会贡献力量的身影。这其中有身处教学一线的名师，也有埋头从事学术研究的专家，他们的点点星光，汇成了小语会三十年的星光灿烂。

　　感谢深爱小学语文教学研究的人们。每个人，都是一条鲜活灵动的小溪，用活力和热情，为小语会这条河流带来绵绵不绝的勃勃生机。

　　记得英国作家斯蒂文森写过一首诗叫《点灯的人》。说的是每天太阳下山后，有个点灯人李利就提着提灯扛着梯子走来，把街灯一盏盏点亮。于是，那些坐着喝茶的大人和孩子们，就又看见了窗外柔和的光。朦朦胧胧间，这一天的生活便有了完美的心情。仔细想想，我，还有每个人，是不是正像诗歌中李利这样的点灯人？在专业的道路上一天天地走下来，慢慢地点亮教育路途中的每一盏灯，希望用那小小的灯光，温暖每一颗在语文教学研究道路上不言放弃的心灵，让同行的人们有勇气和信心在专业道路上走得更踏实。

祝福小语会，祝福每一位点灯的人。三十年只是开始，我们的明天一定更加美好！